땅·바다·하늘, 세계를 하나로 연결한 길의 역사

김태승 지음

KB208124

닫혀 있는 세계를 여는 길

길은 선이다. 두 개의 점 사이를 이어주는 선 하나, 이것이 바로 길이라고 할 수 있다. 선으로 이어지지 못한 점은 고립된 섬과 같다. 세 개 이상의 점을 선으로 연결하면 면이 생기는 것처럼 세 곳을 이어주는 길이 생기면 공간이 생긴다. 이 공간을 무대로 인류는 정치, 경제, 사회, 문화 활동을 펼쳐왔다. 길은 섬처럼 나뉜 점들을 공간이라는 면으로 만들어 인간의 활동을 지원해 왔다.

우리가 아는 길은 보통 직선이 아니다. 이리 돌고, 저리 비틀려 있다. 산을 넘고, 강을 건너려면 길은 똑바로 만들어지기 힘들다. 그 길을 이용해 이동하는 것을 방해하는 또 다른 인간들도 직선으로 길을 만들기 어렵게 했다.

그럼에도 인류는 길을 최대한 직선으로 만들기 위해 노력해 왔다. 직선으로 된 길이 사람과 물자를 빠르게 더 많이 이동시킬 수 있었기 때문이다. 기술이 발전함에 따라 과거보다 현재의 길은 더 직선으로 만들어졌다. 과거에 만들어진 길도 좁은 구간에서는 직선이 아니지만, 높은 시야에서 더 넓은 구간을 살펴보면 점점 더 직선에 가까워진다. 길이란 그런 것이다.

땅·바다·하늘,
세계를 하나로 연결한
길의 역사

이 책은 인류가 만들어 온 길에 관해 이야기하려고 한다. 길이 열리면 그 길을 따라 사람과 물자가 이동한다. 거꾸로 사람과 물자를 이동시키기 위해 사람들은 끊임없이 길을 뚫어왔다. 이렇게 새로운 길들이 뚫릴 때마다 인류의 역사는 진보를 거듭해 왔다. 이 책에서 다루고 있는 육지의 길, 바다의 길, 그리고 하늘의 길이 열릴 때마다, 인류는 그 이전보다 엄청난 경제적, 문화적, 종교적 성취를 이루었다.

물론 성취뿐만 아니라 크고 작은 고난과 갈등도 함께 했다. 강자가 약자를 지배하고 수탈하는 행위가 반복되었고, 그 과정에서 돌이킬 수 없는 희생을 치른 사람들과 지역들도 있었다. 길이 구부러진 것처럼 인간의 삶을 뒤틀어버린 시기와 지역도 없지 않았다. 그러나 길이 큰 그림에서 끝내는 직선이듯이, 인간의 역사도 그 길을 통해 끝내는 문명의 발전이라는 직선으로 회귀해 왔다고 필자는 믿는다.

처음에 길을 이용한 것은 물론 사람이다. 사람이 다니기 위해, 사람이 길을 만들었기 때문이다. 만들기 쉬운 길과 어려운 길은 있었지만, 사람이 만들지 않은 길은 없다. 사람이 다녀야 비로소 길이 된다. 사람과 함께 많은 것들도 길을 따라 이쪽에서 저쪽으로 이동했다. 물자가 이동하고, 문화가 이동하고, 종교가 이동하였다. 결국에는, 이전에는 외따로 떨어져 있던 점들이 연결되어 서로 융화되는 과정을 거쳤다. 길은 인류가 이전에 경험하지 못한 새로운 세계를 열어주었다.

이 책은 그중에서도 물자의 이동, 경제와 관련한 길에 집중해보려 한다. 인류의 경제 활동은 자급자족으로 시작되었다. 그러나 자급자족은 항상 결핍이 뒤따랐다. 이것을 메우기 위해 이웃해 있는 지역을 찾아 나설 수밖에 없었다. 때로는 정복으로, 때로는 공생과 협력으로 부족함을 채우려 했다. 그 결핍의 기저에는 삶을 영위하기 위해 필요한 물자가 있었다. 그러니 결국 정복과 공생을 위해 만들어진 길 위로 이동하는 것은 사람과 더불어 여러 가지 물자가 중심이었다.

처음에 만들어진 길은 당연히 땅 위의 길이다. 산을 넘고, 물을 건너고, 때로는 사막을 가로지르고 밀림을 헤치고 나가며 길을 개척했다. 별다른 기술이 없는 인간이 두 발을 이용해 만들 수 있는 최초의 길이자 가장 손쉽게 만들 수 있는 길이다. 이 육지의 길은 나중에 수레를 이용하고, 동물의 힘을 빌리는 방향으로 진화하였다. 그리고 기술의 발전으로 더 길고, 더 곧은 길을 만들어 더 먼 곳의 사람과 교류할 수 있게 되었다.

우리는 지금도 다른 어떤 길보다 육지의 길을 손쉽게 이용하고 있다. 전 세계 국가들의 국내 화물 70% 이상이 육지의 길, 그중에서도 도로를 이용해 이동하고 있다는 사실이 이를 잘 증명하고 있다. 그래서 인류의 역사는 끊임없는 도로 건설과 함께해 왔다. 그중에서도 아시아와 유럽의 두 문명을 연결하는 비단길은 인류의 발전에 커다란 영향을 미친 길로 알려져 있다. 많은 물자가 이 길을 통해 이동하였다. 과연 어떤 물건이 어떤 방법으로 어디에서 어디까지 이동했을까?

초기 육지의 길은 한 번에 수송할 수 있는 물자의 규모가 작고, 시간이 오래 걸리고, 먼 거리를 이동할 수 있는 수송 수단이 충분히 발전하지 않았다. 이를 보완하기 위해 개척한 길이 바다의 길이다. 처음에는 바다의 길도 비록 도로보다 많은 물자를 빨리 수송할 수는 있었지만, 먼 거리를 이동하기 어려웠다. 선박 기술과 항해 기술이 발전하지 않아서 뗏목과 비슷한 배를 이용해 해안선을 따라 화물을 수송하는 것이 고작이었다.

그러나 오랜 시간을 거쳐 선박 기술이 발전하면서 먼바다를 건너 대륙과 대륙을 연결하기 시작했다. 특히 15세기를 전후로 아시아와 유럽의 선박 및 항해 기술의 발전은 바다의 길의 범위를 크게 넓혔다. 이는 지금까지 육지의 길을 이용했던 화물 수송을 획기적으로 변화시켰고, 콜럼버스 이후에는 아시아와 아프리카, 유럽을 하나로 연결하기에 이르렀다. 바다의 길은 이후 산업혁명을 거치면서 더욱 발전하였고, 지금도 전 세계 국가 간 화물 이동의 90% 이상을 담당하고 있다. 인류는 어떤 계기로 여러 대륙을 하나로 연결하는 바다의 길을 개척하였고, 그 길은 어떻게 지금까지 중요한 물자 교역의 통로로 이용되고 있을까?

도로와 바닷길만 있던 길의 역사는 18세기 산업혁명을 기점으로 다시 한번 대반전의 시대에 돌입하였다. 도로만 있던 육지의 길에 철도라는 새로운 수송 수단이 발명되었다. 이 철도는 산업혁명을 통해 발명되었지만, 유럽과 아메리카 대륙에 산업혁명을 가속 시킨 교통혁명이기도 했다. 철도는 도로보다 20배가 넘는 화물을 3배 이상 빠른 속도로 훨씬 더 넓은 지역으로 수송하였다. 도로로 수송되던 거의 모든 것들을 철도가 대체하였다. 그러나 철도는 불과 100년 동안 전성기를 누리다가 20세기 초반부터 다시 도로의 공격을 받고 침체하기도 하였다. 그리하여 지금은 전 세계 국내 화물 수송량의 10% 내외만을 수송하고 있다. 철도는 어떻게 급격히 발전했다가 급격히 쇠퇴했을까? 이제 철도는 의미 없는 수송 수단일까?

인류의 오랜 꿈이던 하늘을 나는 수송 수단은 지금으로부터 100여 년 전에 발명되었다. 그리고 그 수송 수단은 20세기 이후 획기적인 발전을 거듭하였다. 가장 빠른 철도보다 최소 3~6배에 달하는 빠른 속도로 화물을 수송하고 있고, 지금도 항공 기술이 빠르게 발전하고 있다. 하지만 하늘을 이용한 화물의 수송량은 지금도 전 세계 화물 수송량의 1% 미만에 불과하다. 그런데 수송되는 화물의 가치는 세계적으로 교역되는 화물 가치 총액의 30% 이상이다. 도대체 어떤 화물이 항공을 통해 수송되고 있을까? 그 규모는 앞으로도 커지게 될까?

이 책은 앞서 던진 질문들에 대한 답을 찾는 것을 목표로 한다. 학교에서 물류학을 강의하면서 필자 스스로 궁금했던 것들의 답을 알고 싶었다. 또 더 많은 사람이 물류에 조금이나마 흥미를 가질 수 있다면 바랄 것이 없다. 이전에는 닫혀 있었던 새로운 세계를 열어가는 물류 활동의 중요성, 그중에서도 길의 의미에 대해 공감하는 계기가 된다면 그것은 뜻밖의 소득일 것이다.

필자는 역사학자가 아니다. 그래서 이 책을 쓰면서 수많은 역사학자의 획기적인 학문적 성취를 빌려올 수밖에 없었다. 그러면서 끊임없이 부끄럽고 미안하였다. 그러나 이 책의 발간이 다음 세대에게 내가 할 수 있는 최소한의 의무라고 다짐하면서 이 책을 마무리한 것으로 그 부끄러움과 미안함을 대신하고자 한다. 물론 책에서 발견되는 모든 오류는 당연히 필자의 무지의 소산이다.

정년을 얼마 남기지 않은 상황에서도, 이 책을 핑계로 많은 의무를 내팽개친 필자를 순순히 가족 구성원으로 받아들여 준 아내와 딸, 아들에게 고맙다는 말 한마디 해주고 싶다.

• 차례 •

제1부

아시아와 유럽을 연결하는 길
: 비단길

· *Time line* ·

제1부는 시간상으로 기원전 2세기부터 기원후 14세기까지, 약 1,600년 동안 아시아와 유럽을 연결했던 길을 소개한다. 이 길을 정확히 파악하기 위해서는, 이 기간 아시아, 유럽, 그리고 그 사이에 있는 서아시아(지금의 이집트, 아라비아반도, 이란(페르시아), 중앙아시아를 포괄) 등의 지역 역사를 이해해야 한다.

이 기간 동아시아의 맹주 역할을 해온 중국에서는 한(B.C. 206~A.D. 220), 수(581~619), 당(618~907), 송(960~1279), 원(1271~1368) 등이 통일 국가로 순차적으로 들어섰다. 한나라와 수나라 사이에는 약 350년 동안 남북조 시대(386~589)라는 분열기가 있었다.

같은 기간 동안 유럽에서는 제국 이전의 로마(B.C. 1000~B.C. 28), 로마제국(B.C. 27~A.D. 476) 등이 유럽을 지배하고 있었다. 로마제국이 멸망한 이후부터는 서쪽에는 프랑크왕국, 프랑스·신성로마제국(독일)·도시 국가 이탈리아 등이 등장하여 서로 이합집산을 거듭했고, 동쪽에는 동로마제국(비잔틴제국 395~1453)이 천 년 동안 지속되었다.

서아시아 지역은 좀 더 세분해서 이해해야 한다. 이 지역은 지금의 튀르키예(아나톨리아), 아라비아반도, 이란(페르시아), 중앙아시아로 구분할 수 있다. 특히 페르시아 지역과 중앙아시아를 지배하는 국가들이 지역의 맹주 역할을 하는 경우가 많았다. 이 기간 파르티아(B.C. 247~A.D. 226), 사산조 페르시아(226~651), 이슬람제국(632~1258), 오스만튀르크(1299~1922) 등이 이 지역의 중심 국가들이다.

제1부에서 우리가 다루는 길들은 크게 보면 동아시아의 중국과 유럽의 로마제국 및 비잔틴제국을 연결하는 길이었다. 그 결과, 그 길의 번영과 쇠퇴는 두 대륙의 국가들뿐만 아니라 중간에 있는 서아시아 국가들의 성격에 의해 크게 영향을 받았다. 특히 서아시아 국가들은 보편적으로 유목민적 특성을 보였기에, 유럽과 동아시아 사이에서 중개 무역을 주도했다. 따라서 서아시아

국가들이 유럽, 또는 중국의 국가들과 어떤 관계였는지에 따라 길은 뚫렸다 막히기를 반복할 수밖에 없었다. 서아시아 국가는 대체로 유럽과는 대립하고 중국과는 상대적으로 우호 관계를 유지했다.

중국을 기준으로, 한나라 시대인 기원전 3세기부터 기원후 3세기까지는 유럽에 로마제국이 크게 발전해 있었고, 서아시아에서는 파르티아제국이 지금의 이란을 중심으로 중앙아시아와 아라비아반도 일부까지 크게 확장되어 있었다. 이 시기에 로마와 파르티아 사이에는 정복 전쟁이 끊이지 않았지만, 한나라와 파르티아는 활발한 동서 교역 상대국으로서 사이가 비교적 좋았다. 파르티아는 당시 한나라에 '안식국(安息國)'으로 알려져 있었다.

한나라가 멸망하고 중국이 남북조의 분열 상황이었던 3세기부터 6세기까지, 유럽은 로마제국이 서로마와 동로마로 분리되어, 서로마제국은 게르만족의 침입으로 멸망하였으며, 동로마제국은 비잔틴(지금의 이스탄불)을 중심으로 명맥을 유지하고 있었다. 이 시기 서아시아에는 파르티아를 정복한 사산조 페르시아가 들어서 있었다. 사산조 페르시아도 이전의 파르티아와 비슷하게 지금의 이란을 중심으로 번영했으며, 로마와는 갈등과 충돌, 중국과는 중개 무역을 기반으로 한 우호 관계를 유지했다.

중국에 당나라, 송나라가 차례로 들어선 7세기부터 13세기까지, 유럽의 서쪽은 프랑크왕국을 거쳐서 지금의 독일, 프랑스, 이탈리아의 초기 형태가 나타나고 있었고, 동쪽은 동로마제국이 지속되고 있었다. 이 시기는 서아시아에도 큰 변화가 발생하여 이슬람제국이 급격하게 확장되어 발전하던 때이다. 이슬람제국은 사산조 페르시아를 넘어 아라비아반도, 이집트, 북아프리카, 지금의 스페인 및 포르투갈까지 대제국을 건설했다. 이슬람제국이 유럽 국가를 포위한 형국이었다. 이슬람제국은 유럽과는 십자군 전쟁과 같이 끊임없는 갈등과 전쟁을 반복했다. 중국 당나라와도 최초로 국경이 맞닿게 되면서 초기에는 전쟁도 있었으나, 이후 송나라 시기까지 평화적인 교류가 지속되었다.

중국 대륙에 원나라가 들어선 13세기~14세기는 영토가 가장 팽창하던 시기이다. 원은 이슬람제국을 멸망시키고 지금의 이란 및 소아시아 지역까지 영토를 확장하여 많은 소국을 건설했다. 유럽과 동아시아 사이에 다른 나라가 개입되지 않은 유일한 시기였다. 한편 유럽은 기존 국가 체제에서 크게 변화하지 않았다.

· 연표 ·

연대	유럽		소아시아	중앙아시아	중국
			아라비아	페르시아	
기원전 3세기 ~ 기원후 3세기	로마제국			월지, 대완, 오손 등	한나라
			유목 부족	파르티아	
3세기 ~ 6세기	서로마제국	동로마제국	사산조 페르시아		남북조
7세기 ~ 13세기	영국, 프랑스, 신성로마제국	동로마제국 (비잔틴)	이슬람제국		당(唐) ➡ 송(宋)
13세기 ~ 14세기	영국, 프랑스, 신성로마제국	동로마제국 (비잔틴)	술탄 국가	일 칸국 ➡ 오스만튀르크	원(元)

제1장

✦

사막과 산맥을 넘는 길

실크로드, 왜 비단인가?

실크로드가 '실크(비단)' 길인 이유
—

실크로드 Silk Road, 우리말로 '비단길'이라는 용어가 최초로 등장한 것은 19세기 후반이다. 1877년에 독일의 리히트호펜(F. von Richthofen, 1833 ~ 1905)이라는 지리학자가 그의 저서 『중국 China』 제1권에서 'Seiden-strassen(비단길)'이라는 표현을 처음 사용했다. 비단길을 말 그대로 비단이 자주, 많이 지나다녔던 길이라고 추측하는 것은 어렵지 않다. 요컨대 중국에서 생산된 비단이 중앙아시아, 페르시아를 지나 그 너머의 나라로 수출되기 시작하면서 열린 동서 간의 교역로가 비단길이다.

비단은 누에가 뽕나무 잎을 먹고 자라서 만든 고치에서 실을 뽑아 만든 옷감이다. 이 옷감을 최초로 생산한 나라가 바로 중국이다. 고고학 연구 기록에 따르면, 중국 동남부 저장성의 기원전 3000년 무렵 유적에서 비단 직물이 발견되었고, 북중국 황허 계곡의 기원전 2500년 유적에서도 누에고치가 발견되었다. 기원전 3000년이면 지금으로부터 5,000년 전이

비단의 창시자인 누조(累祖)의 모습

다. 중국 역사서인 사마천의 『사기史記』는 황제헌원씨黃帝軒轅氏라는 왕조로부터 중국의 역사를 서술하고 있는데, 이 시기가 기원전 2677년~기원전 2597년까지이다. 이 황제 헌원씨의 부인인 누조累祖가 최초로 비단을 만든 장본인이라는 학설이 있으며, 그 시기는 기원전 2640년이라고 한다.

중국에서 처음으로 비단이 생산될 수 있었던 첫 번째 이유는 누에의 먹이가 되는 뽕나무가 자라기 쉬운 기후 조건을 갖췄기 때문이다. 또한 이웃하고 있는 여러 부족과는 달리, 중국은 황허를 중심으로 한곳에 정착해 농사를 지었던 정주형 농경 사회였기 때문이다. 덕분에 복잡한 직물 생산 과정에 필요한 시간과 노동력을 투입하기 쉬웠다.

여기에 비단이 중국 황실의 중요한 재정적 기반이자 통치 수단이었다는 특성이 더해진다. 뽕나무 잎으로 누에를 키우고, 누에고치에서 실을 뽑고, 뽑은 실로 옷감을 만드는 등 비단 생산의 전 과정에 필요한 기술은 황실 내에서만 전해지는 일급 기밀이었다. 비단은 황실의 주도하에 생산되었고, 왕족과 일부 귀족의 의복 등에 사용되는 한편 백성들의 세금 납부, 관원들의 봉급 지급 수단으로 사용되었다. 지금의 화폐나 금처럼 통화로 쓰였다.

특정 상품이 통화로 사용되기 위해서는 상품의 가치가 일정하게 유지되어야 하고, 유통 규모도 통제되어야 한다. 이러한 상태에서 중국 이외의 지역으로 비단 유통을 확대하기는 곤란했다. 비단이 외국으로 나가는 유일한 경로는 외교적 교류를 통한 황실의 선물이나 조공품의 형태였다.

비단이 본격적으로 세상에 알려지고 국가 간 교역 대상이 된 것은, 발명 이후 2,500년이 지난 한나라 7대 황제, 무제(B.C. 141~B.C. 87) 때부터다. 무제가 즉위할 무렵 한나라의 가장 큰 골칫거리는 북쪽 변경을 빈번하게 침입했던 흉노였다.[1] 유목 민족인 흉노는 매년 식량이 부족해지는 겨울이 되면 남쪽 농경 사회인 중국으로 쳐들어와 약탈을 일삼았다. 중국의 역대 왕조들의 가장 중요한 임무 중 하나는 군사를 동원해 이들을 퇴치하는 것이었다. 한나라에 앞선 진나라의 시황제는, 북의 오랑캐를 막기 위해 중국 북부 지역에 만리장성을 건설하기도 했다.

한 무제는 즉위하자마자 흉노를 몽골 땅으로 몰아내기 위해 군대를 동원했다. 더불어 기원전 139년에 당시의 탁월한 외교관이었던 장건(?~B.C. 114)을 지금의 중앙아시아 지역에 있던 대월지국[2] 등에 파견하여 흉노를 여러 방향에서 포위 공격하는 방안을 협상했다.

13년이라는 긴 기간 동안 사막과 산맥을 넘고, 흉노에게 두 번이나 사

---

1   중국이 북쪽의 흉노에 시달리던 시기에 나온 사자성어가 바로 '천고마비(天高馬肥)'이다. 우리는 이걸 가을이라는 계절을 기뻐하면서 쓰고 있지만, 실상은 '이렇게 하늘이 높고 말이 살찌면 언제 흉노가 쳐들어올지 모른다'는 당시 북중국 주민들의 푸념과 걱정에서 나온 말이다. 한편 흉노의 영어 표현이 바로 Hun이다. 유럽에서 4세기에 게르만족이 로마를 침입하는 역사적 사건이 발생했는데, 이는 지금 동유럽 지역에 살던 게르만족들이 그 동쪽의 유목민족인 Hun족에 쫓기면서 비롯된 것이다. 유럽 국가들도, 중국 역대 왕조들도 흉노들에게 시달리고 산 것이다. 지금의 Hungary(헝가리)라는 나라는 그 Hun족들의 후예라는 상징적 의미를 가지고 있다.

2   지금의 중앙아시아 우즈베키스탄 사마르칸트 지역 일대에 있던 유목 국가였다. 고대 투르크계 민족으로, 나중에 인도 북부 지역에 세워지는 쿠샨왕국의 원조이기도 하다. (정수일, 『실크로드사전』, 창비, 2017.)

장건의 서역 출사도(둔황 막고굴 제323굴 북벽 그림)

로잡히는 험악한 여정을 견뎌냈지만, 장건의 협상은 성공하지 못했다. 대신 그는 서쪽에 크고 작은 수많은 국가가 서로 협력하고 경쟁하면서, 중국에는 없는 많은 문물을 교류하고 있다는 것을 알게 되었다.

한 무제는 이러한 정보를 바탕으로 이번에는 군사적 목적이 아닌 경제적 목적으로 다시 장건을 파견하여 오손, 대완[3] 등 중앙아시아의 수많은 유목 부족 국가들과 외교 관계를 넓히고자 했다. 이때 장건 사절단이 선물로 가져간 것이 바로 비단이었다.

비단을 접한 부족 국가들은 교류에 적극적으로 응했고, 이는 두 지역을 오가는 통로 개척의 계기가 되었다. 이후 이 통로를 통해 많은 사람과 물자가 이동하게 되었다. 이것이 바로 비단길이 만들어지는 과정이었으며, 이 길은 이후 비단을 중심으로 크게 발전했다.

---

[3] 장건과 그 사절단은 파견되어 있는 13년 동안 60개에 달하는 현지 부족을 방문했다. 이 중 오손은 기원전 2세기부터 기원후 5세기까지 톈산산맥 북쪽(지금의 카자흐스탄 알마티 근처)에 있던 기마 유목 민족이고, 대완은 지금의 우즈베키스탄 페르가나 지역에 있던 국가로서, 주변 국가와는 달리 페르시아 문화권에 속한 농경 국가였다. (정수일, 『실크로드사전』, 창비, 2017)

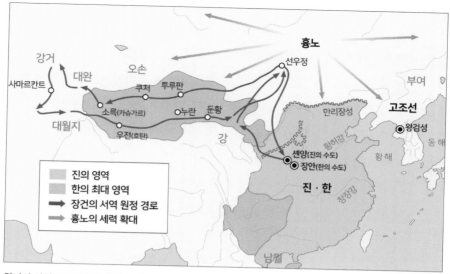

한나라 시대 중국과 서역 배치도 및 장건 원정로

비단에 열광한 이유

—

왜 중국 밖의 나라들은 비단에 그렇게 열광했을까? 비단은 그 이전은 물론이고, 지금까지도 다른 천연 직물에서는 찾아 볼 수 없는 특성이 있기 때문이다. 비단은 그 어떤 옷감보다도 가볍고, 부드럽고, 몸의 굴곡을 그대로 드러낼 수 있는 옷감이다. 필요에 따라 다양한 색으로 염색할 수도 있었다. 그래서 중국에서도 황제와 그 측근, 그리고 귀족들만이 비단으로 옷을 만들어 입었다.

그렇다면 다른 지역에서는 어떤 옷감으로 옷을 만들어 입었을까? 유목 민족들은 기본적으로 동물 가죽을 이용하거나, 동물의 털, 그중에서도 양털이 옷감의 중요한 재료였다. 유럽에서는 양털과 함께 아마라는 풀을 이용한 실로 린넨이라는 옷감을 만들어 사용했다. 린넨을 만드는 방법은 메소포타미아에서 발명되어 이집트를 거쳐 유럽으로 전파되었다. 또 다른 옷감인 면화는 인도가 처음 생산한 것으로 알려져 있다. 면화의 재배 및 직조 기술은 일찍이 중국으로 전파되었고, 면직물은 기원전부터 유럽 등지로 수출되었다. 중국과 한국, 일본 등 동아시아 서민층들은 삼베나 모시로 된 옷을 주로 입었다.[4]

이러한 옷감들은 그 부드러움과 무게, 색상의 다양성 등에서 비단을 따라갈 수는 없었다. 중국뿐 아니라 비단을 알게 된 중앙아시아, 페르시아, 유럽 등의 왕족, 귀족은 비단옷에 열광하고, 앞다투어 이 사치품을 사들이며 다른 귀족들과 차별화하는 데 혈안이 되었다.

중국은 비단을 주고 무엇을 얻고자 했을까? 하루에 천리를 달릴 수 있다는 '한혈마汗血馬'[5]다. 땀 대신에 피를 흘리는 말이라는 뜻을 가진 한혈마는 흉노족이 타는 말이다. 장건은 원정을 통해 초원에서 유목 생활을 하는 월지, 오손 등에서 한혈마를 사육하고 있다는 것을 확인했다. 흉노가 침입할 때마다, 한혈마 때문에 고초를 겪었던 중국은 한혈마를 수입해 군사력을 강화하는 것이 이들 국가와의 외교적 연대를 통해 흉노에 대한 방어력을 강화하는 것 못지않게 절실했다. 장건의 중앙아시아 방문은 비록 원래의 목적을 달성하는 데는 실패했지만, 흉노의 침입을 막는 전혀 새로운 대안을 찾는 계기가 되었다.

이처럼 비단길을 통한 초기의 동서 교역, 또는 물류 활동은 소수 지배 계층의 필요에 의해 제한적인 형태로 만들어졌다. 비단이라는 고급 섬유

---

4   Walton, P., 『The Story of Textiles』, Tudor Publishing, New York, 1937.
5   한혈마는 삼국지를 통해 우리에게 친숙하다. 삼국지에서 여포가 타다가 나중에 조조에 의해 관우에게 제공된 명마의 대명사, 적토마가 바로 한혈마의 다른 표현이다.

와 한혈마라는 군사적 수단의 교류가 비단길이 열린 최초의 목적이었다.

비단길의 시작과 끝
—

비단길은 어디에서 시작해서 어디에서 끝나는가? 리히트호펜은 한나라의 수도인 장안(현재의 시안)에서 당시 월지국과 일부 유목민 부족 국가의 영토였던 지금의 중앙아시아, 인도 북서부의 인더스강 상류 일대까지의 길을 비단길이라고 불렀다. 우리가 흔히 알고 있는 길보다는 매우 짧은 길이다.

왜 리히트호펜은 비단길의 시작과 끝을 이렇게 짧게 설정했을까? 이는 한나라의 주요 교역 대상이었던 대월지국이 1세기 초반 지금의 아프가니스탄, 파키스탄 해안 지방, 인도 북부를 아우르는 넓은 지역까지 그 영향력을 확장해[6], 동서 중개 무역의 중심이 된 것에 근거를 두고 있다. 결국 그는 비단길을 한나라와 당시에 한나라와 교역했던 중앙아시아의 국가 간의 통로로 본 것이다. 이것은 당시 역사학계에서 확인 가능한 비단의 유통 범위가 지금의 중앙아시아를 벗어나지 못했기 때문이다.

하지만, 이러한 비단길의 범위는 이후 계속 확대된다. 리히트호펜 이후 30년이 지난 1910년에는 헤르만 A. Hermann 이라는 독일의 동양학자가 비단길의 서쪽 끝을 지금의 시리아까지 연장했다. 당시 중앙아시아뿐만 아니라 지중해 동쪽에 있는 시리아에서도 중국의 비단 관련 유물을 대량

---

[6] 세계 역사에서 '쿠샨 왕조'라 불렸던 서기 1세기부터 4세기까지 중앙아시아 및 인도 북부에 위치해 있던 나라이다. 페르시아 지역에 있던 파르티아와 함께, 로마와 중국 및 인도와의 육상 및 해상 중개 교역 거점이었으나 곧바로 사산조 페르시아에 의해 멸망했다.

<u>으로</u> 발견한 고고학적 성과 때문이다. 비단이 유통되던 범위가 리히트호펜이 생각했던 것보다 훨씬 더 넓었다는 것을 확인하고, 이를 뒷받침하는 증거가 발견되었기 때문이다.

시리아까지 연장된 비단길은 제2차 세계대전 이후 역사를 연구하는 동양의 학자들에 의해 다시 소아시아(아나톨리아)를 지나 튀르키예의 이스탄불과 로마까지 연장되었다. 이 또한 그 후에 이뤄진 고고학적 발견과 역사적 연구 덕분이다. 특히 로마인들의 비단에 대한 엄청난 수요가 확인되자, 비단길의 범위는 더 이상 중앙아시아, 소아시아에 멈춰 있을 수 없었다.

초기 비단길의 시작과 끝은 이름대로 비단의 유통 범위에 의해 정해졌다. 하지만 그 길의 대부분은 비단 유통을 위해 새로 만들어진 길이 아니었다. 중앙아시아와 유럽 사이의 길은 이미 기원전 로마와 페르시아 국가들이 건설해 다양한 물자와 문화가 교류하고 있었다. 다만, 중국과 중앙아시아 사이에 놓여있던 타클라마칸 사막과 파미르고원 사이에 새로운 길이 만들어지고 이를 통해 비단을 운반하면서 비단길이 된 것이다.

최근 '비단길'이라는 용어는 더 포괄적으로 사용되고 있다. 우선 비단길의 범위는 동쪽으로 중국을 넘어, 한반도, 일본까지 연결된 것으로 받아들여지고 있다. 또한 비단길은 하나의 선이 아니라 중국과 동남아, 인도까지 연결된 육로 네트워크 공간과 더 나아가 아시아와 유럽을 연결하는 바닷길까지도 모두 포함하는 것으로 본다.

비단길의 범위가 이렇게 확대된 이유는 두 가지다. 첫째, 중국의 비단은 동아시아와 중앙아시아, 인도 및 유럽 전역에서 광범위하게 유통되었기 때문이다. 한나라와 중앙아시아 사이에서 교역이 시작된 후, 모든 나라의 황실, 귀족, 부자들 사이에서 중국산 비단에 대한 수요가 폭발했다. 그 결과 비단은 이 지역 대부분의 교역로에서 매우 중요한 상품이 되었다. 아시아와 유럽 일대의 모든 교역로가 비단으로 통일된 것이다.

둘째, 비단이 아시아와 유럽 사이의 인적, 물적 교류, 나아가 문화적, 종교적 교류의 대명사가 되었다. 세월이 흐르면서 초기에 주로 비단이 유통되던 길이 더 다양한 교류가 이루어지는 길이 되었다. 그중 어떤 길들은 이미 비단의 유통과는 무관해진 곳도 있었다. 하지만 이 길들을 통해 유라시아 대륙 각 문화권의 다양한 교류는 변함없이 이루어졌다. 그리고 아시아와 유럽을 연결하는 각종 교류의 통로를 통틀어 비단길이라 부르게 되었다. 2014년 중국은 '일대일로一帶一路'라는 국가 전략을 발표했고, 이를 '21세기 신新실크로드'라고 했다. 이는 아시아와 유럽을 연결하는 교류 통로의 건설 계획이다. 이 길은 비단의 교역과 전혀 관계가 없

네트워크로서의 비단길(서기 500년 전후)

지만, 이를 '실크로드'라 불러도 별 이의를 제기하지 않는다.

비단의 가치

아시아와 유럽 교역 초기에 비단이 매우 중요한 교역 상품이었던 것은
확실하다. 비단은 왜 중요한 교역 상품이었을까? 누가, 왜 비단이 필요했
을까?

이에 대한 답은 로마제국 시대 기록에서 확인할 수 있다. 카이사르에
서 아우구스투스로 넘어가면서 공화정이 제정으로 바뀌던 1세기경 로마
는 이집트를 정복했다. 이는 나일강 유역에서 생산되는 막대한 곡물, 그
리고 페르시아와 인도 등 동방과의 교역을 통해 누리던 막대한 경제적
이득이 로마의 수중에 들어왔음을 의미한다. 로마제국은 영토 확장을 최
소로 하며 평화를 유지했던 '팍스 로마나 Pax Romana'라는 전성기가 시작되

고 있었다. 황제에 의한 정치적 안정을 바탕으로 이집트와 유대 지역에 대한 지배력을 확대하고, 이를 통해 페르시아, 인도, 동아시아와의 교역을 확대하면서 로마 귀족은 풍요를 누렸다. 이 시기에 비단을 포함한 동방으로부터 들어오는 사치품에 대한 로마인들의 수요는 엄청났다. 이는 당시 사회를 풍자한 여러 사람의 글에서 확인할 수 있다.[7]

폼페이에서 발견된 1세기경 비단 드레스를 입은 무희를 그린 프레스코화(나폴리 국립박물관)

1세기경, 로마의 유명한 정치인이자 시사평론가였던 세네카는 중국 비단으로 만든 옷이 로마의 귀족 여성 사이에 인기를 끌자 '로마 숙녀의 몸매도, 품위도 가려주지 않는다'라고 비판했다. 여성들뿐이 아니었다. 당시 로마 귀족 남성들 사이에서도 '토가'라는 옷을 비단으로 만들어 입는 것이 유행이었다. 유행이 과열되어 사치가 심해지자, 로마 남성들의 비단옷 착용을 금지하는 법이 제정되기에 이르렀다.

다른 사례도 있다. 세네카와 비슷한 시대를 살았던 로마의 유명한 정치가 플리니우스는 로마에서 거래되는 비단의 가격이 실제 가격보다 100배나 비싸다는 사실을 개탄하고, 비단을 사기 위해 당시 로마제국 예

7　피터 프랭코판(이재황 역), 『실크로드 세계사』, 책과함께, 2015.

산의 10%가 넘고, 로마제국 연간 화폐 주조량의 절반에 가까운 돈을 쓰고 있는 귀족 사회의 사치스러운 소비 행태를 경고했다.

한나라에서 비단이 본격적으로 수입된 후 불과 100여 년이 지난 시점에 기록된 이러한 사례들은 당시 로마에서 비단의 인기가 어느 정도였는지를 짐작하게 한다. 로마뿐만 아니라, 지금의 이란에 있었던 파르티아, 나중에 쿠샨왕국으로 성장할 월지국 등에서도 비단의 인기는 그 끝을 알수 없을 정도였다. 비단의 가치가 이렇게 높아지자 비단은 국가 간 교역에서 중요한 교환수단, 즉 국제 화폐 대용으로 사용되기도 했다.

그렇다면 당시 비단의 가치는 어느 정도였을까? 비단은 15m 내외 길이를 보통 한 필이라고 한다. 당시의 물가 수준을 정확히 알 수는 없지만, 아우렐리우스 황제가 지배하던 2세기경 로마에서 비단은 같은 무게의 금의 가치와 맞먹었다. 이를 기준으로 비단 1필의 가격은 지금의 화폐 단위로 약 2천만 원 정도였을 것이다. 비단 1필로 로마의 의복을 2~3벌 정도 지을 수 있다고 가정하면, 당시 로마인들 사이에서는 한 벌에 700만 원에서 천만 원에 달하는 비싼 옷이 유행했다고 추정할 수 있다.

한편, 8세기경 당나라 시기 한혈마 1마리는 비단 40필과 교환했다고 한다.[8] 시대 차이가 있다는 점, 로마의 비단 가격이 중국에서의 가격보다 10배나 비쌌던 점을 고려하더라도 당시 한혈마 1마리의 가격은 대략 1억원 내외였을 것이다. 말 한 마리 가격이 국산 최고급 승용차와 맞먹는 수준이었다.

8   R. Kurin, "The Silk Road: Connecting People and Cultures", smithsonian, 2000.

비단길 이전의 길

비단길 이전에 아시아와 유럽을 연결하는 길은 없었을까? 기원전 4000년부터 대륙 간 교역의 증거가 발견되고 있다. 현재 파키스탄에 속해 있는 차가이Chagai 산맥에서 나는 청금석이라는 보석이 2,000km나 떨어진 메소포타미아 지역에서 발견되었다. 인도, 중앙아시아, 페르시아와 소아시아 사이에 교역이 있었다는 증거다. 또한 기원전 2500년~기원전 2000년 사이에는 지중해 도시들과 인도 서부를 연결하는 다양한 교역 경로가 있었고, 이를 통해 농산물을 거래했다는 사실도 확인되었다. 중국과 지중해 도시 사이 상품 교역이 진행된 증거들도 이미 기원전 6세기부터 확인된다.

기원전 6세기부터 중국과 지중해 도시 사이 교역은 어떤 경로로 이뤄졌을까? 비단길이 형성되기 이전에 동아시아와 유럽을 연결한 최초의 육로는 '초원길steppe road'이라고 할 수 있다. 초원길은 헤로도토스(B.C. 484?~B.C. 425?)라는 그리스 역사학자의 책 『역사Historia』에 기록되어 있고, 이미 오래전 유럽에도 알려져 있었다.

초원길은 비단길의 북쪽, 기후상으로는 북위 50도 부근 시베리아에서 중앙아시아에 걸쳐 나타나는 온대 초원에 만들어진 길이다. 초원이라는 용어와 위치로 봤을 때 이 길의 주인이 누구인지는 쉽게 알 수 있다. 바로 유목 민족이다. 이들은 수렵과 목축 활동을 위해 초원길을 개척했다. 그들이 생존을 위해 동서로 장거리를 이동하면서 개척한 초원길은 아시아와 유럽 교류의 다리 역할을 했다.

기원전 8세기에서 기원전 7세기부터 기원전 3세기에서 기원전 2세기

유라시아 대초원 범위

동안 유목 민족인 스키타이는 말을 타고 이 길을 오가며 동서양의 여러 문명을 전파한 것으로 전해진다. 그중 동아시아에 청동기 문화를 전파한 것은 가장 큰 역사적 의의를 갖는다. 그 외에도 스키타이는 그리스, 동아 시아 사이에 다양한 물품 교역의 중개 기능을 수행한 것으로 추정된다. 스키타이는 그리스에 말, 기장, 콩류, 아마, 모피, 황금 등을 수출하고 그 리스로부터 금은 장식품과 상아 세공품, 청동기 등을 수입했는데, 이 중 에서 동방에서 가져간 물품은 동방 특산의 견직물, 금 세공품일 것으로 파악된다.[9]

중요한 점은 견직물, 즉 비단이 이미 비단길이 생기기 전에도 초원길 을 통해 스키타이에 의해 유럽에 전파되었으리라는 것이다.[10] 다만, 장거

---

9   정수일, 『실크로드사전』, 창비, 2017.
10   기원전 3세기~기원전 4세기경에 그리스에서는 지금의 중국 땅을 '비단이 나는 땅'이라는 뜻의 Seres라고 불
     렀다. 한나라와 중앙아시아에서 비단 교역을 하기 훨씬 이전부터 중국은 이미 유럽에 비단으로 유명한 지역이
     었던 것이다.

리 이동의 주된 목적은 생존이었기에 물품 교역은 부차적인 활동일 수밖에 없었고, 따라서 교역 규모가 크지 않았으리라 짐작한다.

초원길은 이후에도 역사적으로 큰 영향을 미쳤다. 4세기 후반 흉노족이 이 길을 따라 서쪽으로 이동함으로써 유럽에서 게르만족의 대이동을 촉발했고, 13세기에는 몽골이 유럽을 점령할 때 이 길을 이용하는 등 정치적, 군사적 역할이 더 컸다. 초원길은 14세기까지 흉노, 돌궐, 거란, 몽골 등 초원을 지배하던 유목 민족들의 이동 통로로 동서 교류의 발판이 되었다. 하지만 비단길이 열리고 난 이후에는 상업과 교역을 위한 초원길의 역할은 줄어들었다.

비단의 세계화와 중국 비단의 경쟁력

귀족들의 수요가 높은 비싸고 귀한 비단의 생산을 언제까지 중국이 독점할 수 있겠는가. 황실이 비단 생산 기술을 기밀 사항으로 통제한다 해도, 영원한 비밀은 없는 법이다. 언제부터 중국 이외의 지역에서 비단이 생산되고 유통되기 시작했을까? 비단은 기원전 2600년부터 중국에서 생산, 유통되기 시작했고, 한나라가 비단 교역을 시작한 이후에도 비단은 중국 황실에 의한 독점적인 교역 품목이었다.[11]

중국의 엄격한 통제에도 불구하고 비단 생산의 중요 기술인 직조 기술은 이미 4세기에 중국 유학생들에 의해 한반도와 일본에 전해진 것으

---

11 중국은 비단 생산기술을 보호하기 위해, 누에나 누에고치를 외국으로 밀수출하려고 하는 사람들에 대해서는 사형을 시킬 정도로 엄한 형벌을 가지고 있었다.

로 알려져 있다. 따라서 이때부터 이 두 지역은 중국에서 수입해 온 비단실을 이용해 비단을 짜기 시작했다. 하지만, 비단 생산에서 가장 중요한 양잠 기술, 즉 누에를 통해 누에고치를 만들고, 이 누에고치에서 실을 뽑는 기술은 8세기가 지난 후에야 이들 지역에 전파되었다.

유럽 사회에 비단 생산 기술이 전파된 것은 476년 서로마제국 멸망후 약 80년쯤 지난 552년이다. 동로마제국의 유스티니아누스 황제가 파견한 두 명의 수도승이 사산조 페르시아에서 비단 생산 방법을 배워 왔고, 누에와 뽕나무 씨를 대나무 지팡이에 숨겨 훔쳐 오면서 비잔틴제국 비단 산업은 발전하기 시작했다.[12]

비슷한 시기에 페르시아도 비단 생산의 지식을 알게 되었고, 이후 이슬람제국이 들어서면서 지금의 시리아 다마스쿠스가 비단의 중심지로 성장했다. 특히 이슬람제국은 정복 전쟁 과정에서 이 기술들을 북아프리카, 시칠리아, 이탈리아반도 서남부(칼라브리아) 등 지중해 연안 지역으로 전파했다. 그 결과 11세기경에 이르러 칼라브리아 지방은 전체 유럽 비단 생산의 절반 이상을 차지할 정도로 성장했다. 비잔틴

둔황 석굴에서 출토된 비단(1015년 제작 추정)

---

12 우리는 한국사 시간에, 우리나라에 목화 재배가 전파된 것은 고려 말에 문익점이 중국에서 목화씨를 붓통에 숨겨온 이후라고 배웠다. 시기도, 지역도, 대상도 다르지만 문물의 교류에서 묘한 기시감을 갖게 하는 사례이다.

제국뿐만 아니라, 이들 지역에서는 비단 직물에 지역 고유의 독특한 디자인을 추가해 중국 비단과 차별화하고자 했다.

비록 생산의 독점은 깨졌지만, 중국 비단은 탁월한 품질 때문에 경쟁력을 완전히 잃지는 않았다. 특히 당나라에 이어 송나라에 이르는 13세기까지는 비단 생산을 산업화함으로써 비단의 수출 국가의 지위를 굳건히 했다. 둔황 석굴에서 발견된 1015년에 제작된 것으로 추정되는 비단은 당시 비단 직조 기술이나 디자인이 얼마나 뛰어났는지를 잘 보여준다.

사막과 산맥을 넘나드는 길

동서 교류의 병목

—

이제 비단이 아닌 비단길 이야기를 해보자. 이야기했듯이, 비단길은 중국
에서 중앙아시아 사이에 새로운 길을 만들면서 완성되었다.

컴퓨터를 켜서 지도를 펼치고, 중국의 시안이라는 도시와 시리아의
해변 한 점 사이를 최단 직선거리로 연결해보자.[13] 다음과 같은 그림을
확인할 수 있다. 이 루트를 따라 시안에서 출발해 서쪽 중앙아시아 국가
들을 가기 위해서는 크고 높은 산맥을 넘고, 넓은 사막을 가로지르거나
우회해야 한다. 대표적인 것이 타클라마칸 사막[14]과 파미르고원이다. 또
한 남쪽과 북쪽으로는 쿤룬산맥과 톈산산맥이라는 높은 산맥이 동서로

---

13 실제로 그림에서 보듯이 중국 장안과 시리아, 로마를 잇는 비단길의 간선 통로는 거의 직선에 가깝다. 우회가
불가피한 지리적 조건, 꼭 방문해야 할 주변의 대도시 등이 아니라면, 모든 사람과 물건은 직진하게 되어 있
으며, 이는 과거나 현재나 불문의 진실이다. 그런데, 어떤 지도들은 이 루트가 마치 위로 볼록한 곡선처럼 표
시된다. 이는 하나의 구로 되어 있는 지구 표면에 대한 지도 작성법 차이에 따른 오해이다.

14 타클라마칸이라는 이름은 위구르어로 '들어가면 나오지 못하는 곳'이라는 뜻이다.

비단길의 경로와 직선거리

뻗어 있다. 교통 기술이 발달한 지금도 그렇지만 교통이 발달하지 않은 2천여 년 전에 이들 사막과 산맥을 지나가기는 매우 어려웠을 것이다.

다만 당시 타클라마칸 사막은 한나라의 영토였고, 둔황이라는 도시가 사막의 동쪽에 있어서 사막의 입구까지 이동하는 것은 큰 문제가 없었다. 이 점을 생각하면 북측과 남측의 오아시스들을 연결해 사막을 건너 파미르고원 입구까지는 도달할 수 있었을 것이다. 한 무제 때 장건이 서역을 갈 때 이용했던 경로도 이와 유사하다. 하지만 파미르고원을 넘는 것은, 장건처럼 국가의 명령과 지원 없이는 엄두도 낼 수 없었다.

이는 중국뿐만 아니라 중앙아시아의 군소 유목 국가도 마찬가지였다. 당시 이들 국가 서쪽에는 지금의 중앙아시아 서남부와 페르시아(이란) 지역에 파르티아, 그 서쪽으로는 로마가 아라비아반도 일부를 포함한 땅에 제국을 건설하고 있었다. 따라서 이들은 서쪽으로는 파르티아를 통해 로마와 교류하고 있었고, 남으로는 인도와 교류하고, 북으로는 초원길을 따라 이동하는 흉노족 등 유목민들과 때로는 갈등하고 때로는 교류하면서 필요한 물자를 조달하고 있었다. 그들에게 특별한 사정이 없다면 굳이 험한 파미르고원을 넘어 중국과 본격적으로 교류할 유인이 없었을 것이다.

결국 한나라 이전까지 동서 교류의 발목을 잡고 있었던 것은 험한 자연 환경, 사막과 산맥, 특히 파미르고원이었다. 중국에는 지역 교류가 가능한 교통로가 어느 정도 건설되어 있었고, 중앙아시아 국가들은 서, 남, 북과의 교류에 필요한 루트가 어느 정도 개척되어 있었다. 하지만 중국과 중앙아시아를 직접 연결하는 교류 통로는 산맥에 의해 막혀 있었다. 요컨대 파미르고원은 동서 교류의 병목이었다.

비단길 이전의 교류
—

파미르고원이 아무리 병목이라 한들, 그 양쪽에 사람이 모여 살고 있고, 서로 필요한 것이 있다면, 아무런 교류가 없었을 리는 없다. 이미 앞에서 설명한 대로 비단길 이전에도 초원길, 바닷길 등을 통해 동서 간 교역이 이루어지고 있었다. 이 시기 즉, 병목을 해결하고 비단길이 본격적으로 열리기 이전까지의 시기에 있었던 중국과 중앙아시아, 또는 중국과 북방 유목 민족과의 교류는 상당히 독특한 특징이 있었다. 이른바 '조공 무역 tribute trade'이다.

진시황이 기원전 221년 중국을 통일하기 이전, 더 정확하게는 역사가 기록되기 이전의 시기부터 중국 황제는 '하늘로부터 위임받은 권한'을 가진 자로서, 세계를 통치하는 유일한 권력이라는 사상이 있었다. 이러한 사상을 바탕으로, 중국은 이웃하고 있는 야만 국가를 '보호'해주고, 대신에 이들에게 '조공'을 요구했다. 조공은 중국에 들어서는 역대 왕조의 권위를 나타내는 것이었다.

하지만 실상 조공은 자주 그 반대 방향으로 나타나고는 했다. 한나라 시대의 북방 유목민 흉노족이 세력을 키워 자주 중국을 침범함에 따라, 거꾸로 흉노가 한나라를 '보호'해주는 대신, 한나라가 흉노에게 '조공'을 바치는 경우가 생겨났다. 기원전 198년 한나라가 중앙아시아 흉노족과 조약을 맺었는데, 그 내용은 공주를 흉노의 지배자인 선우에게 시집보내고, 조공품으로 금과 비단을 바친다는 것이다. 이보다 흔한 형태는 중국의 '보호'와 흉노의 '조공'이라는 형식은 유지하되 조공의 규모보다 답례품의 규모가 훨씬 큰 경우다. 이것은 북방 유목민을 포함한 변방의 오랑캐들이 중국의 국경을 침입하지 않도록 하는 안전장치였다.

조공 무역의 규모는 어느 정도였을까? 한 연구에 따르면[15], 서기 50년에서 100년 사이, 중국 쓰촨 지방에서 만주 변경 지역의 오랑캐들에게 보낸 물자 규모는 중국 황실 수입의 7%, 정부 총인건비의 30%에 달할 정도였다고 한다. 제반 행정 비용과 군사적 비용이 빠진 규모이니 실제 규모는 더 컸을 것이다. 조공 무역은 중국과 흉노, 더 나아가 중국과 중앙아시아 및 유럽 간 교역 방식의 하나였으며, 이 조공 무역의 중요한 물품이 바로 비단이었다.

또 다른 교역 방식으로 '변경 시장 무역'이 있었다. 중국이 아무리 조공 무역을 통해 오랑캐를 달랜다고 해도 그들의 위협으로부터 완전히 자유로울 수는 없었다. 만리장성을 쌓고, 군대를 두고 변방에서 침입하는

---

15   Curtin, P.D., 『Cross-cultural Trade in World History』 Cambridge University, 1984.

외적에 대비해야 했다. 북쪽 변방의 길이가 길다 보니, 파견된 군사의 숫자가 많을 수밖에 없었고, 이들 군대를 유지하기 위한 비용은 어마어마했다. 이를 충당하는 방법이 변경 시장 무역이다. 변경에 비공식적인 시장을 개설하고, 중국의 특산물을 팔아 군대 유지 비용을 조달했다. 변방 시장을 더욱 활성화한 것은 흉노족의 뛰어난 상술이었다. 이들은 이미 중국 북방에서 파르티아까지 이르는 지역을 장악하고, 서쪽 나라에서 오는 상인들에게 세금을 징수하고 서역 교역을 관장했다. 이러한 중계 무역을 통해 막대한 이익을 취했고, 이를 바탕으로 중국 변경 무역에서 중요한 수요자의 역할을 했다. 물론 가장 원하는 물건은 중국의 비단이었고, 이 비단은 정부가 군대를 유지하고 군사들의 봉급으로 지급한 수단이었다.

조공 무역, 변경 시장 무역은 비단길이 열리기 이전부터 이미 성행하고 있었다. 그리고 비단길이 열린 이후 당, 송에 이르기까지 계속되었다. 하지만 이런 형태의 무역들이 서쪽 지역과의 간접 무역이라면, 비단길은 직접 무역이라는 점에서 그 의미는 다르다.

산맥과 사막을 개척한 사람들
: 한나라 영웅들, 그리고 알렉산드로스 대왕
—

그러면 산맥과 사막을 연 사람은 누구였을까? 타클라마칸 사막과 파미르고원을 넘어서 새로운 길을 뚫을 필요성을 느끼고, 이를 황제에게 최초로 건의한 사람은 바로 장건이다. 첫 번째 서역 파견에서 13년 만에 빈손으로 돌아온 장건은 그 후에도 3번 더 사막과 산맥을 넘어 중앙아시아 지역에 파견되었다. 목적은 같았다. 이들 부족 국가들과 연합하여, 끊임없이 변방을 침입하는 흉노족을 북쪽으로 몰아내는 것이었다. 결과는 절반의 성공이었다. 카자흐스탄 알마티 근처에 있던 유목 국가 오손을 친한나라 세력으로 포섭하여 그들이 가지고 있던 한혈마를 수입했고, 기타 주변 국가들과 조공 형태로 공식적인 관계를 맺는 데에 성공했다. 하지만 흉노를 완전히 몰아내지는 못했다. 흉노는 중앙아시아와 중국 변경에서 잠시 물러나는 듯했지만, 다시 한나라의 변경을 위협하기 시작했다.

이 과정에서 비단길 역사에서 중요한 의미를 차지하는 성과 중의 하나가 만들어졌다. 중국에서 서쪽으로 가는 비단길의 중요한 출발 거점인 둔황이라는 도시가 한나라의 행정 단위가 된 것이다. 또한 타클라마칸 사막의 남과 북으로 두 개의 길이 만들어지고, 한나라가 관리를 파견하여 이 길들을 공식적으로 통제하기 시작했다. 비단길의 중국 쪽 영역이 보다 서쪽으로 확장된 것이다. 타클라마칸 사막의 남과 북으로 두 개

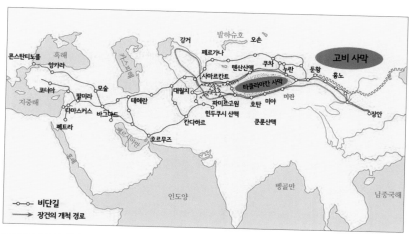

장건의 비단길 개척 경로

오늘날 유적으로 남아 있는 둔황 석굴의 모습

의 길이 만들어질 수 있었던 것[16]은 사막의 남과 북에 두 개의 높은 산맥이 있어, 이들을 수원으로 하는 오아시스가 적절하게 분포되어 있기 때문이다.[17]

장건의 서역 개척 이후 비단길의 중국 측 경계가 확장되었지만, 항상 안전하지는 않았다. 흉노의 빈번한 침입으로 길이 열렸다가 막히는 상황은 한나라가 멸망할 때까지 반복되었다. 흉노의 침입과 더불어 중앙아시아에 퍼져 있던 수많은 부족 국가들이 한나라와 흉노 사이에서 친교와 배반을 거듭했기 때문이다.

장건 이외에 비단길의 확대와 유지를 위해 노력했던 또 다른 영웅은 후한 시대 장군 반초와 그 아들 반영이었다. 장건이 활동하던 시대에서 200년쯤 뒤인 1세기 후반에 활동한 반초 부자는 둔황 서쪽의 비단길의 안정화를 위해 50년의 세월을 중앙아시아 일대에 머물면서 해당 지역 부족들을 복속시키고, 흉노를 북으로 몰아내는 데 심혈을 기울였다.

반초가 평정한 국가들은 선선(지금의 신장 위구르 지역), 우전(지금의 허텐), 소륵(지금의 카슈카르) 등 주로 타클라마칸 사막 남쪽 비단길 거점들이었다. 이와 더불어 부하 중의 한 명인 감영을 로마에 직접 보내 두 나라 간의 교역을 확대하고자 했다.[18] 비록 실패로 끝났지만, 이는 중국과 로

---

16 '장건의 비단길 개척 경로' 지도에서 타클라마칸 사막 주변에 두 개의 길을 확인할 수 있다.

17 파미르 고원을 넘어 중앙아시아 지역도 사막이 위치하는데, 이 지역에는 아무다리야강과 시르다리야강이 있어 또 다른 오아시스 도시들이 연결될 수 있었다.

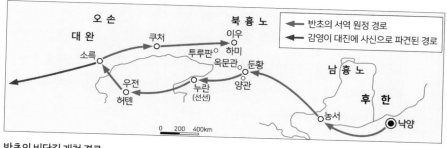

반초의 비단길 개척 경로

마 간의 직접적인 교류 관계를 꾀한 첫 번째 시도라는 의의가 있다. 또 하나 중요한 것은 감영은 로마를 가기 위해 파르티아를 횡단한 후 바닷길을 이용하기 위해 페르시아만 일대를 조사한 점이다. 이는 중국의 입장에서 지금까지 비단길을 육로로만 생각했던 것에서 나아가 처음으로 바닷길을 고려했다는 의미가 있다. 이런 노력 덕택에 비단길의 기능과 범위는 더욱 확대되었고, 동서간의 교류가 비록 중간에 자주 끊기기는 했지만 그 규모는 지속적으로 증가했다.[19]

　비단길을 개척하기 위한 한나라의 이러한 노력과 더불어 우리가 잊지 말고 기억해야 할 것은 마케도니아의 알렉산드로스 대왕이다. 그는 기원전 334년부터 기원전 323년까지 11년 동안 동방 원정을 통해 비단길 서쪽 방면의 도로망을 사실상 완성했다. 그리스 마케도니아에서 출발해 오늘날의 터키와 시리아를 거쳐 이스라엘과 이집트까지 정복한 그는

18　한나라가 로마에 감영을 파견하려고 시도한 후 69년이 지난 서기 166년에 드디어 로마가 한나라에 사신을 파견하여 교류하자는 신호를 보냈다. 이는 한나라와 로마 간의 최초의 직접 교류였다. 우습게도 이에 대해 중국은 로마가 중국에 조공한 것으로 해석했다.

19　초기의 이런 노력은 이후에도 지속적으로 진행되었다. 우리에게 상대적으로 익숙한 고구려 유민 출신으로 알려진 당나라 고선지 장군이 740년대에 서역을 정벌한 것도 같은 맥락으로 이해할 수 있다.

다시 페르시아를 석권하고, 인도와 히말라야를 향해 전진했다. 원정은 멀리 동쪽의 힌두쿠시산맥과 인더스강까지 이어졌다. 곳곳에 자신의 이름을 따 '알렉산드리아'라는 첨단 도시를 건설한 그의 공로로 히말라야로부터 그리스에 이르는 서쪽 지역의 도로망 대부분이 틀을 잡았다.[20] 다만, 알렉산드로스 대왕은 그가 개척한 이 길들이 나중에 비단길로 불리게 될 줄은 전혀 알지 못했다.

---

[20] 오늘날 아프간 사태로 유명해진 헤라트와 칸다하르 등이 이때 알렉산드리아로 건설된 도시들이다.

비단길의 물류 활동

비단길의 수송 수단

비단길 교역의 주요 교통수단은 무엇이었을까? 사막, 오아시스 등을 통해 쉽게 상상할 수 있듯이, 기본 교통수단은 낙타였다. 여기에 더해 당나귀, 말, 야크 같은 가축들도 이용되었다. 페르시아에서 지중해 연안의 시리아까지의 구간에서는 낙타보다 오히려 말이나 당나귀를 이용하는 사례가 더 많았다. 또한 시리아에서 로마까지는 지중해를 이용한 해운이, 육로의 경우에는 로마제국이 만들어놓은 사통팔달의 도로를 기반으로 한 마차가 주력 수송 수단이었다. 물론 낙타를 이용한 대상 행렬caravan이 그대로 로마까지 들어가고, 다시 로마에서 중국으로 향하는 경우도 적지 않았다. 북쪽에 있는 초원길에서는 말과 마차가 중요한 교통수단이었다. 요컨대 수송 수단의 선택은 문명의 진화보다는 지리적 특성에 의해 크게 좌우되었음을 알 수 있다. 지금도 중국 서북쪽, 몽골 등에서 낙타를 이용하고 있다는 사실이 이를 뒷받침해준다.

둔황 석굴 낙타 그림(대영박물관)

카라반의 규모는 어느 정도였을까? 과거의 기록과 현재 중앙아시아 및 몽골 사막에서 활동하고 있는 낙타를 이용한 카라반을 통해 가늠해 볼 수 있다. 작게는 50마리의 낙타, 많게는 2,000마리의 낙타가 하나의 대상을 형성했을 것으로 보인다. 대상의 규모는 수송 길이가 길어질수록 더욱 커졌다고 하니, 페르시아에서 중국까지 이동하는 카라반은 최소한 낙타 200마리에서 500마리가 동원되는 규모라고 가정할 수 있다. 낙타가 아니라 말이나 당나귀가 이용되었을 때에는 동원해야 하는 동물의 수가 2배 이상으로 늘어났다고 기록되어 있다.

이들 카라반은 낙타 20마리를 최소 단위로 하고, 이것을 몰이꾼 한 사람이 책임진다. 보통 이런 단위 10~20개가 묶이면 하나의 카라반이 된다. 이 중 3/4은 교역품을 운반하고, 나머지 1/4은 식량, 사료 등 여행 중 필요한 소모품을 운반한다. 이들 낙타가 일렬종대로, 하루 평균 7~8시간, 30~60km를 행진했다.

일반적으로 낙타는 자기 체중의 약 40%를 실어 나를 수 있고, 페르시아 박트리아산 쌍봉낙타는 수컷이 600kg, 암컷이 450kg 정도여서 1마리당 대체로 200~250kg을 지고 갈 수 있다.[21] 따라서 카라반 행렬 하나는

---

21   최대 적재중량은 450kg 정도 되는 것으로 추정된다.

22   정수일, 『실크로드학』 창비, 2001을 참고해 계산한 수치.

보통 40톤에서 120톤 정도[22]의 물건을 실어 나를 수 있고, 그중 교역품은 30톤에서 100톤 정도 된다. 이 분량은 최대 대형 트럭 10대, 철도 화차 1량 이상, 보잉747 화물기 1대 분량에 해당한다. 실로 어마어마한 규모다.

카라반의 사업 구조[23]

누가 이런 대상 행렬을 조직해 화물을 수송했을까? 하나의 대상 행렬이 로마와 중국의 장안을 왕복하는 경우는 극히 드물었다. 그 이유는 유럽, 페르시아, 중앙아시아, 중국의 지배 권력이 다 달랐고, 지역 간에 크고 작은 갈등이 있는 경우가 많았기 때문이다. 카라반의 대부분은 특정 지역의 경계 범위 내에서, 짧은 수송 경로를 따라 왕복 수송을 반복하면서 정해진 목적지에 계절 단위로 정해진 일정에 따라 도착하는 형태였다.

카라반의 리더는 교역 통로를 수년간 왕복하여 구간 내의 모든 길을 정확하게 알고 있고, 통과하는 지역 도시들의 방언도 이해할 수 있을 정도로 언어 능력이 뛰어나야 했다. 또한 어떤 화물이라도 싣고 갈 수 있는 기술적 능력도 갖춰야 했다. 이러한 리더를 바탕으로 카라반은 조직되고, 동업조합guilds, 황실 가족, 정치인 등의 재정 지원을 받아 화물을 수송했다. 또한 매우 부유한 상인들에 의해 개별적 카라반이 조직되어 운행되기도 했다.

한편 장거리를 다니는 카라반은 보통 규모가 크고 비용도 많이 들기 때문에 후견인 없이는 운영하기 어려웠다. 또한 불규칙한 날씨와 불안정

---

23   "Caravans of the Silk Road: An Ancient Tradition", WORLD HISTORY, 2018.

한 지역별 통치 구조도 장거리 여행에 큰 영향을 미쳤다. 따라서 이러한 여행은 대개 국가 간 외교적 교역 형태로 이뤄졌고, 한 번의 왕복으로 끝나고는 했다. 이 여행을 위해서는 카라반의 대표자가 상대국 황실이나 정부의 허가를 미리 받아야 했고, 가는 길에 있는 지역 정치인들의 허가도 받아야 했다. 카라반들에게는 이러한 허가를 증명하는 부절이 주어졌고, 최종 목적지에 도착하는 시기 및 장소가 지정되었으며, 이동 과정에서 인력과 물품의 규모 및 종류를 반복적으로 조사받았다.

이상과 같은 사업 구조를 오늘날의 관점에서 볼 때 비단길의 단거리 비즈니스 형태는 구간 단위 정기 화물 운송 구조와 같고, 장거리 비즈니스 형태는 국가에 의해 통제되는 특송 운송 노선으로 볼 수 있다. 물론 이들 카라반은 화물을 수송할 뿐만 아니라, 화물의 소유자와 공급자 간의 거래를 대행한다는 점에서 순수 물류 활동이 아니고, 물류와 상류가 통합된 형태였다. 이러한 행태는 물류 활동이 전문화되는 20세기 중후반까지 보편적으로 나타나는 행태였다.

이러한 비즈니스는 물류 사업자와 상인 중 누가 주도하였을까? 앞서 지적했듯이 비단길의 카라반은 대부분 황실, 유력 귀족, 상인 등의 정치적, 재정적 후원으로 이루어졌다. 이들 후견인의 관심은 당연히 안전하게 수송된 화물의 거래로 얻을 금전적 이익이었을 것이다. 이러한 거래를 실행한 카라반의 리더는 전문 물류업자였다. 이들은 화물의 안전한 수송이 일차적 목표였다. 그런 만큼 이들은 지역별 교통로와 사회적 환경, 그리고 화물 수송 방식에 밝았다. 상업적 거래는 이 일차적 목표가 달성된 후에 추가로 부여된 대리 업무였을 뿐이다. 현재 국제 무역의 전문 물류 기업에 의해 진행되는 전형적인 제3자 물류 비즈니스와 같은 형태다. 이러한 특성은 단거리 비즈니스뿐만 아니라, 장거리 비즈니스에서도 마찬가지이다. 다만, 장거리 비즈니스에서는 황실로부터 상업 거래 업무를 위임받은 대리인이 동행했을 가능성이 높다.

무엇을 보내고 무엇을 받았는가?

—

비단길의 주요 교역품은 무엇이었을까? 비단길이니 당연히 중국의 비단이 중앙아시아와 페르시아, 아라비아, 로마 등지로 수송되었을 것이다. 앞서 '실크로드, 왜 비단인가?' 절에서 로마인들의 비단 수요를 설명했다. 그 외에도 우리가 잘 아는 카이사르 황제가 비단으로 된 튜닉과 토가를 입고 극장에서 으스댔다는 이야기, 2세기쯤에는 로마제국의 가장 서쪽에 있는 영국의 비단 수요가 중국 낙양에 못지않았다는 이야기, 4세기가 되면, 귀족들뿐만 아니라 심지어 화물 운반부들도 비단옷을 입고 다닐 정도로 비단이 흔해졌다는 이야기들도 전해져 온다.

비단 이외에 서역에 수출된 물품 중에서는 칠기도 있었다. 이 칠기는 중국 제품일 것으로 추정된다. 하지만 우리나라 칠기의 역사도 삼한 시대까지 거슬러 올라가고, 삼국 시대에는 옻나무의 관리에 관한 기록이 남아 있으며 고려 시대 이후 한반도에서 중국으로 수출된 중요한 물품 중의 하나가 칠기였다는 점을 생각해 보면, 이 시기 교역에 한반도 국가들이 참여했을 가능성도 생각해 볼 수 있다.

유럽 및 아랍, 중앙아시아에서 중국으로 수입된 물건에는 어떤 것이 있었을까? 중국에서 보낸 물건보다 훨씬 다양하다. 우선 중앙아시아산 말, 모피, 모직물이 있었고, 페르시아산 포도, 석류, 호두, 호마 등 과일과 농산물 등이 있었다. 여기에 아프리카산 몰약, 자단 등 각종 향료, 인도산 후추, 아라비아산 향료 등이 추가되었다. 로마로 대표되는 유럽에서는 어떤 것들이 보내졌을까? 입으로 불어 만든 유리, 석면, 호박, 산호 등의 사치품이 주요 상품이었다.

유리를 입으로 불어 만드는 기술은 기원전 1세기에 이스라엘, 이란, 팔레스타인, 레바논 등지에서 개발된 것으로 알려져 있다. 중동의 최신 기술에 의해 만들어진 유리를 비단의 반대급부로 중국에 보낸 것이다. 그런데 재미있는 점은, 로마 정부가 유리를 실용적 목적, 또는 장식적 목적으로 사용하기 위해 대규모의 유리 제조 공장을 건설했다는 것이다. 따라서 비록 기술은 중동 지방에 근거를 두고 있지만, 중국과의 유리 교역은 로마인이 주도했음을 알 수 있다.[24]

우리가 아는 석면은 일상에서 쉽게 접촉할 수 있는 대표적인 발암 물질이다. 그런데 로마 시대에는 석면으로 직물을 짰다. 중국에서는 이를 '화완포火浣布', '불로 씻은 옷감'이라고 불렀다. 이들은 석면사를 센 불에 집어넣었다 빼서 석면의 해독을 제거하고 표백했다.[25] 로마에서는 이 석면 실로 옷감을 만들어 식탁보 또는 냅킨을 만들어 썼다. 이 점은 석면 직물이 귀족들이 사용하는 고급 소재였다는 것을 보여준다.[26]

---

24 유리 제조 및 가공 기술은 13세기에 베네치아에서 다시 한 번 융성기를 거쳤다. 당시 이탈리아 정부가 유리 세공 기술자들을 무라노섬으로 이주시켜 극히 정교한 유리 제품을 제작해, 유럽과 다른 지역 교역의 중요한 물품으로 활용했다.

25 이미 그리스 시대부터 석면의 해독에 대해서는 잘 알려져 있었다. 석면을 캐서 실로 만드는 노예들이 폐병에 걸리고 있음을 기록한 문서들이 있으며, 플리니우스라는 로마의 정치학자이자 역사학자는 이를 '노예의 병'이라 칭했다.

26 석면의 어원은 그리스어 'amiantus'로서, 그 의미가 '청결하고(unsoiled), 오염되지 않은(unpolluted) 물질'이라는 의미인 것은 아이러니라 하지 않을 수 없다.

호박과 진주는 중국에서는 명월주, 야광벽[27]으로 불렸다. 호박은 소나무과 나무들의 수액이 오랜 기간 응고한 것으로서, 이미 신석기 시대부터 장신구로 활용되었다. 그런데 호박은 중국과 교류하던 로마나 중동에서 생산되는 것이 아니었다. 유럽 북쪽의 북해와 발트해 연안에서 생산된 호박이 그리스 시대에는 시실리아로, 나중에는 지중해와 알프스로 수송되었다. 호박이 이동한 길을 호박길amber road이라 부른다.[28] 특히 그리스 로마 시대에는 호박을 햇빛이 뭉쳐져서 만든 귀중한 물품으로[29] 여겨, 태양의 신 아폴론에게 바쳤다.

산호는 지중해의 특산품 보석으로, 특히 붉은색, 주홍색, 오렌지색, 흑색의 산호가 가장 인기가 많았다. 산호는 로마 시대에는 위험을 막아주는 부적으로 쓰였고 건강을 지키는 약으로 활용되었다. 수확한 산호는 함부로 유통할 수 없었고, 모두 귀족에게 보내졌다.

이상에서 살펴보았듯이 초기 비단길에서 거래되던 상품은 대부분이 황실, 귀족이 쓸 만한 사치품이었고, 각 지역의 황실과 귀족이 교역을 엄격히 통제했다. 이는 초기 비단길이 서민층의 생활필수품을 위해 건설되고 운영된 것이 아니라, 각 지역 황실과 귀족의 사치벽을 충족시키기 위한 것이었음을 의미한다. 비단길로 인해 아시아와 유럽이 교류함으로써 두 지역 귀족의 사치는 더욱 심해졌다.

---

27   보름달 같은 구슬, 밤에도 빛나는 구슬이라는 뜻이다.

28   뒤에 자세히 설명할 것이다.

29   호박을 문지르면 전기가 발생하기 때문에 그리스에서는 이 호박을 'electron'이라고 불렀으며, 이는 오늘날 전기 'electricity'의 어원이 되었다.

제2장

⚜

육로 비단길의
번영과 쇠퇴

실크로드 글로벌 네트워크

국제 수도, 장안

—

비단길을 통한 교역은 서기 220년에 한나라가 망하고, 중국이 혼란에 들어서면서 잠시 주춤했다. 공교롭게도 이 시기를 전후해 페르시아 지역에서도 동서 간 중개 무역을 담당하던 파르티아가 멸망했고(226년), 인도 북서부 지역을 장악하고 있던 쿠샨 왕조도 멸망했다(260년). 로마제국도 게르만족의 침입으로 혼란을 겪다가, 동로마제국과 서로마제국으로 분열되었다.[30]

이런 혼란으로 주로 황제 또는 왕과 귀족의 필요로 이루어지던 동서 교역은 위축되었다. 물론 어느 정도 안정화한 상업 세력과 도시들에 의해 교역이 지속되었지만, 이전처럼 활발하게 진행될 상황은 결코 아니었

---

[30] 콘스탄티누스 황제에 의해 330년 수도가 콘스탄티노플로 이전했고, 최종적으로는 395년에 동로마와 서로마로 완전히 분할되었다.

다. 특히 파르티아에 이어 지금의 이란 지역에 들어선 사산조 페르시아(208~651)는 로마와 끊임없이 충돌했고, 수시로 로마로 이어지는 무역로를 봉쇄했기 때문에, 육로 교역을 안정적으로 진행할 수 없었다.

이러한 상황은 618년 당나라가 건국하면서, 중국 정치 상황이 평안해지자 안정되었다. 당나라는 비록 일시적이었지만 파미르고원을 넘어서 중앙아시아 지역까지 영토를 확장했다. 넓은 영토를 바탕으로 당나라는 국력을 키우고 개방적인 대외 정책을 펼쳤다. 이로 인해 서방 세계와의 교류는 놀라울 정도로 활발해졌고 통로도 정비, 확대되었다.

아라비아반도 및 페르시아에서도 비슷한 시기에 정치적 안정이 찾아왔다. 무함마드에 의해 이슬람교가 창시되고(622년), 이후 아라비아반도뿐만 아니라 페르시아 지역까지를 포괄하는 이슬람제국[31]이 건설된 것이다. 이슬람제국은 사산조 페르시아를 멸망시킨 후, 651년부터 798년까지 약 150년 동안 모두 39차례 공식 사절을 당나라에 파견했다. 특히 압바스 왕조(750~1258)는 당나라와의 교역에 매우 능동적이었고, 여기에 개방을 지향하던 당나라도 적극적으로 호응해 한결같이 우호적이고 협조적인 관계를 유지했다.

한편 사산조 페르시아 멸망 후 페르시아인들은 이슬람제국의 지배를 받으면서도 지속적으로 크고 작은 나라들을 건립하고, 654년부터 771년까지 100여 년 동안 중국에 31차례 사절을 보내는 등 외교 관계를 유지

---

[31] 중세 유럽에서는 초기 이슬람제국을 '사라센제국'이라 불렀다. 하지만 사라센제국은 불과 120년 만에 서로 다른 술탄국으로 분열했다. 따라서 단일 제국이라 하기는 곤란하였으나, 모두 이슬람교를 기반으로 한 국가들이었기 때문에 이를 이슬람제국으로 통칭하였으며, 최종적으로는 14세기부터 이들 지역을 재통합하고 들어선 오스만제국 시기까지도 이슬람제국에 포함한다. 오스만제국은 이후 1922년에 공화정으로 전환하여 현재의 튀르키예로 연결된다.

했다. 실질적으로 페르시아인은 이슬람제국과 당나라 간 중계 무역 주체였고, 페르시아인들은 더 자주 중국을 다녀갔다. 이들은 중국 서쪽인 감숙을 벗어나 장안이 있는 섬서 등의 지역에 들어와 아예 정착하기도 했고, 일부는 양쯔강 유역까지 진출하기도 했다.

경제가 발전하자, 당나라의 도시 거주민들은 더 많은 수입 제품을 원했다. 또한 수송 체계의 개선 및 화폐 거래의 시작(731년)으로 국제 교역은 더욱 빨라졌다. 교역으로 이윤을 내자, 많은 외국인이 당나라에 거주하면서 교역을 진행했다. 당시 당나라에 120만 명의 외국인이 거주했다고 한다. 이 국제 교역의 중심에는 장안이라는 도시가 있었고, 인구는 100만 명 수준인 것으로 추정된다. 이 중 10%인 10만 명이 외국인이었다. 가히 국제 교역의 중심 도시의 위세라 아니할 수 없다.

오늘날 중국의 시안(당나라 수도, 장안)에 가면, 시안의 성벽을 낀 바깥 지역에 '회족 거리回族街'라는 곳이 있다. 중국에서 이슬람을 회교回教라고 부르니, 이 거리는 이슬람교를 믿는 사람들의 집단 거주 지역 또는 상업 지역을 의미한다.[32] 당나라 시대에 비단길을 통해 교역했던 주요 상대인 이슬람교를 믿는 이슬람제국 또는 페르시아 사람들이 들어와서 살던 지역이다. 이는 1,500년 전 활발한 교류가 이루어졌다는 것을 보여준다.

한편 장안에 남은 교류의 흔적은 당나라 이후 비단길을 통한 물류 활동의 성격이 변화했다는 것을 보여주기도 한다. 이전처럼 황제와 귀족, 혹은 군사적 목적을 위한 물품만을 제한적으로 교역했다면 현지민의 거

---

[32] 회족(回族)은 현재 오래 전에 페르시아 지역으로부터 건너와서 중국에 동화한 중국의 소수 민족을 칭하는 말이며, 종교가 반드시 이슬람인 것은 아니다. 거꾸로 위구르족은 현재 신장 위구르 지역에 집중적으로 거주하면서, 지속적으로 이슬람의 종교와 문화를 지켜온 소수 민족이다.

주지가 만들어질 정도로 교역 규모가 커지지 않았을 것이다. 당나라의 수도, 장안에만 10만 명이 집단으로 거주하면서 주로 상업 활동을 했다는 것은 이들과 중앙아시아 및 페르시아와의 교역 대상이 사치성 물품을 넘어 서민들의 생활필수품까지 확대되었으리라는 추측을 가능케 한다. 이전과 같은 제한된 교역만으로는 물품뿐만 아니라 이러한 대규모의 사람이 이동할 수 없기 때문이다. 현재 회족가에서 발견되는 각종 서민용 음식과 물품은 오랜 시간 지속된 서민 중심 교역의 방증일 지도 모른다.

그러나 당나라 시대 교역이 아무런 정치적 제약 없이 자유롭기만 했던 것은 결코 아니다. 당나라 황실은 어떤 물건이 중국에 들어오고 나갈 수 있는지를 심하게 규제하고, 수요가 많아지는 물건의 교역을 중단했을 뿐만 아니라, 대부분의 교역을 국제 외교의 틀 안으로 집어넣고자 했다. 즉, 한나라 이래 이어져 온 조공 무역 형태는 바뀌지 않았다. 비록 장안이 다양한 나라의 사람이 오가는 당시 세계 최대의 국제 도시였지만 그 안에 사는 사람들은 오늘날처럼 모두 평등한 세계시민은 아니었다.

삼장법사와 혜초의 길
—

국가 안에 거주하는 사람들이 모두 평등한 세계시민은 아니었지만, 당나라는 종교적으로는 매우 개방적인 나라였다. 이슬람, 불교, 경교(Nestorius교), 조로아스터교, 마니교, 유대교 등의 많은 종교가 비단길을 통해 중앙아시아 지역으로 전파되고, 더 나아가 당나라에도 들어왔다.

장안에 있는 대표적인 종교 유적 중 하나는 자은사慈恩寺와 그 안에 있는 대안탑大雁塔이다. 이 절과 탑은 모두 당시 대표적인 불교 유적으로, 대안탑은 삼장법사가 인도를 다녀오면서 가져온 불경을 보관하기 위해 만들어진 것이다. 한편 이 대안탑이 있는 곳과 그다지 멀지 않은 지역에는 대진사大秦寺 유적과 '대진경교유행중국비大秦景教流行中國碑'가 있다. 대진은 당시에 로마를 부르던 이름이고, 경교는 동로마 기독교에 의해 이단으로 규정된 기독교 일파다. 이 경교가 비단길을 타고 소아시아, 페르시아, 중앙아시아를 거쳐 당나라 태종 때에 중국 땅까지 전파되었고, 비석은 그 전래 과정을 기록하기 위해 만들어진 것이다. 비슷한 시기에 만들어진 두 유적은 당나라가 종교에 관대했다는 것을 보여주는 역사적 자료다.

그러나 당나라에서 성행했던 종교는 단연코 불교였다. 7세기 중국에서 가장 유명한 승려인 삼장법사는 중요한 종교 유적을 방문하고 관련 서적과 물품을 수집하기 위해 인도를 여행했다. 삼장법사는 629년경에 티베트와 인도를 방문하여 불경과 관련 물품을 들여왔다. 그는 서부 중국의 둔황, 타클라마칸 사막, 중앙아시아에 있는 지금의 부하라, 사마르칸트33, 파키스탄을 거쳐 인도에 도착해서, 645년에 당나라의 수도인 장안으로 돌아왔다. 장장 16년에 걸친 대장정이었다.

한편 신라의 고승 혜초는 삼장법사보다는 조금 늦은 723년에 당나라 남쪽 바닷길을 통해 동남아시아를 거쳐 인도에 들어갔다. 인도의 불교 성지를 육로로 순례하고, 돌아오는 길에 육로를 선택해 중앙아시아 지역을 비롯해 중동 지역인 페르시아, 중앙아시아 국가를 방문하고, 파미르고원을 넘어 727년에 중국 서부 지역의 쿠차를 거쳐, 733년 당나라 장안으로 돌아왔다.

---

33 부하라, 사마르칸트는 모두 현재 우즈베키스탄의 주요 도시들이다.

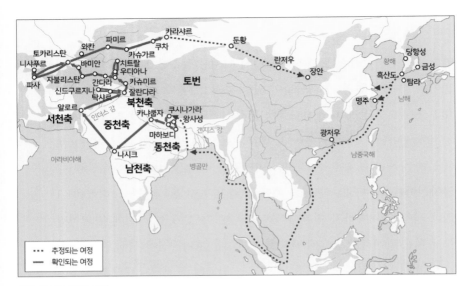

혜초의 인도 방문 여정

　물류, 상업의 관점에서 삼장법사, 혜초의 여정이 의미 있는 이유는 이
들이 한나라 시대에 알고 있던 비단길과는 다른 길을 갔다는 데에 있다.
그렇다면 이 길은 비단길이 아닌 다른 길일까? 물론 아니다. 이들이 새로
운 길을 개척한 것이 아니라 이미 열려 있는 비단길의 중요한 다른 축을
이용해 인도를 다녀온 것이다.

　결국 장안과 로마를 잇는 육로라는 비단길에 대한 인식은 당나라 시
대에 들어서면 깨질 수밖에 없었다. 비단길은 중앙아시아를 거쳐 아랍,
로마로 가는 길뿐만 아니라, 중앙아시아에서 인도를 거쳐 바닷길로 가는
경로도 있었기 때문이다. 혜초는 어떻게 바다를 통해 인도에 갔다가 육
로로 중국으로 돌아왔을까? 해상 비단길이 있었기 때문이다.

실크로드 글로벌 네트워크의 형성[34]

앞서 비단길은 하나의 길이라기보다는 네트워크로 이해할 필요가 있다고 말했다. 네트워크로서의 비단길, 아시아와 서아시아, 그리고 유럽을 연결하는 글로벌 네트워크가 형성된 시기가 바로 당나라 시기이다. 당나라가 외부 국가와 교역했던 경로는 크게 4개로 구분된다. 첫째 중앙 육로, 둘째 남부 해로, 셋째 북부 육로, 넷째 남단 해로이다. 각각의 경로는 중앙아시아, 중동, 그리고 아프리카 상업 사회에서 각각 독자적인 기능이 있었다.

중앙 육로는 한나라 이후 중국-중앙아시아-페르시아-아라비아-유럽을 연결하는 전통 비단길 육로이다. 이 길의 의의에 대해서는 앞서 충분히 설명했기 때문에 따로 설명이 필요하지 않을 것이다. 남부 해로는 당나라 시대에 들어서면서 본격적으로 개발되어 중앙 육로의 교역 규모를 넘어서기 시작했으며, 중국-동남아시아-인도-아라비아를 연결하는 바닷길이다. 이 바닷길의 대표 교역 상품이 도자기, 향신료였기에 '향신료길', '도자기길'로 불리기도 한다. 북부 육로는 중앙 육로가 만들어지기 이전부터 존재해 왔던 초원길을 기반으로 한다. 만주-몽골-중국-동유럽을 잇는 경로로 몽골제국이 들어서게 되면 그 의미가 커진다. 남단 해로는 중국-동남아시아-인도-아프리카를 연결하는 경로이다. 이 경로는 특히 계피, 몰약 등이 주요 교역 상품이었기에 '계피길'로 불리기도 한다.

4개의 길 중에서 특히 당나라 시대에 활발히 이용되던 길은 육로 비

---

[34]　정수일, 『실크로드학』 창비, 2001.

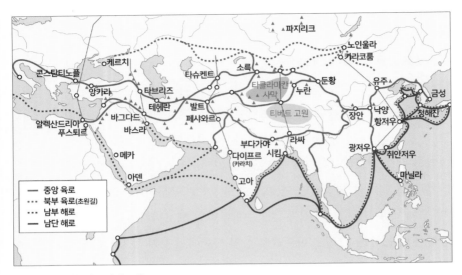

당나라 시대 이후의 교역 네트워크

단길(중앙 육로)과 향신료길, 도자기길로 불리던 남부 해로다. 육로 비단길은 당나라와의 교류에 적극적이었던 이슬람제국, 페르시아 등과의 협력을 통해 그 어느 시기보다도 교류가 활발하게 진행되었다. 특히 당나라가 적극적인 개방 정책을 펼침으로써 교역의 형태는 국가 간 공식 외교 사절 형태로 간헐적으로만 진행되던 이전의 관행을 벗어나 먼 나라 국가들과의 직접 교역으로 점차 확대되었다. 또한 교역 주체와 대상도 소수의 왕실, 귀족에서 일반인으로까지 넓어졌고, 민간에 의한 비공식 교역도 크게 확대되었다. 한편 이슬람제국에 의해 중앙아시아에서 밀려난 일부 유목 부족들은 북쪽의 초원 지대로 이동하여 그 이전부터 이어져 오던 초원길을 기반으로 한 교역을 진행했다.

　　남부 해로는 이 시기 아라비아반도를 거점으로 하는 이슬람제국을 통해 크게 발전했다. 이들은 아라비아해 주변 해상 교통로를 장악하여 특히 인도 교역의 중심 세력으로 성장했다. 특히 페르시아만과 홍해를 육로로 지중해에 연결함으로써 다른 세력에 비해 상대적인 우위를 점할 수 있었다. 이밖에 실론섬(스리랑카)을 거점으로 하는 인도와 중소규모의 동남아 왕국들, 그리고 중국의 취안저우와 광저우를 거점으로 하는 당나라 등이 이 교역에 참여했다. 그 결과 당시 인도양과 동남아 바다에는 다양한 국적의 선박들이 끊이지 않았다.[35] 한편 이들 선박의 일부는 직접 아프리카를 연결하는 남단 해로 노선을 개척했다. 특히 아라비아해를 지배하고 있는 이슬람 세력을 피해 인도와 동남아 해상 세력이 직접 아프리카와 연결되는 해로를 개척하는 데 앞장섰다.

---

[35] 통일신라 시대 해상왕 장보고의 활약은 이러한 해상 무역의 활성화와 깊이 연결되어 있다.

끊어진 길은 바다로 연결한다

오랑캐와의 중개 무역

——

907년 당나라가 멸망하자 비단길을 이용한 육로 교역은 잠시 침체의 길로 접어든다. 가장 큰 이유는 당나라 후반부터 강성해진 북방 민족 때문이다. 거란족이 세운 요나라, 탕구트족이 세운 서하, 여진족이 세운 금나라 등 그때까지 부족 형태로 유목민 생활을 하던 북방 민족들이 세력을 모아 국가를 이루기 시작했다. 특히 이들은 송나라의 북서쪽을 무력으로 막아서서 육로를 통한 중앙아시아 서쪽 지역과의 교역은 불가능해졌다.

또 하나 중요한 이유는 십자군 전쟁이다. 1096년부터 1200년대 중후반까지 계속된 십자군 전쟁은 유럽 사회와 아랍 사회 간의 심각한 갈등을 일으켰고, 이로 인해 필연적으로 아라비아를 경유해야 하는 육로 비단길은 완전히 막혀버렸다.

그렇다면, 송나라 시대, 육로 교역은 없었을까? 그렇지는 않다. 정부나 황실의 공식적 육로 교역은 이전에 비해 차질을 빚고 있었지만, 이미

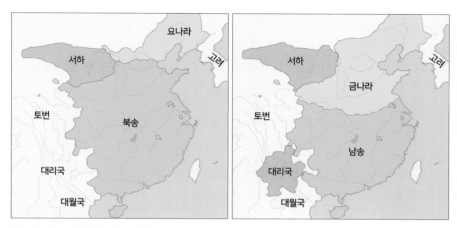

북송과 남송 시기 북방 민족의 위치

당나라 시대부터 활성화된 민간의 교역 통로는 송나라 시대에도 그대로 그 기능을 유지하고 있었다. 교역 상대는 놀랍게도 중앙아시아 및 유럽과의 육로 교역을 막고 있는 것처럼 보였던 북방 민족들이었다.

송나라가 북방 유목민과 교역을 통해 주로 받아들인 물건은 말, 낙타 같은 동물류, 비취, 호박 같은 보석류, 면직, 양단 같은 섬유류, 상아, 야크 꼬리 같은 동물 부산물류, 유향, 몰약 같은 향료, 그리고 다마스쿠스 검과 같은 무기류와 금괴 등이었다. 반대로 이들 유목민에게 수출한 것은 차, 비단, 생강, 칠기, 자기, 목재 가구, 금은 세공품, 약, 그리고 동남아에서 올라온 귀중품이나 이색 물건 등이었다.

송나라 시대의 이러한 교역 구조가 우리에게 말해주는 것은 다음과 같다. 첫째, 기존 중앙아시아 및 페르시아 국가들을 대상으로 한 것과 유사한 형태의 중개 무역이 북방 유목 민족들에 의해 그대로 진행되었다는 것이다. 특히 비취, 호박 등에서 볼 수 있듯이 이들은 로마와도 교역 관계가 있었으며, 유향, 몰약 등에서 볼 수 있듯이 송나라의 북쪽에 있으면서도 동남아시아 국가들과도 직, 간접적 관계를 맺고 있었다.

둘째, 송나라의 양단 수입에서 알 수 있듯이, 이전에는 중국의 주력 수출품이었던 비단류가 지중해 연안 국가와 페르시아에서 자체 생산되면서 오히려 중국으로 역수출되고 있음을 확인할 수 있다.

셋째, 중국의 수출 품목에서 도자기가 중요한 물품으로 부상했음을 확인할 수 있다. 비단은 여전히 중요한 수출 품목이지만, 이제 그 비중은 차나 도자기에 비해 점차 줄고 있었다.

무엇보다 중요한 것은, 비단길을 통한 교역이 기존의 황실, 또는 그 대리인에 의한 교역 형태에서 당나라 시대부터 활성화한 민간에 의한 자생적 교역 형태로 변화하고 있다는 점이다. 공식적으로 북방의 오랑캐와 적대 관계인 상태에서 황실 중심의 교역은 불가능하다. 또한 교역 상품들이 황실이나 귀족을 위한 사치품뿐만 아니라 민간의 수요에 기반한 것들로 확대되고 있다는 점도 교역이 민간을 중심으로 이루어졌다는 증거로 볼 수 있다. 아래의 〈표 I-2〉에서 확인할 수 있듯이, 서민 생활에 필요한 목재, 소금, 양, 소, 생강, 면직, 곡물, 도자기 등이 중요한 교역 품목에 포함되었다.

표1-2 | 송나라와 북방 유목 민족과의 교역 내역[36]

부족	설립국가	위치	수입(부족→송)	수출(송→부족)
거란	요	내몽골 동쪽 및 중국 북부	말, 양, 가죽, 모직, 카펫, 양단, 금은 세공품, 목재 등	비단, 차, 무기, 생강, 오렌지껍질, 약, 금은 세공품, 동남아 귀중품 등
여진	금	북만주	말, 동전, 은, 진주, 약, 담비 가죽, 염료, 소금	차, 비단, 동남아 귀중품, 생강, 오렌지껍질, 면직, 곡물, 칠기, 자기, 목재 가구, 금은 세공품, 붓, 먹, 동전, 서적, 무기
탕구트	서하	황하 서부	말, 양, 소, 낙타, 염료, 약제류, 사향, 서양 물건	차, 비단, 은, 동남아 이색 물건, 자기, 칠기, 금은 세공품
강족 (羌族)		탕구트 서쪽	말, 수은, 사향, 가죽	사천 및 섬서 차

당나라와 송나라 시대의 교역 상품 가격은 어떻게 변했을까? 서하에서 들여오는 말 한 필은 비단 20필이었고, 양 한 마리는 차 몇 근 정도였다고 한다. 강족으로부터 들여오는 말 한 필은 차 100근과 교환되었다. 서하와 강족이 거의 유사하게 중국의 서부 지역, 비단길 육로 노선에 있으므로, 교역되는 말은 한혈마였을 것이다. 그런데 그 가격이 비단 20필이면, 송나라 시대 한혈마의 가격은 당나라 시대에 비해 절반밖에 안되는 셈이다. 차의 양으로 비교해 보았을 때, 양 가격이 말 가격의 1/10도 채 안 된다는 것을 알 수 있다[37].

---

36 Cinar et al., 「Historical Perspectives on Trade and Risk on the Silk Road, Middle East and China」 『Topics in Middle Eastern and African Economies』 17(2), 2015에서 재인용.

교역의 역전

당나라처럼 송나라도 교역에 매우 능동적이었다. 특히 차와 소금 생산, 향신료 수입은 황실에서 독점했다. 휘종[38] 때는, 정부 수입의 1/3이 소금 독점, 1/12이 주류 독점을 통해 발생했다. 송나라는 당나라와 달리 더 자본주의적으로 경제를 운영했다. 모든 시장을 엄격하게 통제하기보다는 상인들과 국가가 '파트너십 관계'를 유지했다. 또한 화폐를 중요한 교환수단으로 삼기 위해 노력했다. 국제 교역에서는 은을 교환수단으로 사용했고, 국내 시장에서는 동이나 지폐를 활용했다.

하지만, 당나라와는 달리 송나라 후기 교역은 적자였다. 즉, 중국이 자국 산물을 수출하는 양보다 외국 물건을 수입하는 양이 많아진 것이다. 이유는 무엇일까? 우선 당나라의 육로 중심 비단길과 송나라에서 발달한 해상 비단길[39]의 특성 차이를 들 수 있다. 육로를 통한 카라반 운송으로는 대규모 화물을 수송하기 어려웠다. 당나라 시대의 육로를 통한 교역은 선택된 자들 중심의 '귀족 무역' 또는 '부자 무역'이라 할 수 있다. 반면 송나라 바닷길을 이용한 교역은 대규모 운송을 통한 '상업적 무역' 또는 '일반 무역'이었다. 더구나 송나라는 해외 무역을 장려했기 때문에 상당히 높은 소득을 올릴 수 있는 기회가 주어졌다. 소득이 높아지면서

---

37 차 100근이 비단 20필과 맞먹는 수준의 가치였고, 앞에서 추정한 비단 1필 180만원에 미뤄보면, 차 1근이 36만원 꼴이니, 당시에는 차도 매우 비싼 물건이었음에 틀림없다. 비록 시기가 다르지만 삼국지 도입부에서 유비가 어머니 드리려고 애써 차를 샀다가 잃어버리고 낙담했던 것도 충분히 이해가 간다.

38 송나라 8대 임금으로, 문화적 소양과 열정은 넘쳤으나, 정치에는 소질이 없는 임금이었다. 결국 초기 송나라, 즉 북송이 960년에 개국한 이후 167년 차인 1127년에 금나라(여진족)에 의해 멸망하는 빌미를 제공했다.

39 제3장에서 구체적으로 설명할 것이다.

해외 상품에 대한 국내 수요가 높아지는 한편, 수입 상품 소비자의 저변도 넓어지면서 수입품의 규모는 커질 수밖에 없다.

둘째, 송나라 시기 북방 유목 민족들의 압박은 매우 심했다. 이러한 상황에서 지속된 조공 무역은 북방 유목 민족이 바치는 '조공'보다 송나라의 답례품이 더 많을 수밖에 없었다. 이 또한 무역 적자 원인 중 하나였을 것이다.

셋째, 수출 주력 상품이 변화했다. 당나라 시기까지는 부피가 상대적으로 작으면서 고가인 비단이 주력 상품이었지만, 송나라에서는 도자기가 그 자리를 차지하게 되었다. 수출하는 도자기는 부피가 크지만, 단위 중량당 가격은 낮다. 반면에 수입하는 물품은 귀족을 위한 사치품과 함께 서민의 수요가 많은 상품으로 점차 바뀌었다. 이러한 상대 가격의 변화 및 수요 확대로 인해 교역을 통한 수익률은 현저하게 떨어졌다. 더구나 비단도 경쟁 상품이 출현하면서 처음의 높은 가격을 유지할 수 없었고, 가격은 계속 내려갔다.

제국의 내부 도로, 비단길

육로의 부활

13세기 몽골이 원나라를 세운 이후, 몽골은 인류 역사상 가장 큰 대륙 국가를 만들었고, 비단길은 육로를 중심으로 다시 융성기에 접어들었다. 그들은 비단길이 연결되는 거의 대부분의 땅을 정복했고, 상인, 기술자, 선교사들이 유라시아를 따라 이동하는 것을 장려했다. 칭기스칸의 후예들이 동으로는 태평양까지, 서로는 흑해까지를 장악하고 있던 13세기부터 14세기 비단길은 다시 한 번 전성기를 맞았다.

몽골에서 육로가 활성화되는 과정에는 몇 가지 변화가 눈에 띈다. 첫째, 출발점과 도착점이 늘어났다. 이전에는 장안에서 로마까지가 가장 긴 육상 비단길이었다. 그러나 몽골이 중국을 지배하면서 동쪽 끝은 장안이 아닌 카라코룸이나 대도[40]로 옮겨졌다. 또한 서쪽 끝도 로마가 아니라 유

40　원나라의 도읍이 된 곳으로 오늘날 베이징이다.

럽 중부로 이동했다.

둘째, 몽골 시대에 활성화된 육로의 경로가 과거와는 사뭇 달랐다. 당시 활성화된 육로는 두 갈래였다. 하나는 카라코룸이나 대도에서 출발해 둔황을 거쳐 서쪽으로 가다가 기존 중부 육로의 북쪽으로 방향을 바꾸고, 크림반도를 거쳐 러시아나 유럽 각지로 가는 길이다.[41] 이 길은 앞서 말한 당나라의 4대 글로벌 네트워크의 북부 육로와 일치한다. 다른 길은, 카라코룸 또는 대도에서 출발하여 둔황에서 남쪽 길을 타고 타클라마칸 사막을 건너고 파미르고원을 넘어 아라비아반도의 바그다드를 거쳐 이탈리아의 베네치아 등 유럽 목적지로 가는 길이다. 이 길은 글로벌 네트워크의 중앙 육로 중 남측 길, 즉 기존의 육로 비단길에 해당한다.

이 두 갈래의 길 중에서 몽골인이나 여행자들이 선호한 길은 첫 번째 길이었다는 점이 눈여겨볼 만하다. 모든 곳이 몽골제국의 영토니, 어느 길이나 여행 과정에서 별다른 충돌이나 방해가 있었을 리 없다. 그런데 왜 이 길을 선호했을까? 이 길은 중국의 영토 근처까지 오는 동안은 과거의 초원길과 같다. 초원길의 교통수단은 말과 마차이다. 이에 비해 남쪽 길은 낙타가 끄는 대상 행렬(카라반)과 동행하게 되고 길이도 훨씬 길다. 그래서 모두 북쪽 길을 택했다. 마찬가지 이유로 유럽에서 몽골까지 왕복한 마르코 폴로를 비롯한 많은 여행가들도 이 길을 택했다.

---

41 앞의 '당나라 시대 이후의 교역 네트워크' 지도의 맨 위 점선으로 표시된 북부 육로(초원길)와 유사하다.

비단길 택배 시스템

다양한 비단길의 수송 경로들은 안전 문제에서 과거와는 큰 차이가 있었다. 특히 동아시아와 유럽을 잇는 긴 노선은 관리하는 국가가 다른 작은 노선들로 이루어져 있었기에 단일한 국가가 전체 노선의 안전을 책임질 수 없었다. 몽골제국 시기는 이러한 문제가 해결된 유일한 시기다.

동아시아에서 유럽 바로 근처까지의 영토를 통치했던 원나라는 매우 적극적으로 상인과 여행자들의 이동 거점을 조성했고, 이들의 안전, 숙박 시설, 수송, 지방세 부과 면제 등을 보장하는 문서를 발행했다. 몽골에서 만들어진 역체驛遞 제도가 바로 그것이다.[42] 역체 제도란 육상 수송 경로를 따라 곳곳에 설치한 역참[43]들을 서로 연결하여 교통과 통신수단을 이용하는 제도를 말한다. 각 역참에는 숙박 시설, 식량, 마구, 말, 수레 등이 준비되어 있어 필요에 따라 사용할 수 있었다. 역참은 다시 수참과 육참으로 나뉘는데, 수참은 선박으로 연결되는 역참이며, 육참은 동물의 힘이나 인력으로 연결하는 역참이다. 육참은 주로 동물의 힘을 이용했는데, 동물의 종류에 따라 마참(말), 우참(소), 여참(당나귀), 나참(나귀), 양참(양), 구참(개) 등으로 구분했다. 인력으로 연결하는 역참은 걸어가는 보참과 가마를 이용하는 교참으로 구분되었다. 이러한 역참이 중국 안에만 1,400여 곳이 있었다. 여기에는 말과 노새가 5만 마리, 소 9천 마리, 수레 4천 량, 배 6천 척 정도가 배치되어 있었다.

---

42   역체 제도에 대해서는 정수일, 『실크로드학』 창비, 2001을 참조했다.

43   요즘의 교통·물류 제도의 관점에서는 여객 터미널, 화물 터미널, 혹은 배송 센터라고 이해하면 적절할 것이다. 역참 간 거리는 평균 40km 간격이었다.

이러한 역참 외에 급체포라는 제도도 있었다. 급체포는 주로 중앙 정부와 군, 읍 등의 지방 기관 간에 긴급 문서를 전달하는 특수 역참을 가리킨다.[44] 10리(4km)나 15리, 20리마다 급체포를 설치하고 인력을 배치했다. 문서 전달자는 낮에는 허리띠에 매단 방울을 울리고 밤에는 횃불을 들어 전달자임을 알리면서 달려갔다. 밤낮으로 달려 하루에 400리, 즉 160km를 달리게 되어 있었다. 이 급체포는 역참의 절반의 시간도 걸리지 않았다고 한다.[45] 역참은 정부 사절뿐 아니라 상인도 이용할 수 있었다. 다만, 신분에 따라 금패, 은패, 해청패 등 각각 다른 이용 허가증을 부여했고, 그에 따라 이용할 수 있는 서비스는 달라졌을 것으로 추정된다.

한편 역참에서 사용하는 통화는 교초라는 지폐나 몽골제국 위성 국가 중 하나인 차가타이 칸국의 화폐가 통용되었다. 차가타이 화폐가 통용된 이유는 몽골제국 각 칸국의 지리적 위치를 보면 쉽게 이해할 수 있다. 차가타이는 원, 오고타이, 킵차크, 일 등 각 칸국의 가운데 있을 뿐 아니라 파미르고원 등 몽골제국 시대에 모든 동서 교역 통로가 만나는 지점에 있었다. 따라서 이 지점의 화폐를 사용하게 되면, 다른 어떤 칸국을 방문하더라도 오가는 길에 쉽게 교환할 수 있었을 것이다. 대단히 합리적인 기준이었다.

44　우리가 익숙한 표현으로는 파발(擺撥)과 유사하다.
45　요즘 제도로는 택배 당일 배송 시스템 정도로 이해할 수 있다.

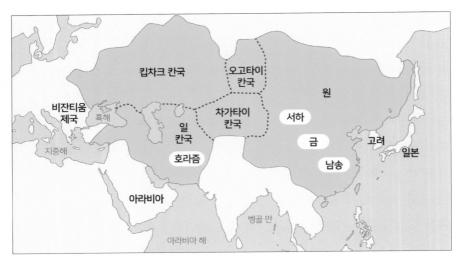

몽골제국의 칸국 배치도

교역 상품의 다양화

—

그렇다면 몽골제국 시기 주요 교역 상품은 무엇이었을까? 원나라를 포
함한 몽골제국 시기 비단길에서 비단이 아직도 대단히 가치가 있는 중국
의 수출품이기는 했지만, 더 이상 핵심적인 상품은 아니었다. 앞서 말했
듯이, 비단의 생산과 유통은 이미 6세기 이후 아랍 세계를 중심으로 널리
퍼졌고, 이탈리아 북부 지역은 이미 새로운 비단 교역 중심지로 자리 잡
았기 때문이다. 당시의 비단 직조 및 유통업자들은 주로 사라센으로 대
표되는 아랍 이슬람 민족, 유대인, 그리고 시칠리아와 지중해 동부의 그
리스인이었다.

　하지만 이 시기의 비단 교역은 이후 서유럽 상업 변혁에 중요한 계기

로 작용한다. 프랑스 리용에서는 아시아 비단의 무늬 및 디자인을 모방한 산업이 발달했으며, 영국에서는 자체 비단 산업이 발전했고, 아일랜드와 심지어 이후 아메리카 신대륙에서는 양잠업을 시도했다. 뽕나무와 누에가 1600년대 초 신대륙 정착민들과 함께 북아메리카의 제임스타운으로 전파되었고, 이후 조지아, 펜실베니아, 켄터키로 확산하였다.

그 밖에 몽골제국의 주요 수출품은 전통적인 도자기, 차, 그리고 칠기 등이 있었다. 1236년 취안저우를 방문한 이븐 바투타의 기록에 따르면, 몽골제국에는 페르시아와 아랍의 상인들이 많이 와 있었다고 한다. 또한 이븐 바투타는 페르시아산 카펫, 병기, 그리고 구리 그릇이 중국으로 수입되고, 도자기가 인도와 오만으로 수출되는 것을 직접 보았다고 기록하고 있다.

한편 유럽에는 진주, 보석, 향신료, 귀금속, 약, 도자기, 카펫, 섬유, 칠기류 등을 수출했다. 특히 도자기는 송나라 시대보다 더 넓은 지역으로 수출되었는데, 도자기 수출 대상국이 44개소에 달한다는 기록도 있다. 반대로 몽골제국에서 수입한 것은 향료와 진귀품을 비롯해 220여 종에 달했는데, 송나라 시대에 비하면 60여 종 늘어난 셈이다.

육로 비단길의 쇠퇴

조공 무역의 점진적 축소

—

13세기~14세기 몽골제국의 분열은 육로 비단길의 정치적, 문화적, 경제적 통합을 약화시켰다. 몽골제국이 분열하던 비슷한 시기 기존 이슬람제국은 쇠퇴하고, 서아시아, 아라비아 지역에 오스만튀르크[46]가 들어섰다. 오스만튀르크는 쇠퇴해가는 비잔틴제국에서 비단길 서쪽 지역 주변의 땅을 대부분 점령했다. 이 과정에서 아시아와 유럽의 중계 무역을 지속적으로 담당했던 중앙아시아, 페르시아 지역의 세력들은 쇠퇴했다. 이는 필연적으로 육로 비단길의 교역, 그중에서도 공식적인 교역이 아닌 민간에 의한 교역을 위축시켰다.

그렇다고 해서 몽골제국을 이은 명나라 시대에 육로 비단길을 이용한 교역이 완전히 사라진 것은 아니다. 중국이 주변 국가와 진행해 오던

---

[46] 역사가들은 상황에 따라 오스만제국까지도 이슬람제국에 포함하기도 한다.

전통 교역 방식인 조공 무역은 그대로 이어졌다. 교역의 주체는 오스만 튀르크 주변의 중소 이슬람 부족들이었다. 명나라와 이슬람 부족 국가들과의 조공 무역 형태는 명나라 황제들의 재위 기간에 따라 크게 4단계로 구분할 수 있다.[47]

첫 번째 단계는 1368년부터 1424년까지로, 새로 건국된 명나라가 조공 무역을 장려하던 시기이다. 명나라는 서쪽의 이슬람 부족 국가들이 조공하도록 조공 무역에 대해서는 세금을 면제하는 등의 혜택을 주었다. 이를 통해 신생 국가 명나라의 위엄을 대내외에 과시했다.

두 번째 단계는 1425년부터 1464년까지로, 이슬람 부족 국가들의 조공 무역이 가장 활발하게 진행된 시기다. 이슬람 부족 국가들은 한 번에 500명에 달하는 규모의 사절단을 파견하여, 명나라에 말, 사자, 향료 등을 바치고, 대신에 비단, 종이, 동전, 의복 등 답례품을 받아 갔다. 심지어 민간 상인들이 조공 사절단의 일원인 것처럼 위장하고, 민간 교역을 진행하기도 했다.

세 번째 단계는 1465년부터 1545년까지로, 투루판으로 대표되는 서북쪽 민족들의 분란으로 명나라에서 조공 무역을 달갑지 않게 여기기 시작한 시기이다. 이 시기 조공 무역은 답례품으로 하사되는 물품이 조공으로 받는 것보다 몇 배나 많았고, 이는 명나라 조정의 재정 부담을 초래했다. 이로 인해 명나라 조정에서는 자주 조공을 거부하고 교역을 중지시키는 조처를 했다. 명나라 조정은 조공을 허용하더라도, 조공의 횟수,

---

47 Baicheng, T. et al., 「Muslim and the silk road during Ming Dynasty: A framework for economic relations」『Journal of the Punjab University Historical Society』Vol. 34(2), 2021.

사절단의 규모, 거래의 형태 등을 제한하기 시작했다.

　제4단계는 1545년부터 명나라가 멸망한 1644년까지인데, 명나라가 규제를 강화하면서 조공 무역이 급격히 감소하기 시작한 시기다. 조공 무역의 규제는 이슬람 부족 국가들이 당시 급격히 발전하기 시작한 해상 민간 무역에 더 관심을 쏟게 했다. 이는 다시 조공 무역의 매력을 떨어뜨리는 요인이 되었다.

육로 비단길의 쇠퇴 원인

—

1,500년 이상 이어져 오던 육로 비단길이 쇠퇴한 원인을 정리해 보자. 육로 비단길 쇠퇴의 직접적인 원인은 이 길을 제국의 내부 도로로 만들어 통치하던 몽골제국의 분열과 몰락이다. 몽골제국의 전성기 때 육로 비단길은 지중해 인근 지역에 이르기까지 몽골제국의 내부 교통망이었다. 몽골제국은 역체라는 단일한 제도를 통해 비단길을 관리했다. 이 시기 육로 비단길은 그 이전 어느 시기에서도 볼 수 없었던 효율적인 동서 교역망으로 기능했다. 하지만, 단일 제국에 의해 관리되던 교통망은 제국의 분열과 쇠퇴로 그 기능을 온전히 유지하기 어려웠다. 더구나 몽골제국의 몰락 이후 아라비아, 페르시아, 심지어 동유럽을 지배한 오스만튀르크는 유럽의 기독교계 국가들과 적대적인 관계를 지속했을 뿐 아니라, 이전의 이슬람제국과는 달리 명나라 등 중국과의 관계도 악화시켰다. 이 또한 육로 비단길의 기능을 약화시켰다.

　하지만 육로 비단길 쇠퇴의 더 근본적인 원인은 해상 교역의 확대이다. 콜럼버스의 아메리카 대륙 발견, 그리고 바스쿠 다가마에 의한 아프리카 우회 인도 항로의 발견은 동서 간 교역 구조를 근본적으로 바꾸어 놓았다. 이른바 '대항해 시대'가 개막한 것이다.[48] 보다 안정적이고, 저렴한 대규모 교역 방식이 본격적으로 작동하면서 정치적 상황에 따라 불안정하고, 많은 위험과 비용이 수반되며, 교역의 규모도 제한적일 수밖에 없는 교통망은 위축될 수밖에 없었다. 이러한 조짐은 육로 비단길이 번창하고 있던 송나라 시대부터 서서히 나타나고 있었다.

이러한 상황에서 육로 비단길의 쇠퇴를 가속한 원인으로 명나라, 청나라에서 지속해서 나타난 중국의 고립 정책도 빼놓을 수 없다. 명나라는 건국 후 전통 조공 정책의 강화를 대외관계의 원칙으로 삼았다. 물론 이 원칙은 중국의 역대 왕조가 지속해서 유지하던 것이었다. 하지만, 명나라가 들어서면서, 이전에 대외 교역의 창구로 열어놓았던 항구를 폐쇄하는 등 더욱 철저한 고립주의를 선택했다. 육로 비단길과 관련되어 이 원칙이 관철된 것은 조공 무역을 제외한 민간 무역의 제약이었다. 또한 주변 중소 왕국들의 조공 무역에 대해서도 다양한 형태의 규제를 가하기 시작했다. 이는 변경 지역에서 끊이지 않고 발생하는 소요와 전쟁 때문이었지만, 이러한 규제들 때문에 중국은 이웃하고 있는 나라와의 교류가 줄어들 수밖에 없었고 이는 곧바로 육로 비단길의 쇠퇴로 나타났다.

---

48 이에 대해서는 제2부에서 구체적으로 정리할 것이다.

비단길과 연결되는 다른 길들

지금까지는 육로 비단길 중에서 주로 중국에서 유럽까지 횡으로 뻗어가는 길을 중심으로 설명했다. 하지만 앞서 설명했듯이 비단길은 그 횡적 범위도 시간에 따라 바뀌었고, 점차 선이 아니라 공간, 그중에서도 육상 교통 네트워크가 되어갔다. 나아가 육로만이 아니라 해상 교통로까지 포괄하여 비단길로 지칭하기도 한다.

해상 비단길은 제3장에서 설명할 예정이니, 이 장에서는 육로 비단길을 동-서 간의 교통 네트워크로 보고, 지금까지 설명한 횡적 선과 각 지역을 남-북으로 연결하는 대표적인 길을 설명하려고 한다. 이를 통해 육로 비단길의 전체 골격을 확인할 수 있다. 그 길은 중국의 차마고도, 페르시아의 왕도, 유럽의 호박길이다. 물론 이 외에도 많은 중요한 길, 또는 교통 통로가 있지만, 이 세 길이 대표적이다.

차마고도 茶馬古道

—

육로 비단길 중 중국 지역에서 남-북으로 연결되는 길을 대표하는 길이 '차마고도'이다. 차마고도는 당나라 시대에 서북방 지역 소수 민족과의 교역에서 유래된 용어다. 당시 수도였던 장안의 남부 지역에서 생산되는 차와 중국 서북방 지역 소수 민족 말의 교역은 당나라 시기부터 시작됐다. 이 교역은 송, 원, 명, 청나라 시대에 걸쳐 번성했고, 교역 경로도 더욱 확대되었는데, 중국의 차와 티베트의 말이 교역되는 다양한 교통 네트워크를 통칭하여 '차마고도'라고 불렀다.

중국에서 차문화가 발달한 것은 수나라부터라고 알려져 있다. 당시 중국에서 가장 차가 많이 생산된 지역은 장안 남부 지역인 안강이었고, 이 차와 중국 북방 지역 소수 민족의 말을 교환했다. 그러다 차의 생산이 쓰촨四川성, 윈난雲南성으로 확대되면서 차의 교역 범위도 크게 확대되었고, 차와 말을 교환하는 교역 네트워크도 다양한 형태로 발전했다.

한편, 공식적인 길이 형성되기 이전 이 지역에는 이미 교역을 위한 길이 다양하게 개척되었던 것으로 확인된다. 한나라 장건의 중앙아시아 원정 기록에 따르면, 지금의 아프가니스탄 발크Balkh의 시장에서 중국 서남부 지역 원산의 대나무 줄기와 옷감이 발견되었는데, 이는 현지 상인들이 인도에서 수입한 것이라고 한다. 이는 당시 서남아시아, 인도를 거쳐 다시 중앙아시아로 연결되는 교역 통로가 있었음을 입증하는 것이다.[49] 다만, 이 시기에도 그 이름에 걸맞게 차와 말을 교환했는지는 불확실하

---

49 차마고도의 역사는 비단길보다 200년 정도 앞서 있다는 것이 학계의 정설이다.

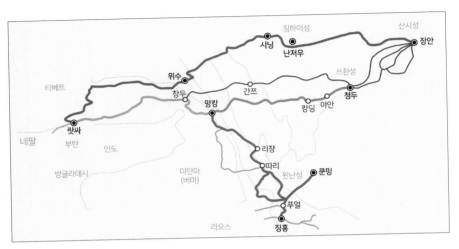

대표적인 차마고도 경로

다. 그렇지만 이 길이 특히 송나라 이후 차와 말을 교환하는 길로 사용되었다는 것은 확실하다.

중앙 집권적인 고대 국가가 형성되기 이전에 이 길을 이용했다는 점에 비추어 볼 때, 초창기 비단길과는 달리 이 길을 따라 물건을 교역하던 상인 조직은 정부의 강력한 통제를 받지는 않았을 것이다. 이 길을 이용한 상인 조직을 마방이라고 하는데, 수십 마리의 말과 말잡이인 '간마런看馬人'으로 이루어진 민간 조직이다. 교역 물품도 차와 말 외에 소금, 약재, 금은, 버섯류 등 다양했다.

하지만, 이러한 자발적인 민간 유통 조직은 송나라 시대부터는 강력한 정부의 통제에 들어가게 되었다. 송나라는 차마사茶馬司라는 공공 조직을 통해 차와 말의 교환을 엄격하게 관리했다. 차와 말의 교환도 조공무역 형식을 빌렸고, 차의 국내 유통은 중앙 정부에 의한 전매 거래 및 가격 제한 형태로 통제했다.

하지만, 이러한 차-마 교역의 통제는 불법 민간 교역을 유발했고, 그 결과 명나라 시대에는 허가받은 상인에게 교역을 허용했다. 그리고 청나라 중반 이후에는 차의 수출이 전체 수출 규모의 절반 이상을 차지하고, 차의 민간 교역이 활성화됨에 따라 (정부 주도의) 차마 교역은 그 의의를 잃기 시작했다. 결국 차마 교역을 위한 정부 기구들은 점차 폐지되었고, 근대에 들어서 청나라의 국력이 쇠약해지면서 차의 생산도 줄어들어 1천 년 이상 지속되던 차마 교역은 사라지게 되었다.

천 년이나 이어져 온 차마 교역은 크게 3가지 길로 이뤄졌다.

첫 번째 길은 당나라 시기 최초로 공식적인 차와 말의 교역이 진행됐던 길로서, 중국 샨시陝西성 안강에서 출발하여 장안-난저우-시닝을 연결하는 길이다.[50] 이 길은 기존의 비단길 노선과 같다는 점에서 별다른 설명이 필요하지 않다. 다만, 이 길은 이후 시닝에서 티베트의 랏싸까지의 칭장선青藏线으로 연장되었으며, 최초의 공식적인 차마고도라는 데 의의가 있다.

두 번째 길은 한나라 시기부터 이용되던 길로서 청두成都 서쪽 야안雅安에서 출발하여 캉딩康定-창두昌都-랏싸를 연결하는 길로 남로와 북로로 나뉜다.[51] 이 길은 실제로 가장 오래전부터 중국과 티베트 넘어 인도 및 중앙아시아 민족들과의 교역을 진행하던 길이라는 데 의의가 있다. 특히 이 길은 세 갈래 길 중에서 유일하게 말이나 당나귀가 아닌 오직 인력으

---

[50] 산시-간쑤 차마 길(陝甘茶马古道)이라고 한다.
[51] 쓰촨-티베트 차마 길(川藏茶马古道)이라고 한다. TV 다큐멘터리 프로그램에 차마고도로 소개되어 유명해진 길이다.

로 화물을 수송했다. 한편 청두에서 수도인 장안까지는 여러 갈래의 길로 나뉘어 있는데, 이 길은 탕고도蹚古道라는 별도의 명칭으로 불리며, '남서 비단길'이라는 별칭을 갖고 있다. 그만큼 쓰촨-티베트 차마 길과 연결하는 차마고도를 대표하는 길이다.

세 번째 길은 쿤밍昆明-푸얼普洱-리쟝麗江-창두昌都-랏싸를 연결하는 길로서, 명나라 이후 차의 산지가 윈난성으로 옮겨 가면서 주목받던 경로이다.[52] 한창 교역이 성행할 때는 1년에 교역된 말이 1만 필을 넘어섰으며, 최종적으로 차마고도는 이 지역의 차 생산량이 급감하면서 쇠퇴하기 시작했다.

쓰촨성과 윈난성은 세계 최초의 차 생산 지역으로 알려져 있다. 기록에 따르면 차는 최초로 기원전 65년경 청두와 야안 사이에 있는 쓰촨의 맹정산에서 재배되었다고 한다. 약 천 년 전부터 차마길Tea Horse Road은 윈난에서 티베트까지, 다시 쓰촨성을 거쳐 중국 중부로 이어졌다. 윈난성 푸얼현에서 처음으로 중국과 아시아 전역으로 차가 퍼진 것은 이러한 무역 네트워크를 통해 이루어졌다고 본다. 요컨대 차마고도라는 이름은 티베트 조랑말과 중국 차의 일반적인 거래에서 나왔다.

페르시아 왕도王道, Persian Royal Road

———

알렉산드로스 대왕이 페르시아와 인도를 정복하는 과정에서 비단길의 서쪽을 대부분 완성했다. 그런데, 페르시아의 중요 교역 도시를 연결하

---

52 운남-티베트 차마 길(滇藏茶马古道)이라고 한다.

는 왕도는 알렉산드로스 대왕이 동방 원정을 하기 전에 건설되었다. 로 얄 로드Royal Road는 기원전 5세기에 페르시아 제국의 다리우스 대왕(다리 우스 1세)이 재편성하고 재건한 고대의 길이다. 다리우스 1세는 페르시아 만 근처의 수사Susa에서 소아시아의 샤데Sardis까지 대제국 서부의 신속한 통신을 위해 도로를 건설했다.

총길이 2,700km에 달할 정도로 길었지만, 황실 전용 수송업자angarium 는 단 9일 만에 이 길을 주파했다. 하루에 무려 300km를 간 것이다. 보통 사람이라면 도보로 90일 걸리는 거리였으니, 오직 황제를 위해 건설된 길, 왕도Royal Road라 할 만하다.

하지만 이 도로는 페르시아 제국의 가장 중요한 도시들 사이를 연결 하는 최단 경로는 아니었다. 오히려 페르시아 이전 아시리아Assyria의 중 요 도시들을 연결하고 있다는 점에서 이 길은 페르시아 이전에 아시리 아 시대에 건설된 것이 아닐까 추정된다. 한편 왕도의 동쪽, 지금 이란 지

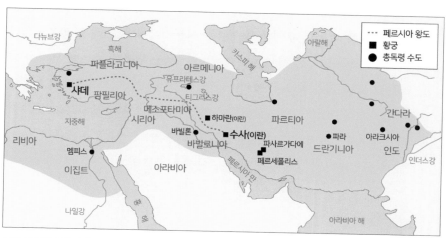

로얄 로드의 시작과 끝

역의 길은 이후 비단길의 수송 경로와 정확히 일치한다는 점에서 왕도는 비단길을 이용한 물류에도 활용되었음을 알 수 있다.

　　로마 시대에는 왕도의 바닥에 자갈을 깔고 길 양쪽에 돌로 된 방호벽을 만들어 로마 스타일로 개선되었다. 로마는 이 길을 지역 간 우편 및 통신용으로 사용하고자 했다. 당시 이 길에는 111개의 우편국이 설치되었고, 각 우편국에는 건강한 말이 배치되어 황실 통신수단으로 기능했다.[53]

호박길
—

호박길은 북해와 발트해 연안 지역에서 지중해로 호박을 운반하는 고대 무역로이다. 호박은 이미 선사 시대부터 북부 유럽과 남부 유럽 지역에서 거래되었다. '북쪽의 금'이라고도 불릴 만큼 중요한 상품이었던 호박은 수천 년 동안 육로를 통해 북해와 발트해 연안에서 비스툴라 강과 드네프르 강을 거쳐 이탈리아, 그리스, 흑해, 시리아, 이집트로 운송되었다.

　　유럽 초기 호박 무역의 중심지는 시칠리아였다. 기원전 2000년경부터 시칠리아 호박이 쇠퇴하고, 기원전 1000년부터는 발트해 호박이 그 자리를 대신했다. 따라서 호박은 기원전 16세기경에 북유럽에서 지중해 지역으로 옮겨진 것으로 추정된다. 이집트 파라오 투탕카멘(B.C. 1333~B.C. 1324)의 가슴 장식에 발트해 호박 구슬이 쓰인 것이 그 증거다. 이 시기 호박은 북해에서 델포이의 아폴로 신전에 제물로 보내졌으며, 흑해에서

53　몽골에서 활성화된 역체제도와 매우 유사하다. 대제국을 건설한 왕들은 지역 간 통신망의 건설에 항상 신경 썼다는 것을 알 수 있다.

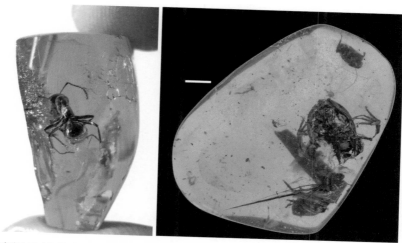

이집트 파라오 투탕카멘 가슴 장식에 쓰인 호박

또 다른 고대 무역로인 비단길을 따라 아시아로 교역되었다.

    초기 발트해 지역으로 로마의 유리, 황동, 금, 주석, 구리와 같은 비철 금속이 수입되고, 대신 발트해 지역 상품인 동물 모피, 가죽, 꿀, 왁스가 호박과 함께 로마로 수입되었다. 호박길은 발트해와 지중해를 연결하는 수익성 높은 무역로였다. 로마 군대는 게르만족의 습격으로부터 상인을 보호하기 위해 도로를 따라 요새를 건설했다. 한편, 호박길을 통해 지중해 문화가 유럽 최북단 국가, 스칸디나비아로 전파되었고, 북유럽 청동기 문화가 꽃피는 계기가 되었다.

Legend:
- ···· 호박길
- ○ 호박길 경유지
- ■ 수도

상트
페테르부르크

러시아

탈린

에스토니아

투라이다

쿨디가 ○

리가

라트비아

팔랑가 ○

리투아니아

니다 ○

러시아

빌뉴스

그단스크 ○

칼리닌그라드

벨로루시

말보르크 ○

토루니 ○
비스쿠핀 ○

베를린 ■

코르닉 ○

바르샤바

로갈린 ○

독일

브로츠와프 ■

폴란드

우크라이나

프라하 ■

올로모우츠 ○

체코슬로바키아

브르노 ○

크로메르지시 ○

슬로바키아

레드니스 발티체 ○

브라티슬라바 ■

빈 ■

쇼프론 ○

부다페스트 ■

아이젠슈타트 ○

솜바트헤 ○

헝가리

오스트리아

루마니아

류블랴나 ○

프투이 ○

아퀠레이아 ○

첼례 ■

슬로베니아

베네치아 ○

이탈리아

크로아티아

유럽의 호박길

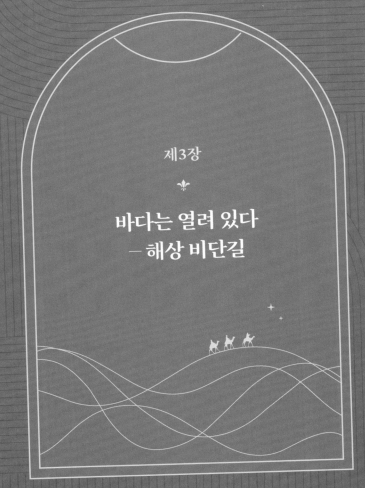

제3장

바다는 열려 있다
― 해상 비단길

문명과 바다

바닷길이 먼저였다?
—

인류의 문명은 세계 4대 고대 문명인 메소포타미아 문명, 이집트 문명, 인더스 문명, 황허 문명에서 시작한다. 메소포타미아 문명이 기원전 3500년에 최초로 나타났고, 이어서 이집트 문명이 기원전 3000년, 인더스 문명은 기원전 2500년에 발상했다고 추정한다. 이들과 거리상으로 좀 떨어진 중국의 황허 문명도 기원전 2500년경에 발상한 것으로 추정된다.[54] 이들 문명은 사람들이 특정 지역에 모여 살게 되면서, 특정 형태의 지배 구조가 생겨났고, 그 지배력 안에서 지역별로 독특한 생활 방식과 문화가 만들어졌음을 보여준다.

사람이 모여 산다는 것은 무엇을 의미할까? 집단이 소비하기에 충분

---

[54] 황허 문명의 발상 시기에 대해서는 고고학적 발견이 이루어지면서 계속 그 이전 시기로 확대되어, 최근에는 메소포타미아문명과 황허 문명이 거의 비슷한 시기에 발상된 것으로 추정한다.

한 양식과 생활필수품이 자체 조달될 수 있어야 하며, 모자라면 인근 지역에서 가져다 쓸 수 있다는 뜻이다. 아무리 자급자족을 위해 최선을 다해도 쉽지 않았을 것이고, 다른 지역과의 교역이 필수였을 것이다. 또한 황허 문명을 제외한 메소포타미아, 이집트, 인더스 문명은 상대적으로 인접해 있으며, 서로 영향을 미쳤을 것이다. 하지만 인접해 있다고 하나, 메소포타미아에서 다른 문명 지역까지의 직선거리가 1,500(이집트)~2,000(인더스)km가 넘는다. 게다가 산맥(인더스)과 사막(이집트)을 넘는 험한 길을 거쳐야 한다. 교통이 발전하지 않은 당시에 이 거리를 뛰어넘는 교류가 물론 쉽지는 않았을 것이다.

이러한 교류와 교역을 비교적 쉽게 만든 것은 바닷길이었다. 메소포타미아 문명이 발상하던 5천 년 전부터 인간이 바닷길로 다녔다는 증거들이 속속 드러나고 있다. 모든 문명이 큰 강을 끼고 발상했기에 바닷길 이전에 강을 이용해 필요한 물건을 수송했으리라 추측할 수 있다. 또한 가까운 거리는 육로를 이용했을 것이다. 메소포타미아와 600km 떨어져 있는 아나톨리아 사이에 육로를 이용해 교역했다는 증거도 있다. 그러나 현재까지 확인된 바에 따르면 최소한 서로 다른 문명 간 교류는 바닷길이 먼저였다. 당시 1,000km 이상의 거리는 육로보다는 해로가 더 우월했다.

메소포타미아, 인더스, 그리고 이집트

—

메소포타미아는 기원전 3000년부터 지금의 바레인 및 인더스강 일대와 교역하고 있었다. 그들은 기름을 수출하고 인도로부터 구리나 상아를 수입했다. 메소포타미아나 인더스 유역은 모두 70~80만 명의 인구가 밀집

고대 메소포타미아 지역의 해상 무역망(Stopford, 『Maritime Economics(3rd Ed.)』, Routledge, p.7, 2009.)

해 있었고, 서로 필요한 생활필수품을 구하기 위해 교역한 것이다. 바레인은 이러한 교역의 중간 거점 역할을 했다. 그러나 이러한 교역을 통해 최대도시로 성장한 것은 바빌론Babylon으로 기원전 1800년쯤에 최전성기를 누렸다.

메소포타미아에서 해상 활동이 활발했다는 것은 함무라비 법전의 각종 규정을 통해 확인할 수 있다. 선박을 빌리는 비용인 용선료는 배의 적재 능력에 따라 결정되어야 하고, 선박 건조 비용도 선박 크기에 비례해서 결정되어야 하며, 화물 운임은 미리 지급해야 하고, 수송 대리인이 수송 과정의 모든 비용을 책임져야 한다는 것 등의 내용이 담겨 있다.[55] 이를 통해 메소포타미아의 해상 수송이 민간에 의해 진행되었다는 것도 추

---

55 Stopford, 『Maritime Economics(3rd Ed.)』, Routledge, 2009.

측할 수 있다. 왕실 중심의 독점 무역 구조였다면 이런 법령은 필요하지 않았을 것이다. 다른 기록에 따르면, 메소포타미아의 상업 활동 중 왕실과의 교역 규모는 전체의 1/10에 불과하며, 당시 활동했던 상인들은 개인이 아니라 특정 동업조합 형태의 집단적 조직이었다.[56]

인더스강 유역의 유적, 또는 여러 종교 관련 기록 등에 고대 선박에 대한 표현이나 고대 인도인들의 항해에 관한 상세한 기록이 보인다. 특히 기원전 15세기부터 기원전 4세기까지, 인도에서 실론, 동남아, 바빌론까지의 해상 운송 기록들이 남아 있다. 심지어 구약성서에도 기원전 10세기에 홍해에서 남인도까지 해로를 통해 수송했다는 내용이 있다. 이는 고대 인도도 해안을 따라 해상 운송이 매우 활발했다는 것을 추론케 한다. 그러나 인도인들이 메소포타미아와의 교역에서도 주도권을 가지고 진행했는지는 확실하지 않다.

메소포타미아가 인더스강 지역과 교역을 하던 비슷한 시기에 이집트는 지중해 동부 지역에서 지금의 레바논과 교역하고 있었다. 이후에도 계속 지중해 동부 상의 유명한 항구 도시로 역사에 기록되고 있는 레바논의 티루스Tyre[57]는 기원전 2700년부터 항구 도시로 그 기능을 수행하고 있었다. 이곳은 이집트의 멤피스와 메소포타미아의 바빌론 사이의 중개 거점이었으며 바빌론 이후의 최대 교역 거점으로 떠올랐다.

한편 이집트는 티루스를 거점으로 한 메소포타미아 지역뿐만 아니라, 인도와도 직접 교역한 것으로 확인된다. 서기 1세기경, 이집트의 어느 무

---

56 Curtin, P.D., 『Cross-cultural Trade in World History』 Cambridge University, 1984.
57 레바논 남부에 있는 도시로 육지로부터 불뚝 솟아나온 곶 형태를 취하고 있다. 과거에는 섬이었으나 매립되어 육지가 되었다.

고대 파라오의 운하와 현대의 수에즈 운하

역상이 썼다는 항해기 『에리트레아해[58] 안내기Periplus Maris Erythraean Sea』에 따르면, 로마 영토의 이집트 항만에서 홍해, 북아프리카를 거쳐 인도까지 교역 통로가 있었다. 이 바닷길을 통해 교역한 것으로 추정되는 물품들은 인도의 서부 구자랏 지방에 있는 바루치Bharuch라는 도시의 시장 거래 내역을 통해 파악할 수 있다. 여기에는 포도주, 구리, 주석, 산호, 황옥같은 보석류, 비단을 포함한 얇은 옷감, 고약 등이 포함되어 있었다.

　고대 이집트의 해상 교역, 특히 홍해를 통한 인도와의 교역과 관련하여 특기할 만한 사실은 나일강과 홍해를 연결하는 운하가 건설되었다는

58　여기에서 에리트레아는 지금의 홍해를 일컫는 것으로 알려져 있으며, 현재는 홍해 입구 아프리카 지역에 에리트레아라는 국가가 존재한다.

것이다. 기원전 510년경, 페르시아의 다리우스 황제는 이보다 100년 전에 건설하다 버려둔 나일강과 홍해를 연결하는 운하를 개축했다. 현재 아시아와 유럽을 연결하는 수에즈 운하의 원시적 형태가 지금부터 2,600년 전에 건설된 것이다. '파라오의 운하Canal of the Pharaohs'라 불렀던 이 운하는 서기 767년까지 이용되었으며 물론 지금의 수에즈 운하와는 다르다.

황허 문명의 해상 교역[59]

—

메소포타미아, 이집트, 인도 등과는 달리 중국 황허 지역의 해상 수송은 조금 늦게 시작된 것으로 알려졌다. 최초의 해상 수송은 기원전 220년경 진시황의 남해 무역이다. 남해 무역의 거점은 지금의 광둥성 광저우였는데, 당시에 이미 대외 무역 도시였던 이 도시에서는 주기(珠玑, 진주의 일종), 서(犀, 무소), 대모(玳瑁, 바다거북) 등 남방 열대 지방 산물이 교역되고 있었다. 이는 광저우를 통한 해상 무역과 더불어 해로가 이용되고 있음을 보여준다.

　　한편 『한서』「지리지」에는 중국에서 인도까지의 항해 여정을 알려주는 글이 실려 있다. 여정의 큰 줄기는 광둥성 뇌주반도-수마트라섬-미얀마-남인도 칸치푸람으로, 전체 항해 기간은 대체로 1년여의 시간이 소요된다고 한다. 이 교역을 통해 한나라는 황금과 비단을 구슬, 유리 등과 바꿨다. 이러한 교역은 일반 상인들과의 물물교환이 아니라 조공 무역의 형태를 띠고 있다. 즉, 한나라에 조공하는 인도 부족 국가들이 보물과 희

59　정수일, 『실크로드학』, 창비, 2001.

귀한 물건을 바치면 한나라가 비단과 황금을 하사하는 형태였다. 또한 한나라는 인도의 칸치푸람뿐만 아니라 그 남쪽의 기정불국(현재 스리랑카)까지 관리를 파견하여 이러한 교역을 진행한 것으로 기록하고 있다.

이는 기원전 100년경, 즉 한나라가 비단길을 열어 서역과 본격적으로 교역을 시작하던 시점에 이미 바닷길로 남인도와 교역하고 있었음을 보여준다. 또한 이 바닷길을 이용해 인도의 도시, 더 나아가 이곳을 중개무역 거점으로 삼아 유럽에 비단 등을 부분적으로 수출했다고 추정할 수 있다. 실제로 앞에서 소개한 『에리트레아해 안내기』에는 스리랑카와 미얀마 등지에서 가죽, 후추, 계피 등 중국의 물품이 거래되었는데, 그중에서 계피가 당시에는 가장 중요한 교역 품목이었다는 기록이 있다. 이 당시에 중국이 이용한 선박은 한꺼번에 100명 정도가 승선이 가능한 누선樓船이었다.60

---

60 갑판 위에 집을 지은 형태의 선박으로서, 고대에서 근대까지 동아시아 선박의 표준적인 형태이다. TV나 역사 영화 등에서 우리나라 장군들이 타는 선박 형태로 자주 나온다(추이윈펑(김성준 역), 『중국항해선박사』, 혜안, 2021).

지중해 바닷길

페니키아 및 그리스가 주도한 지중해 교역

이제 해상 비단길뿐만 아니라 육로 비단길의 가장 서쪽인 지중해 바닷길의 변천 과정을 자세히 살펴보자. 기원전 10세기 전후에 지중해 동부에서 티루스를 거점으로 하는 해상 교역의 강자는 페니키아인이었다. 이들은 4명의 선원이 탈 수 있는 삼나무 널빤지로 만든 선박을 이용해 크레타, 아나톨리아 등에서 생산되는 꿀, 양모, 목재, 포도주 등의 농산물과 린넨, 황금, 상아, 구리, 천연수지 등의 물품을 교역했다.

특히 기원전 10세기경에 스페인이 발견된 이후에는[61] 이베리아반도에서 생산되는 금속이 중요한 교역 상품으로 추가되었고, 이러한 교역은 당시 최대의 교역 도시인 티루스의 지위를 굳건히 했다. 또한 이러한 해

---

[61] 초기에 문명이 생겨나는 시점에는 지중해 동쪽만이 활동 거점이었기 때문에, 지중해 서쪽 끝에 있는 이베리아반도의 존재를 알지 못했다.

상 교역은 낙타를 이용한 아라비아반도의 육로 교역을 통해 홍해, 페르시아만, 아라비아해 등 지중해 외곽의 해상 교역과도 연결되었다.

하지만 레바논 티루스의 교역 거점 지위는 기원전 500년경, 앞에서 설명한 파라오의 운하가 건설되면서 급격히 떨어지기 시작했다. 왜냐하면 이 운하를 통해 지중해의 선박이 홍해, 아라비아해를 거쳐 직접 페르시아까지 갈 수 있게 되었기 때문이다. 이는 바다와 육지를 연결하던 티루스의 역할을 축소시켰다. 또한 알렉산드로스 대왕에 의해 티루스가 함락되면서 이를 거점으로 하는 페니키아인들의 지중해 교역은 몰락하게 되었다.

페니키아가 몰락한 이후 지중해 교역 중심은 그리스로 옮겨 갔다. 기원전 370년경부터, 그리스는 지중해를 둘러싸고 있던 대도시였던 카르타고(튀니지), 시라큐스(이탈리아 시칠리아섬), 코린트 및 아테네(그리스), 그리고 멤피스(이집트)를 연결하는 지중해 해상 교역망을 건설했다. 그리

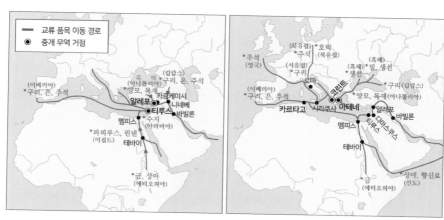

페니키아와 그리스의 지중해 교역망

스 중심의 교역을 통해 급격하게 성장한 중개 교역의 주요 거점은 아테네(그리스), 로도스(그리스), 안티오크(튀르키예)와 알렉산드리아(이집트)였다. 특히 안티오크와 알렉산드리아는 홍해와 아라비아해를 이용해 동방과의 교역이 가능하다는 장점을 바탕으로 빠르게 성장했다.

그리스인에 의한 지중해 교역에서 중요한 물자는 포도주, 기름, 도자기, 금속류 등으로 페니키아가 지중해를 지배하고 있던 시절과 비교해 큰 차이는 없었다. 다만, 흑해 일대에서 생산되는 곡물과 생선이 추가되었다. 이는 아테네를 통해 교역의 범위가 흑해까지 확대되었음을 의미한다. 아테네는 흑해에 진출해, 일대 100개가 넘는 식민지를 구축하고, 이를 바탕으로 한 교역으로 경제적 이득을 취했다.

로마제국이 장악한 지중해 교역

—

그리스가 주도한 지중해 교역은 알렉산드로스 대왕의 마케도니아가 그리스를 제패한 기원전 4세기부터 그 힘을 잃어갔다. 이 시기에 지중해에서 가장 강력한 도시는 카르타고였다. 페니키아 민족으로 구성된 카르타고는, 페니키아인들과 메소포타미아에 들어선 아시리아가 갈등을 빚던 기원전 7세기경 지중해 동부 해상 운송에서 독립해 지중해 서부 해상 운송의 주역으로 등장했다. 이들은 그리스가 지중해를 지배하던 때도 이미 지중해 서쪽에서 큰 영향력이 있었다.

그리스의 지중해 해상 교역에 대한 지배권이 사라진 후, 지중해 해상 교역의 주역으로 카르타고와 그리스인 일부가 이주하여 건설한 시라쿠사가 떠올랐다. 하지만, 로마가 유럽 대륙에서 영토를 확장하는 동시에 군사력을 강화해, 두 번에 걸친 포에니 전쟁(B.C. 264~B.C. 202) 끝에 카르타고를 멸망시키고 지중해 해상권을 장악했다.

지속적인 영토 확장을 통해 이미 유럽에서 가장 인구가 밀집된 지역이 된 로마는 지중해에 광범위한 교역 네트워크를 건설했다. 로마는 스페인에서 광석을 수입했고, 북부아프리카, 시칠리아, 이집트 등지에서 연간 3천만 부셸bushel62, 9억 리터에 달하는 곡물을 수입했다. 이 교역을 위해 로마는 특수한 곡물 선박을 제작하기도 했다. 공산품은 주로 동부 지중해 지역 교역 거점의 기능을 유지하고 있던 이집트와 레바논에서 수입했는데, 이 거점이 바로 동아시아와의 교역 거점이었다.

로마는 이후 200여 년 동안 지중해와 흑해, 그리고 동아시아와의 교역의 중심이었고, 해상 물류를 위한 선박 건조 기술 등 하드웨어와 더불어 상업적 거래의 신뢰도를 높일 수 있는 소프트웨어를 발전시켰다.

중세 이전 그리스, 로마 등에서 지중해 항해에 사용한 선박은 통상 갤리선galley이라 부르는데63, 이는 주로 노예가 노를 저어 움직이는 선박이다. 이 갤리선은 양쪽에 배치되는 노의 열이 몇 개인지로 그 규모가 결정되는데, 1단 갤리monoreme는 배의 양쪽에 각 1열로 배치된 것을 말하고, 2단 갤리bireme는 각 상하 2열로 배치된 것을 말하고, 3단 갤리trireme는 각 상하 3열로 배치된 선박을 말한다. 한편 1개의 노를 한 사람이 아니라 여러 사람이 동시에 젓도록 하는데, 평균 1개의 노에 최소 1명에서 최대 8명이 배치되었으며64 이렇게 1개의 노에 2명 이상이 배치되는 것을 다단

---

62 보통 농산품의 부피를 재는 단위로, 1부셸은 대략 30리터를 나타낸다.

63 Paine, L., 『The Sea and Civilization』, Vintage, 2013.

64 역사 프로그램이나 영화에서 격군(格軍)이라고 불리우는 사람들이 이 노 젓는 사람들이다.

고대 갤리선을 나타낸 석조

갤리polyreme라 불렸다.[65] 다만 실제로 운행된 선박은 3단 갤리 이상은 없었고, 1개의 노에 배치되는 격군의 수에 따라 선박의 규모를 숫자로 표현하기도 했다.[66] 노의 열이 늘어날수록 노당 배치되는 격군이 많아질수록 선박의 규모와 능력은 커졌다.

로마 시대까지 지중해에서 운항한 대형 선박의 대다수는 갤리선이었으며, 주로 화물 수송, 해상 전투 등의 용도로 활용되었다. 대규모의 선박은 보통 군용선이었고, 화물 수송용 선박은 대부분 1단 갤리였다.

---

65   고전 영화 〈벤허〉(1959)를 보면 갤리선의 내부 구조를 보다 잘 이해할 수 있다.

66   3단 갤리에 노당 격군이 3명이면 9가 된다. 따라서 최대 규모 선박은 3단 갤리에 격군이 노당 8명이니, 24가 되는 것이다. 하지만 이에 대한 해석은 지금도 논쟁 중이다.

해상 운송에서 사용되었던 선하증권

　　로마제국 시대에 최초로 만들어져 지금까지도 사용되는 상업 거래시스템 중의 하나가 바로 '선하증권船荷證券, bill of lading'이다. 이는 해상 화물 수송의 신뢰도를 높이는 중요한 문서로 해상 운송 계약에 따른 화물의 수령 또는 선적을 인증하고, 그 물품의 인도 청구권을 문서화 한 증권이다. 선박의 선장(또는 선주)이 서명하여 화물을 배에 싣는 하주荷主에게 발행했다. 선하증권은 요즘도 그대로 사용되고 있으며, 이 증권을 기반으로한 해운 금융업이 발전하기도 한다.

비잔틴제국과 지중해

—

로마제국은 서기 4세기 말 게르만족의 침범과 대제국 단일 통치의 어려움으로 서로마제국과 동로마제국(비잔틴제국)으로 분열되었고, 얼마 지나지 않아 서기 476년 서로마제국은 멸망하게 되었다. 이러한 혼란기에 선박들은 지중해 서부에서 안전하게 운항하기 어려울 수밖에 없었고, 서유럽의 해상 교역은 이후 300여 년간 암흑 시기를 겪었다.

동로마제국은 상대적으로 더 안정적인 상태로 서쪽으로는 시칠리아에서 동쪽으로는 그리스, 튀르키예 지역까지 통치했다. 또한 분할된 지 거의 300년이 지나면서 통치 체계가 개편되고, 언어와 문화 등은 인접한 그리스의 영향을 크게 받게 되었다. 이에 역사학자들은 이 시기부터의 동로마제국을 '비잔틴제국'이라 부르게 되었다.[67]

그러나 이러한 평화로운 시기도 그리 오래가지 않았다. 서기 7세기 후반에 이슬람 세력이 아라비아반도에 이슬람제국을 건설하고 그 범위를 소아시아(튀르키예), 지중해 남부의 북아프리카 지역, 이베리아반도까지 확대했다. 그 과정에서 이슬람과 적대적인 관계가 형성되어 비잔틴제국은 페르시아 서쪽의 중앙아시아, 중국 등과의 교역이 현실적으로 곤란해졌다. 심지어 제국 내부에서도 육로를 통한 교역이 점점 힘들어지는 상황이었다.

그 결과, 비잔틴제국은 제국 내의 교역에서 더 안전한 해상 운송에 더욱 의존하게 되었다. 시칠리아에서 베네치아, 흑해까지의 바닷길을 이용해 옥수수 등의 곡물, 구리, 목재 등을 유통했다. 한편 동아시아 및 인도와의 교역은 바그다드를 거점으로 하는 이슬람 상인들과의 제한적인 중개 교역에 의존할 수밖에 없었다.

---

67 1557년 독일 역사학자 후고 볼프가 자신의 역사 저서에서 수도 콘스탄티노플(지금의 이스탄불)의 옛 이름을 따서 '비잔틴'이라고 부른 것이 최초이다.

베네치아, 한자 동맹, 그리고 지중해

—

비잔틴제국이 힘을 잃게 되는 결정적 원인 중의 하나는 십자군 전쟁이었다. 또한 십자군 전쟁은 유럽과 동아시아 간 교역에도 심히 부정적인 영향을 미쳤다. 바로 이 시기에 유럽은 그간의 정치적, 경제적 중심지인 지중해 지역 외에서 새로운 경제적 발전이 이뤄지고 있었다. 양모 산업에 기반한 잉글랜드와 섬유 산업에 기반한 벨기에의 플랑드르Flanders다. 이들 지역이 성장함에 따라 북해 및 발트해 지역과 지중해 간의 교역이 매우 증가했고, 지중해의 베네치아 및 제노아, 그리고 발트해의 한자 동맹Hanseatic League 도시들이 급격히 성장했다.

한자Hansa는 원래 '이리저리 이동하는 상인들의 모임'이라는 뜻이었다. 이 상인들의 모임이 진화하여 특정 상업 도시들을 중심으로 한 상인들의 연합체 형태가 되었다. 특히 12, 13세기경, 독일 지역을 중심으로 한 한자들이 상호 교역의 이익을 지키고 외부 상인과의 공동 협력을 위해 동맹을 맺은 것을 한자 동맹이라고 한다. 독일이 중심지가 된 것은, 발트해를 중심으로 멀리 러시아, 스칸디나비아 도시를 연결하던 상인 조직과 현재 영국, 프랑스의 해안 도시 및 플랑드르 지역 도시를 연결하던 상인 조직, 이 큰 두 조직이 결합된 형태이다 보니, 그 중간 지역으로 독일의 중요성이 커진 것이다. 그 결과, 이 한자 동맹의 중심지는 뤼베크(독일), 브뤼헤(벨기에) 등이었다.

이 시기 유럽과 동아시아 및 인도 교역로는 3개로 정리된다. 첫째는, 인도부터 해로를 이용해 홍해를 지나고 카이로를 거쳐서 지중해로 들어오는 남부 루트이고, 둘째는, 역시 인도로부터 해로를 이용해 페르시아만으로 들어와서 바그다드(이라크), 알레포(시리아)를 거쳐 지중해로 들어오는 중부 루트, 셋째는, 전통적인 육로 비단길로부터 흑해, 콘스탄티노플을 거쳐 지중해로 들어오는 북부 루트이다. 어느 루트로 들어오는지에 상관없이 화물은 베네치아, 또는 제노아를 거쳐 바닷길로, 혹은 알프스산맥을 넘고 라인강을 따라 한자 동맹 도시들로 흘러 들어갔다. 동쪽에서 서쪽,

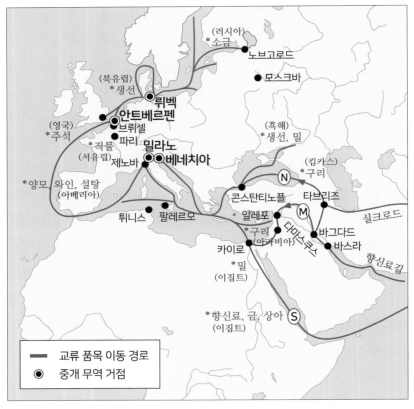

베네치아 전성기의 지중해 해상 교역로, 각각 남쪽 경로(S), 중간 경로(M), 북쪽 경로(N)(Stopford, Maritime Economics(3rd Ed.), Routledge, p. 11, 2009.)

또는 북쪽으로 오는 교역 품목은 비단길 전통 품목인 비단, 후추 등 향신료, 그리고 북부 이탈리아에서 가공된 고급 섬유였으며, 서쪽에서 동쪽으로 가는 교역 품목은 양모, 금속, 그리고 목재 생산물이었다.

이러한 교역 패턴은 베네치아를 지중해 해상 교역의 최대 중심으로 만들었고, 제노아는 그 주요 경쟁 상대가 되었다. 베네치아가 이런 지위를 차지했던 이유 중의 하나는 당시 점차 경쟁력을 잃어가던 비잔틴제국과의 긴밀한 상업적 협력 덕분이었다. 베네치아는 1081년, 십자군 전쟁 와중에, 비잔틴제국의 지중해 종주권을 형식적으로 인정하는 대신 비잔틴제국 내에서의 무관세 및 무제한 자유교역권을 획득했다. 즉, 베네치아 당국의 승인을 받은 선박이 비잔틴제국 내 해상 교역을 전담하게 된 것이다. 이는 20세기 들어 국가별 국적 선사가 그 나라의 해상 운송을 전담하는 관행의 효시가 되었다.

베네치아의 전성기는 그리 오래가지 못했다. 13세기 들어서, 비잔틴제국이 지금의 튀르키예 지역을 셀주크튀르크에 빼앗기고, 베네치아의 비잔틴제국 내의 배타적 교역권도 점차 사라졌다. 그리고 1453년에 비잔틴제국이 오스만튀르크에 의해 멸망하면서, 베네치아는 전통적인 육로 비단길로 연결되는 북부 루트를 이용할 수 없게 되었다. 게다가 벨기에의 브뤼헤가 베네치아를 거치지 않고 직접 지중해 해상 교역에 나서면서 유럽의 관문이었던 베네치아의 위상은 사라졌다.

무엇보다 중요한 것은 스페인, 포르투갈 등에 의해 인도를 가는 신항로가 개척되기 시작했다는 것이다. 이는 베네치아뿐만 아니라 베네치아의 뒤를 이어 번영을 누리던 한자 동맹마저도 쇠퇴의 길로 접어들게 할 만큼 거대한 소용돌이를 일으켰다.

인도양의 바닷길[68]

홍해 vs. 페르시아만

중국, 페르시아, 이집트, 로마 등 모든 나라는 이미 3,000년 전부터 유럽과 동아시아를 연결하는 해상 루트를 찾는 데 적극적이었다. 이들은 인도양과 지중해를 잇는 두 개의 바다, 홍해와 페르시아만을 선택적으로 이용했다. 홍해를 지나는 경로와 페르시아만을 지나는 경로는 경쟁 관계였다.

물리적 거리로 보면 페르시아와의 교역은 페르시아만이, 이집트와의 교역은 홍해가 유리했다. 그러나 바다를 벗어난 다음 만나는 육로의 거리를 생각하면, 먼 육로를 통과해야 하는 페르시아만보다 짧은 수에즈 지협이 있는 홍해 루트가 유리할 수 있다. 하지만 여기에는 미처 생각지

---

68 이 절은 인도의 역대 국가들과 상인들에 의해 만들어진 인도양의 해상 수송 경로를 바탕으로 설명하는 것이 타당하다. 그러나 자료 부족과 기존 역사가들의 유럽, 혹은 중국 중심의 서술 때문에 불가피하게 중국과 유럽에 의한 인도양 해양 수송 루트 개척에 대해 단편적으로 서술할 수밖에 없음을 양해하기 바란다.

못한 문제가 있었다. 바람이다. 남북으로 뻗어 있는 홍해 가운데를 중심으로 북쪽에서는 항상 강한 바람이 불어서 아라비아해에서 지중해로 가는 선박은 홍해를 관통할 수 없었다.[69] 결국 항해 중간에 정박하여 화물을 육로로 수송해야 했다. 그 결과 설령 목적지가 지중해라고 하더라도 페르시아만 경로가 반드시 불리하다고는 할 수 없었다. 두 길의 이용 빈도는 아라비아반도와 페르시아 지역 국가들의 성격에 좌우됐다.

로마 전성기인 1세기부터 4세기까지 이집트 및 아라비아반도 북측은 로마의 영향 아래 있었기에 로마는 두 경로 중 어느 경로를 선택하더라도 큰 지장이 없었다. 당시 이집트와 시리아가 로마 지중해 동부의 두 관문이었던 이유가 바로 여기에 있다.

아라비아반도와 인도 사이 해상 경로를 선택할 때 또 하나의 중요한 문제는 아라비아반도를 빠져나온 다음 만나는 아라비아해와 인도양에서 부는 바람이다. 이 지역에서는 '몬순'이라 불리는 계절풍이, 여름에는 남서 방향으로, 겨울에는 북동 방향으로 불었다. 당시의 선박 구조로는 불어오는 맞바람을 뚫고 운항하기 어려웠다. 결국 바람이 부는 방향으로 여름에는 아라비아에서 인도 쪽으로, 반대로 겨울에는 인도에서 아라비아 쪽으로 항해할 수밖에 없었다.

이 계절풍의 풍향을 알게 된 시기는 기원전 1세기경이며, 전성기 로마에서는 매년 120여 척의 선박이 로마를 떠나 인도로 출발할 정도로 인도와의 교역을 적극적으로 추진했다. 7월에 로마를 떠나 3개월 후인 10월에 인도에 도착하여 몇 달 체류한 다음 이듬해 4월에 인도를 떠나 로마

---

69   지중해에서 아라비아해까지 가는 반대 노선은 아무 문제가 없었다.

로 돌아오는 여정이었다.

계절풍을 이용한 해상 경로가 개발되면서, 새로운 현상이 나타났다. 선박이 연안을 따라 이동하지 않고 대양을 가로지르게 된 것이다. 대표적인 것이 이른바 '계피길Cinnamon Route이다.[70] 이 해상 경로는 인도양을 가로질러 인도 남단과 아프리카를 직접 연결하면서, 주로 아프리카에서 생산된 몰약과 계피를 수송했다. 계피길은 인도양에서 부는 계절풍을 이용하지 않고는 갈 수 없는 경로다.

이처럼 기원을 전후한 시기 로마와 인도의 교류는 확대되었다. 이 시기 인도에는 인더스강 주변에 중앙아시아 월지국의 후예인 쿠샨 왕조가 남쪽에는 안드라 왕조가 들어서 있었다.[71] 육로 비단길의 교역 거점인 월지국과의 관계에서도 알 수 있듯이, 쿠샨 왕조는 한나라 및 로마와의 교역 확대에 주저함이 없었고, 남부의 안드라 왕조도 황실의 지원을 받아 외국과의 교역을 진흥했다. 인도 서북부 해안을 교역 거점으로 한 이 두 왕조의 지원이 당시 로마의 인도 진출의 중요한 기반이 되었다.

두 왕조를 이어받아 300년경에 들어선 굽타 왕조도 해상 교역에 많은 관심이 있었다. 독립 부족 국가였던 굽타 왕조는 해상 교역의 중요 거점이었던 실론과의 교류를 통해 해상으로 진출했으며 서북부의 구자라트를 비롯한 많은 항구 도시를 건설하여 외국과의 해상 교류를 장려했다. 또한 중국과의 협력을 통해 천문학을 진흥시키고 원시적 형태의 나침반을 발명하기도 했다.

---

70 제2장에서 설명한 '남단 해로'이다.

71 이하 인도 해상수송의 역사는 Kumar, A., 『Maritime History of India: An Overiew』 Maritime Affairs, pp. 93~115, 2012에 근거하였다.

동남아시아의 바닷길도 인도양의 바닷길과 비슷한 시기에 개척되었다. 인도의 동남부에 있는 실론은 기원전부터 해상 교역의 중요 거점이었다. 벵골만을 왕복하는 대부분의 해상 교역은 인도가 지배하고 있었으며, 인도는 1세기를 전후하여 자바섬까지 진출했다. 더 멀리는 인도네시아 동쪽에 있는 향신료 주산지인 말루쿠 제도, 동티모르도 인도의 영향권으로 추측하기도 한다.

인도의 해상 수송 경로는 인도 황실의 지원을 받아 두 방향으로 개척되었다. 하나는 황실에 의한 식민지 개척이었고, 다른 하나는 민간에 의한 자유로운 해상 교역이었다. 민간에 의한 해상 교역으로 유럽이나 중국의 선박도 자유롭게 인도양과 동남아시아 해상 수송에 참여할 수 있었으며, 이 지역에 있는 중개 무역 거점도 활용할 수 있었다.

이슬람제국과 인도양 바닷길

—

서기 7세기에 들어선 이슬람제국은 육로 비단길을 통한 교역뿐 아니라 해상 교역에도 매우 적극적이었다. 이는 당시의 유럽 상황과 밀접한 관련이 있다. 유럽의 서로마제국은 이미 멸망했고, 비잔틴제국은 지중해를 중심으로 한 해상 교역으로 활동 범위를 좁혔다. 뒤를 이은 베네치아도 적대적인 이슬람제국에 막혀서 지중해 밖의 교역에 대해서는 아무런 역할을 할 수 없었다. 마르코 폴로의 기행에서 보듯이 유럽국의 지중해 밖 교역은 몽골이 이슬람제국을 몰아낸 이후에 가능해졌다.

이슬람제국은 중국의 당나라와 협력을 통해, 2세기까지 한나라와 파르티아 간의 교류, 아니 그 이상으로 활발하게 동–서로 교류했을 뿐만 아

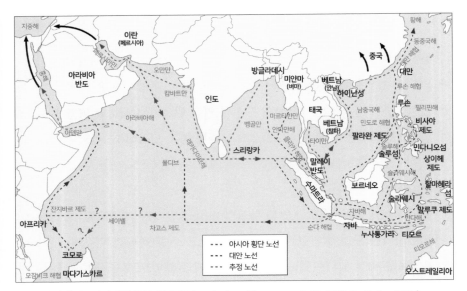

동남아시아와 인도양의 해상 무역 네트워크(Stopford, Maritime Economics(3rd Ed.), Routledge, 2009.)

니라, 해상에서도 다른 중개자를 개입하지 않고 페르시아만에서 중국까지의 교역을 활성화했다.

이슬람제국은 국내외 교역에 매우 친화적이었다. 이슬람 종교 창시자인 무함마드가 상인 집안 출신으로 젊은 시절 상인이었다. 실제로 이슬람제국이 수립되었을 때, 인도양의 교역은 페르시아인과 유대인이 지배하고 있었지만, 그때도 그 후로도 이를 방해하지 않았다. 다만 이들은 십자군 전쟁 이후 기독교 국가, 즉 유럽 국가들과는 적대적이었다.

이슬람제국은 해상 교역 활성화를 위해 식민지를 개척했다. 대표적인 것이 실론의 이슬람 식민지화이다. 이를 바탕으로 그때까지 지역별로 나누어진 중개 무역 형태의 해상 교역을 하나로 통합하고, 정기 항로를 개설하여 동아시아와의 교류를 활성화했다. 또한 중국에서 발명된 나침반을 도입하여 항해의 정확성과 안전성을 높였고 선박 건조 기술도 개선했다. 특히 당나라에 이은 송나라와의 협력을 통해 선박을 대형화하고 장거리 운항에 유리하게 선박을 개선했다.

해상 운송의 활성화는 선박으로 수송하는 화물 구성에도 변화를 일으켰다. 이전까지 후추, 향신료 등 소량 고가의 화물에서, 대량 화물이 추가되기 시작했다. 목재 같은 천연 재료, 쌀, 설탕, 밀, 보리, 소금 같은 대량의 식품류 등이 해상 운송에 포함되었다. 이는 교역 구조가 획기적으로 전환한 것으로 해석할 수 있다. 황실과 귀족을 위한 사치품 교역이었던 동서 교역이 서민 생활필수품이 포함된 교역으로 확대된 것이다.

제도적으로도 중요한 발전이 이뤄졌다. 그 중 와키알투자Wakil al-tujjar라는 외국 상인의 법률대리인 제도가 있었다. 외국인 사업가가 원하는 것을 받아서 대신 처리해주는 내국의 성공한 사업가라고 볼 수 있다. 만약 외국인 사업가가 사업을 위해 사채가 필요하다면 이를 모아주고, 소유하고 있는 상품을 보관해야 한다면 창고 임대를 대행해 주고, 또 어떤 경우에는 상품의 판매나 수송까지 대행해 주는 제도다. 지금의 국제 운송 주선업이자 은행의 역할이다.

동아시아의 바닷길

로마와 중국의 직접 교류

로마와 한나라의 교류 시도는 반초 장군이 중앙아시아를 평정하면서 로마에 사신을 파견하고자 했으나 실패한 것이 최초라고 알려져 있다. 그런데 그로부터 60년이 지난 166년에 안토니누스 황제의 사신이 직접 한나라의 황제를 알현하는 일이 있었다. 놀랍게도 이들은 육로 비단길이 아니라, 인도, 동남아시아를 거쳐 바닷길로 한나라에 도착했다. 공식적으로 파견된 사신이 바닷길을 이용했다는 것은 해로를 통한 양국 교류가 안정화되었다는 것을 의미한다.

더욱 놀라운 사실은 기원전 30년경 중국인이 인도의 사신과 함께 로마 황실을 방문해 코끼리와 보석, 진주 등을 바쳤다는 사실이 로마 시대 역사가 플루타르코스의 저서에 기록되어 있다는 점이다. 육로 비단길을 통한 로마와의 간접 교류보다 더 빠른지는 알 수 없지만, 한나라와 로마는 이미 해상으로 많은 교류가 있었음을 알 수 있다.

한나라 멸망 후에도 중국은 동남아, 인도를 거쳐 로마로 가는 바닷길에 관심을 가졌다. 삼국지에 등장하는 오나라의 손권은 부하를 시켜 바닷길을 이용해 지중해까지 가는 여정과 길목에 있는 국가들의 사정을 조사해서 기록으로 남겼다. 이 기록에는 지금의 페르시아만을 거쳐 메소포타미아의 티그리스강을 따라 로마에 이르는 길이 상세히 설명되어 있다. 여정과 함께 구간별 소요 시일까지 함께 밝힌 것은 향후 항해를 위한 기록이라고 판단된다.

육로의 방해꾼과 바닷길
—

동서 교역의 주체가 바닷길에 큰 관심을 가진 시기는 한나라 말기 중앙아시아와 아라비아에 걸쳐서 사산조 페르시아가 들어서고 난 이후다. 사산조 페르시아는 한나라 등 중국 왕조들과는 우호적인 관계를 맺고 있었으나, 로마와는 끊임없는 갈등과 전쟁을 반복했다. 결국 이미 중국의 사치품과 인도의 향신료에 맛을 들인 로마인은 다른 교역 루트를 찾아야 했다.[72]

한편 사산조 페르시아, 그리고 그 뒤를 잇는 이슬람제국도 육로가 아닌 바닷길을 찾아야 했다. 한나라가 멸망한 직후, 흉노의 뒤를 이어 새로 등장한 돌궐족이 중앙아시아의 새로운 강자가 되어 아라비아 지역과 중

---

72 주로 유럽 세력과 페르시아, 이슬람 세력은 거의 매 시기 긴장과 갈등 관계였고, 그 결과 동서 육로 교역은 위축되었다. 그러나 육로 교역이 완전히 단절된 것은 아니다. 페르시아, 이슬람 국가들 안에 이미 동서 교역이 매우 이익이 높다는 것을 잘 알고 있는 민간 교역 중개인이 있었고, 또한 황실에서도 이 교역을 통해 높은 황실 수입을 얻을 수 있다는 사실을 알고 있었기 때문이다. 위축되었다는 것은 교역이 보다 활발하게 장려되지 않았다는 의미이다.

국 간의 육로 교역을 방해하기 시작했기 때문이다.

중국 왕조들도 예외는 아니었다. 한나라의 뒤를 잇는 남북조 시대에는 육로 비단길을 통한 서쪽 지방과의 교역이 차단되자, 남쪽 왕조들은 바닷길을 통해 동남아시아, 인도와의 해상 교역을 더욱 활발하게 추진하기 시작했다. 이러한 모든 원인들이 결합하여, 광저우, 취안저우, 양저우 등 중국의 동남부 해안 도시에서 동남아시아, 실론, 인도를 지나 페르시아만, 홍해를 통해 지중해까지 연결되는 길고 긴 바닷길이 점차 완성되기 시작했다. 중국에 당나라가, 중동 지역에 이슬람제국이 들어선 시점에는 육로와 바닷길이 모두 활발하게 활용되었다.

당나라는 개국 후 투르키스탄과 오늘날 몽골, 만주 지역을 점령했고, 중부 육로 비단길의 수송량은 획기적으로 늘어났다. 그런데도 전체적인 수송량은 남부 해로가 훨씬 많았다. 당나라 시기 인도양은 수많은 국가의 선박으로 채워진 안전하고 풍부한 바다였다. 이 시기 당나라와 교역을 담당한 선박들은 당나라 소유의 선박이 아니라 대개 실론섬의 선박이었다. 다만 선원들은 당나라 사람인 경우가 많았다. 육로와 해로 간 경쟁은 이 시기부터 점점 치열해졌다.

이슬람제국의 경우, 육로를 통한 교역이 주로 페르시아 난민, 중앙아시아 제국을 매개로 한 간접 교역이었던 반면, 해상 교역은 직접 교역으로 내용이나 규모 면에서 육로 교역보다 훨씬 우세했다. 이슬람제국은 페르시아만 남부 주요 무역항을 중심으로 해상 무역을 장악했다. 이는 유럽 국가들이 해상 무역에서 소외되는 결과를 낳았고, 나중에 발생하는 십자군 전쟁의 중요한 원인으로 작용하게 된다.

당나라 시대 주요 교역 상품 중 해상으로 드나든 것들은 다음과 같다.

우선 아랍에서 당나라로 들어온 것은 각종 향료(유향, 용뇌, 후추, 침향 등) 와 진주, 산호 호박, 면포 등이었고, 중국으로부터 가져가는 것은 비단, 도자기, 동, 철, 사향, 대황, 종이, 갈포 등이었다.

송나라가 바다를 선택한 이유
—

송나라가 건국된 후 북쪽과 서쪽에는 모두 흉노족이 나라를 건설하면서 송나라가 택할 수 있는 길은 바닷길밖에 없었다. 이렇게 육지로 가는 길이 여의치 못했다는 외부적 요인 외에 바다를 선택하게 된 내부적 요인은 없었을까? 송나라, 특히 남송[73]의 도읍이 린안, 지금의 항저우였다는 사실에서 힌트를 얻을 수 있다. 바로 중국의 해안 지역의 발전이다.

한나라 전반기 중국의 경제 중심은 북방의 황허 유역 근처의 중원 지역이었다. 그러나 한나라 후반기부터 이러한 경제 중심이 점차 남쪽으로 이동해 남송 시대에 이르러서는 양쯔강 하구가 경제 중심이 되었다.[74]

경제 중심이 남방으로 이전하고 당나라 이후 지속되어온 대외 무역이 활성화하면서 남송 시대에는 농업을 비롯한 전반적인 경제가 상당히 발전했다. 특히 수공업 상품 경제가 발전했다. 분업이 세분되고, 광업과 방직, 도자기 제조, 제지, 인쇄, 조선, 병기 제조 등 분야도 다양해졌으며, 상품의 질도 크게 개선되었다. 외국과의 교역 대상이 되는 풍부한 상품

---

[73] 송나라는 960년에 개국하였으나, 휘종 시절에 금나라에 의해 수도인 카이펑(開封)을 빼앗긴 1127년까지를 북송이라 부르고, 이후 수도를 지금의 항저우(杭州)로 옮긴 시절부터를 남송이라 부른다.

[74] 북쪽이 막히다 보니 남쪽으로 갔다는 것도 일견 타당한 주장이나, 장기간에 걸쳐서 경제의 중심이 남쪽으로 이동하고 있었다는 사실도 명확히 이해할 필요가 있다.

지남침의 한 형태

생산이 가능해진 것이다.

또한 이 시기 남쪽 지역을 중심으로 인구도 큰 폭으로 증가했다. 당나라 시대에는 10만 호 이상의 도시가 10개에 불과했으나, 송나라 시대에는 40여 개로 늘어났으며, 항저우의 인구는 120만에 달했다. 공급과 더불어 수요 기반도 튼튼하니, 대외 교역을 통한 상품 수급은 당연히 따라온 결과였다.

정치 및 사회, 경제적 요인 말고도 송나라가 바다를 통한 대외 교역에 나서게 된 중요한 계기도 있었다. 바로 나침반의 도입을 비롯한 항해술의 발전, 선박 건조 기술의 발전이다. 하늘의 별을 보면서 길을 찾는 이른바 '천문도항법'이 지속적으로 개선되었고, 더불어 나침반 발명은 항해술 발전의 큰 전환점이 되었다. 기원전 4세기경 자성을 이용해 방향을 확인하는 기구를 제작했던 중국은 11세기 초 나침반을 발명하고, 12세기 초에는 이것을 항해에 활용했다. 나침반은 날씨가 좋지 않은 날에도 천문도항법에 의지하지 않고 항해할 수 있다는 점에서 매우 획기적인 발명품이었다. 12세기 후반에는 아랍을 거쳐 유럽에 전파되었다.

이 시기 항해술 발달의 또 하나 획기적인 계기는 바다에서 바람의 방향을 정확하게 읽어내기 시작했다는 것이다. 당시의 대형 선박들은 모두 돛을 단 범선들이었다. 따라서 항해의 안전성과 신속성을 위해 바람의 방향을 읽는 것이 무엇보다 중요했다. 아시아 동남부와 인도양에서, 겨울에는 동북향 계절풍이, 여름에는 서남향 계절풍이 분다는 것을 발견하고 이를 이용했다는 것은 항해술에서 매우 중요한 진전이었다.

선박 건조 기술의 발전도 매우 중요한 진전이었다. 당시에 해로를 따라 운항하던 선박에는 중국선, 동남아시아선, 인도선, 아랍선 등 네 종류가 있었다. 이 중에서 가장 능력이 뛰어난 선박은 아랍 선박으로, 큰 것은 수천 명을 수용하고, 장거리 심해 운항이 가능했다. 태울 수 있는 선원이 많은 것과 더불어 연안을 떠나 심해를 운항할 수 있다는 것은 매우 중요한 능력이었다. 이런 점에서 아랍 선박은 다른 선박에 비해 대단히 탁월한 경쟁력을 갖췄다고 할 수 있다.[75]

이에 비해 당나라 때부터 내려오던 중국의 선박은 일반적으로 적재량 300톤에 승선인원은 500~600명에 달하는 정도의 능력을 갖추고 있어, 아랍 선박에 비해 경쟁력이 떨어졌다. 그러나 송나라 때 적재량 1,100~1,700톤에 최대 1천 명의 선원이 승선할 수 있고, 동아프리카까지 심해 항해가 가능한 선박을 건조했다.[76] 또한 송나라의 선박은 배 밑바닥을 'V'자형으로 하여 배의 안정성과 속도도 개선됐다. 배의 방향타인 키의 깊이를 탄력적으로 조정하여 깊은 바다와 얕은 바다를 모두 안전하게 이동할 수 있으며, 3~4개의 돛을 장착함으로써 바람의 방향 및 세기에 따라 선박의 이동을 자유롭게 조절할 수 있었다. 선박 아래에 침수와 침몰을 막을 수 있는 격벽의 밀폐 공간을 만들었다는 점도 다른 지역 선박

---

75 아랍 선박의 크기에 대해서는 논쟁이 많다. 최근의 논의에서 아랍 선박의 크기는 수용 인력 400명 내외, 적재 규모 300톤 정도로 추산하는 견해도 있다. 이는 중국 선박보다 크지 않다는 의미이다. 하지만, 삼각돛을 사용하여 역풍에도 항해할 수 있는 등 심해 운항의 장점이 있었던 것은 분명하다. 이것이 이슬람제국이 인도양에서 중국 사이 해상 수송에서 우위를 점한 이유이기도 하다.

76 이름도 '신주(神舟)'였다. 선박 1척에 1,100톤을 싣는다는 것은 한나라 시대 10개 이상의 대상 행렬이 수송해야 할 규모이다. 이 선박에 대한 자부심은 지금도 대단하여, 2003년에 성공한 중국 최초 유인 우주선의 이름이 '선저우(神舟)'였다.

보다 뛰어난 점이었다. 유럽 선박들은 이 모든 기술을 16세기~18세기에 들어서 비로소 도입하게 된다. 이를 바탕으로 송나라는 이집트, 이스탄불, 지중해 동부까지 교역 범위를 크게 확대했다. 당시로서는 세계 최고의 선박 기술이 있었기에 가능한 일이었다.[77]

바다 교역의 대상과 규모

이 시기 바닷길로 오고 간 교역 대상과 규모는 어느 정도였을까? 송나라 해상 교역은 중국의 해외 사치품에 대한 수요와 이슬람 세력의 확산으로, 특히 남송 시대에 급격히 증대했다. 이 시기 송나라 해상 교역은 전체 국가 수입의 상당 부분을 차지할 정도였다. 19세기 이전까지 해상 교역에 국가 재정을 의지한 유일한 국가가 송나라였다.

송나라는 또한 항저우를 비롯한 9개의 항구에 당나라 때 만들어진 시박사市舶司[78]제도를 두어 해외 무역을 적극적으로 권장하면서, 화물 검열, 세금 징수, 귀중품의 전매, 중간상에 대한 접대, 선박 출입 허가 등의 권한을 주고, 재정 수입을 확보했다.

시박사를 통한 재정 수입의 규모는 11세기에 63만 관에서 12세기 중반에는 200만 관으로 크게 늘었다. 1관은 엽전 1천 개였으니, 엽전의 가치를 모르더라도, 규모가 엄청나다는 것을 추측할 수 있다. 40만 관이 남

---

77 보통 근대 이전의 중국 범선을 정크선(Junk ship)이라 부른다. 정크선은 여기에서 설명하고 있는 특징과 더불어 돛에 가로활대를 넣어, 돛이 바람을 받는 힘을 강하게 하여 속도를 높이고, 역풍이 불어도 선박의 운항이 가능하도록 만들었다는 특징이 있다.

78 '시박'은 외국 선박이라는 의미이다. 시박사는 외국 선박을 관리하는 관청이다.

송 전국 세입의 2% 정도라고 기
록되어 있으니, 200만 관이면
전체 세입의 10%에 달하는 규
모이다.

송나라는 어떤 물건을 주요
교역 대상으로 했을까? 수출품
에는 당연히 비단이 포함되어

송나라 시대 선박

있으나, 가장 규모가 큰 것은 도자기였다. 가장 규모가 큰 수입품은 향신
료, 향로 등이었으며, 주산지가 아랍, 인도, 말레이반도이고, 무역상은 아
랍인들이었다. 남부 해로를 '도자기길', '향신료길'라고 불렀던 이유는 이
러한 송나라 시대의 교역 구조 때문이다.

또한 송나라는 다음의 표에서 확인할 수 있듯이 동남아와 일본, 고려
사이에서 중계 무역도 진행했다. 동남아로부터 희귀품을 받아 일본, 고려
에 수출하고, 일본 및 고려의 특산품을 수입해서 동남아를 통해 아랍과
유럽으로 수출했다.

표 I-3 | 송나라의 바닷길을 통한 교역 내역[79]

국가	수입(부족→송)	수출(송→부족)
일본	금, 은, 동, 유황, 수은, 약재, 목재, 진주, 철재 검, 고급가구	비단, 공단, 면직, 침향목, 백단목, 향유고래 향료, 서적, 염료, 도자기, 동전
고려	은, 칠기, 돗자리, 구리 그릇, 청자, 명주, 가죽, 유황, 염료, 인삼, 약재	몰약, 향신료, 아프리카 및 동남아 희귀품(코뿔소 뿔, 상아, 희귀조류 및 화초), 비단, 수은, 서적
동남아	침향목, 향신료, 향료, 포도주	금, 은, 비단, 도자기, 칠기, 우산, 철기, 돗자리, 북, 유리 및 진주 자기, 색료, 곡물, 설탕, 소금

마르코 폴로가 본 것

송나라 이후 몽골제국이 등장하면서 육상 비단길이 다시 활성화되었다. 육로 비단길을 강조하면, 바닷길이 침체된 것이 아닌가 생각하지만 몽골은 해로도 상당히 활발하게 이용했다. 특히 과거의 페르시아 지역에서 흑해 연안까지 장악하고 있던 일 칸국은 아라비아해와 지중해를 연결하는 지리적 장점을 살리기 위해서도 바닷길을 반드시 관리해야했다. 또한 원나라와 일 칸국을 연결하면서 동남아, 인도의 물자를 수송하기 위해서도 바닷길을 이용해야만 했다. 요컨대 몽골제국은 바닷길 활용을 위해 적극적으로 노력할 수밖에 없었다. 다만 해운 및 조선 기술은 송나라 시대에 발전한 기술에서 더 이상의 진보는 없었던 것 같다.

몽골제국에서 이용되던 해로의 노선과 상황은 마르코 폴로의 생생한 경험을 통해 재현할 수 있다. 마르코 폴로는 그의 『견문록』에서 본인이 체험한 몇 가지 해로를 구체적으로 설명하고 있다.

먼저 지금의 중국 남부 푸젠성에 있는 취안저우에서 출발하여, 베트남, 태국을 거쳐 인도네시아 수마트라섬까지의 여정을 기록하고 이 노선의 여행에 3개월이 걸린다고 적었다. 직선거리로 약 3,500km, 우회한 것을 고려하여 약 7,000km 정도라고 한다면, 선박은 하루 평균 약 80km 정도를 운항했을 것이다. 하루에 8시간 운항했다고 하면, 시간당 5노트knot[80] 정도의 속도임을 짐작할 수 있다. 중간에 육지에서 소비한 시간까

---

79 Cinar et al., 「Historical Perspectives on Trade and Risk on the Silk Road, Middle East and China」 『Topics in Middle Eastern and African Economies』 17(2), 2015에서 재인용.

지 고려한다면 평균 10노트 정도로 이해하는 것이 타당하다. 다음으로 수마트라섬에서 페르시아만의 호르무즈까지 가는데 총 2년 2개월이 소요되었다. 직선거리 7,000km, 우회 고려 14,000km인데, 2년 2개월이 걸렸다면, 위의 속도 계산식을 고려할 때, 중간 기착점에서 상당히 긴 시간 동안 머물렀다는 것을 알 수 있다. 그는 또 다른 해로로 아라비아반도에서 마다가스카르섬까지의 해로도 소개하고 있다. 이는 몽골제국 당시 바닷길이 중국 남부 항구에서 시작하여 동남아, 인도, 아라비아, 아프리카 등지를 모두 포괄하고 있었음을 보여준다.

정화의 대원정, 그 후….

중국 해상 수송의 극성기는 명나라가 들어선 이후 정화(鄭和, 1371~1433)에 의해 이뤄진 7번의 대원정 시기이다. 정화는 1405년에 시작해서 1433년까지, 무려 28년 동안 진행된 원정을 통해, 동남아시아, 인도, 페르시아만, 홍해를 반복 운항했고, 가장 멀게는 희망봉에서 멀지 않은 아프리카 모잠비크까지 원정한 것으로 알려져 있다.

이러한 원정에는 통상 정복, 새로운 외교 관계의 개설, 또는 크고 작은 경제적 성과물의 획득 등의 결과물이 따르게 마련이다. 그런데 놀랍게도 정화의 원정으로 중국이 눈에 띄게 얻어낸 것은 없다. 그간의 교역 과정에서 외교 관계를 맺었던 국가 혹은 부족들과의 관계 재확인, 일부 국가와의 외교 관계 확대, 원정에서 방문한 아프리카에서 획득한 사자,

---

80 1knot는 1.852km/h이다.

정화 동상

표범, 얼룩말, 코뿔소 등이 전부다.

이러한 성과와는 달리 정화의 해외 원정 규모는 실로 매우 컸다. 동원된 선박만 317척[81], 동원된 인원이 2만 7천 명, 원정 총거리 18만 5천 km로서, 그 이전에도, 그 이후에도 단일 원정으로 이 규모를 넘는 경우는 없다.

동원된 선박 중 가장 큰 선박인 기함은 길이 150m, 폭 60m이고 돛을 달기 위한 마스트(돛대)만 9개로서 당시 세계 최대 규모였다는 주장도 있다. 이 계산에 따르면 기함의 적재 능력이 무려 17,000톤에 달하는 것으로, 당시 유럽 최대 선박 규모의 15배가 넘는 초대형 선박이다.

하지만, 이 정도 규모의 선박은 선박 건조에 사용되는 목재의 크기, 선박의 운영을 위해 필요한 인력 규모, 현대 선박 건조 기술상의 문제 등을 고려할 때, 비현실적이라는 주장이 많다. 실제로 중국 내부 연구에서도 기함의 규모는 길이 75m, 폭 15m 내외로 약 600톤에서 800톤에 달하는 선박이었을 것으로 추정한다. 1400년대 당시 유럽에서 개발된 가

---

[81] 당시 유럽 최강이던 스페인의 무적함대가 총 130여 척의 선박이었으니, 그 두 배가 넘는다.

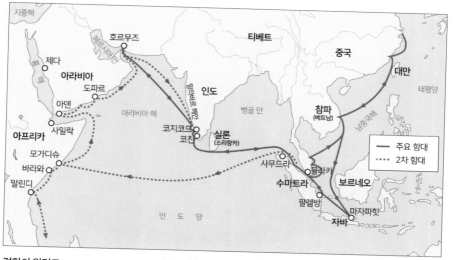

정화의 원정도

장 큰 선박이 평균 300톤을 수송하는 카라벨선, 그리고 100년 후에 상용화된 갤리온선[82]이 500톤 내외였음을 고려하면, 이것도 세계 최대였음은 틀림없다.

　왜 이렇게 대규모의 선단을 별다른 성과도 없이 28년 동안 해외에 파견하였을까? 역사학자들에 의해 여러 가지 해석이 제시되고 있다. 하지만 그 목적이 정확하게 무엇이었는지는 아직도 불가사의하다. 유일하게 확인할 수 있는 것은 함대의 중심인 기함의 이름이 '보선寶船', '서양보선西洋寶船', '서양취보선西洋取寶船'이었다는 점에서, '각지의 지배자에게 황제의 하사품을 전하고, 그들이 황제에게 진상하는 화물, 즉 보물을 실어 나르는' 것이 그 목적의 하나[83]라는 것이다. 이러한 원정을 황제인 영락제

82　제2부에서 자세히 설명한다.

83　주경철, 『대항해시대』, 서울대학교출판문화원, 2008.

정화의 보선을 재현한 모형

재위 기간 내내 6번에 걸쳐서 진행(마지막은 그다음 황제 홍희제)했다는 것
은 원정의 목적이 황제의 권위를 대내외에 과시하기 위해서였다는 것 이
외에 다른 설명은 붙일 수 없다.

　그러나 더욱 충격적인 것은 이러한 정화 원정이 끝나고 난 후에 명나
라는 사상 유례를 찾아볼 수 없는 해금정책海禁政策으로 돌아섰다는 점이
다. 명나라는 모든 바다의 관문을 막고 바다를 이용한 모든 민간 교류를
금하고, 이를 어기는 자를 사형에 처하는 정책을 펼쳤다. 해금정책은 명
나라가 들어선 직후인 1371년부터 시행되어 청나라가 멸망하는 시점인
19세기 말까지 지속되었다. 그러나 이 긴 기간 동안 민간에 의한 해외 교
역은 지속되었다.

　어쩌면 정화의 원정은 이러한 해외 해상 교역을 황실이 철저히 통제
하고 독점하기 위해, 내부와 외부를 정비하는 과정이었을 수도 있다. 다

만 원정 이후 몽골 지역 국경의 혼란, 농민 봉기, 해상 무역에 친화적인 환관 세력의 몰락 등 국내외 사정이 해상 교역을 지속할 수 없게 만들었을 것이다. 그 결과 많은 역사학자가 끝없이 의문을 던지는 중국의 쇄국이 나온 것이 아닐까.

제2부

대항해 시대,
세계를 하나로 연결하는 길
: 바닷길

제2부는 시간상으로 1400년대 말부터 1800년대까지 약 400년 동안, 사실상 현재까지 아시아와 유럽에서 아메리카 대륙 및 아프리카를 연결하는 길을 다룬다. 제1부에 비해 물리적 시간은 짧지만, 남은 기록은 많아서 우리가 알아야 할 역사는 오히려 훨씬 길 수도 있다. 이 길을 정확히 이해하기 위해서 우선 유럽의 복잡하기 이를 데 없는 국가 간 경쟁의 역사, 외부의 시선으로는 신대륙이었던 아메리카와 아프리카 대륙의 굴곡진 역사, 그리고 밖으로는 담장을 쌓고 내부의 문제에만 골몰했던, 그래서 상대적으로 단순해 보이는 동아시아 역사 속 시간의 흐름을 따라가 보자.

20세기 들어서기 이전 400년 동안 중국은 명(1368~1644)과 청(1616~1912)의 두 왕조가 이어졌다. 이전 몽골제국에 비해 정치적인 안정을 이루었지만, 바깥 세계에 관심은 거의 두지 않았던 시기이다. 이 두 중국 왕조와 상대한 한반도의 국가는 조선(1392~1910)이었고, 일본 열도는 사무라이들에 의한 정권이 이어지다가 전국시대(1467~1573)를 정리한 도요토미 히데요시의 시대가 잠깐 들어섰고, 곧바로 도쿠가와 이에야스에 의해 수립된 에도막부(1603~1868)가 지속되었다.

유럽은 해양으로 식민지 개척에 나선 초창기에는 스페인, 포르투갈(16세기), 그리고 네덜란드(17세기)가 유력 국가로 등장했다가, 곧이어 산업혁명(18세기)을 기반으로 한 영국을 필두로 프랑스, 독일 등이 유력 국가로 등장하여 19세기까지 지속되었다. 19세기 후반에는 이 국가들이 모두 해외 식민지 개척 경쟁에 뛰어들어 이합집산을 반복했다.

16세기부터 본격적으로 개척된 아메리카 대륙에는 유럽의 많은 나라가 이민과 투자에 참여했다. 중·남아메리카는 주로 스페인과 포르투갈이, 북아메리카에는 네덜란드, 영국, 프랑스가 진출했다. 이렇게 진출한 이민자들과 현지 주민 사회는 초기에는 모국의 식민지 형태였으나, 시간이 지남에 따라 독자적인 정치 체제와 경제 구조를 형성하게 되었다. 이를 바탕으로, 18세기 후반 미국이 독립을 선언하고, 이어 19세기 초반에는 중남미의 주요 국가들이 독립 국가를 수립했다.

한편, 초창기 유럽인의 관심의 초점이었던 인도는 오랜 분열의 시대를 거쳐, 1526년에 무굴 제국에 의해 통일왕국이 되었다. 그러나 1763년에 영국의 정치적 지배하에 들어갔고, 1857년에는 영국 정부에 의해 직접 통치를 받는 식민지 상태가 되었다.

· 연표 ·

연대	아메리카	유럽(중심국)	서아시아		인도	중국
16세기	스페인, 포르투갈령	스페인, 포르투갈, 오스트리아	오스만 튀르크	티무르	분열시대	명나라
17세기	스페인, 포르투갈령	네덜란드, 프랑스, 오스트리아	오스만 튀르크	페르시아	무굴제국	청나라
18세기	미국, 스페인, 포르투갈	영국, 프랑스, 프로이센	오스만 튀르크	페르시아	무굴제국	청나라
19세기	미국, 라틴아메리카	영국, 프로이센, 프랑스, 사르디냐	오스만 튀르크	페르시아	영국령 인도	청나라

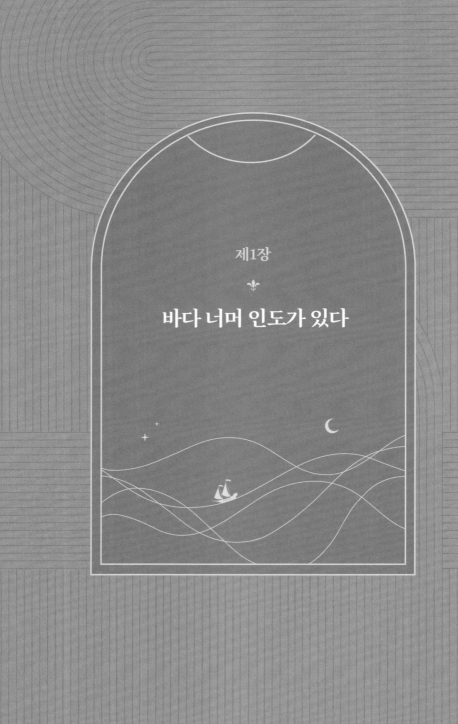

제1장

바다 너머 인도가 있다

콜럼버스가 발견한 것

거기는 인도가 아니었다

히스파니올라 Hispaniola 섬! 그곳은 인도가 아니었다. 그저 대서양 어딘가에 있는 섬이었을 뿐이다. 그러나 콜럼버스에게는 중국이고 인도였다. 그렇게 믿고 싶었다. 자기에게 투자한 여왕에게 약속한 엄청난 부를 안겨줄 바로 그 기회의 땅이어야 했다. 직선거리로 따져도 7천 km를 넘게 항해해 왔으니, 그의 계산상으로는 이 땅이 반드시 인도여야 했다. 그러나 그곳은 목적지에서 한참 벗어난 엉뚱한 땅이었다.

히스파니올라섬은 북아메리카 동남부 카리브해의 쿠바와 푸에리토리코 사이에 있는 섬으로 현재는 아이티와 도미니카공화국에 속해있다. 'Hispaniola'라는 이름 자체도 "스페인의 섬 the Spanish Island"이라는 의미로, 콜럼버스가 스스로 붙인 이름이다. 콜럼버스는 이 섬의 북쪽 중앙에 처음 상륙했고, 여기에 라 나비다드 La Navidad라는 요새를 건설했다.[1] 현지에 살고 있는 주민을 만났고, 엄청난 금은보화를 기대했다.

크리스토퍼 콜럼버스 초상

이 사건으로 유럽인들은 아메리카 대륙을 처음 인식하게 되었다. 지금까지 사람이 살지 않았던 대륙을 처음 발견한 것도 아니었고, 그 이전에 아무도 가보지 않았던 곳을 처음 간 것도 아니었다. 아메리카에는 사람이 살고 있었고, 그 이전에도 적지 않은 사람들이 오갔던 흔적이 남아 있다. 다만, 소위 주류 역사가의 기록에는 한 번도 의미 있게 등장한 적이 없는 땅이었다.

그랬던 이 땅은 이제부터 의미 있게 기록되고, 유럽과 아시아에 살고 있던 사람들의 삶과 역사에 커다란 충격과 변화를 주게 된다. 유럽인들은 인도가 아닌 땅을 인도로 여겼고, 그들이 지금까지 볼 수 없었던 새로운 것들을 이 땅에서 얻을 수 있게 되었다.

콜럼버스와 이사벨라 여왕

—

대서양을 서쪽으로 항해하여 인도를 갈 수 있다는 구상은 콜럼버스가 처음 생각해낸 것은 아니었다.[2] 사람들은 이미 지구가 둥글다는 것을 알았

---

1 사실 이 요새는 콜럼버스가 타고 간 산타 마리아호가 1492년 크리스마스 즈음에 좌초된 후 그 파편으로 건설되었다. 그래서 이름도 '크리스마스'라는 의미이다. 이 요새는 유럽인이 아메리카 대륙에 건설한 최초의 식민지라는 의의를 갖는다.

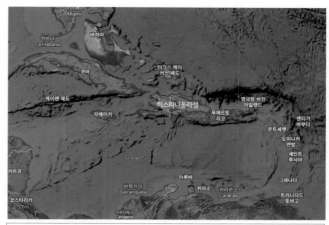

히스파니올라 섬의 위치(위쪽)와 콜럼버스가 그린 것으로 추정되는 지도(아래쪽)

고, 그 이전에도 많은 사람이 대서양을 서쪽으로 건너가면 인도로 가는 새로운 길을 발견할 수 있다고 주장했다.

　왜 그렇게 인도를 가려고 했을까? 당시 사람들에게 인도는 기회의 땅이었다. 비단이 나는 중국과 더불어, 귀족들의 사치스러운 삶에 필수적인 각종 향신료를 얻을 수 있는 인도는 당시의 많은 탐험가나 항해가에

2　콜럼버스가 항해를 시작하기 20년 전부터 기록상으로도 유사한 주장이 있었다.

게 부와 명예의 땅이었다. 튀르키예 및 이란 땅을 차지한 오스만튀르크가 이전에 이용하던 바닷길과 뭍의 길[3]을 막고, 그나마 조금 있는 교역의 기회도 베네치아 상인이 독점하는 통에, 유럽 서남부 구석에 있는 스페인과 포르투갈은 무슨 수를 쓰든 인도로 가는 새로운 길을 개척해야만 했다.[4] 이를 위해 두 가지 길이 검토되었다. 아프리카 대륙으로 막혀 있는 바닷길을 돌아 인도로 가는 길과 대서양을 서쪽으로 횡단해서 인도로 가는 길이었다.

포르투갈은 첫 번째 길에 집중했다. 많은 항해가가 조금씩 아프리카 서쪽 해안을 따라 남쪽으로 내려가면서 새로운 길을 개척했다. 다만, 남쪽으로 어디까지 내려가야 아프리카를 돌아 인도로 갈 수 있는지 알지 못했다. 그리고 마침내 포르투갈 탐험가인 바르톨로메우 디아스[Bartolomeu Dias]는 아프리카 남단 희망봉을 발견했다. 콜럼버스가 신대륙을 발견하기 불과 4년 전인 1488년의 일이다.[5]

경쟁자였던 스페인은 포르투갈의 성과에 애가 탔다. 포르투갈의 지원을 받아 새로운 길을 개척하려다 실패한 콜럼버스의 제안을 수락한 이유는 이 때문이었다. 콜럼버스의 제안은 나름 과학적이었다. 그가 계산한 지구의 둘레는 33,000km쯤이었다. 여기에서 그가 추정한 유럽에서 아시아까지의 거리를 빼면, 대서양을 서쪽으로 건너서 중국, 인도에 도달하려면 기껏해야 4,830km의 거리를 가면 됐다.[6] 이 정도의 거리는 그 당시 선

---

3 제1부에서 설명한 육로 비단길과 홍해 및 페르시아만을 이용하는 바닷길을 말한다.

4 당시 스페인과 포르투갈은 이베리아반도에서 가톨릭 세력이 이슬람 세력을 물리치는 길고 긴 '레콩키스타(Reconquista)' 끝에 갓 성립한 신생 제국이었다. 이로 인해 유럽의 다른 어떤 나라보다도 이슬람 국가들과는 적대적일 수밖에 없었으며, 아시아, 인도와의 교역 통로도 더욱 제한적이었다.

5 10년 후인 1498년에는 바스쿠 다가마(Vasco da Gama)가 끝내 아프리카를 돌아 인도를 가는 길을 발견했다.

박 기술이면 충분히 갈 수 있었다. 심각한 계산 오류였지만, 스페인의 국왕과 여왕은 절박했다.

아무도 가보지 않은 길을 찾는 일에 그렇게 쉽게 투자할 사람은 없었다. 더구나 그런 엄청난 투자를 할 수 있는 사람은 유럽의 몇몇 왕들뿐이었다. 실제로 아무도 선뜻 나서지 않았다. 그런 점에서 스페인의 페르난도 2세 왕과 이사벨라 1세 여왕이 오히려 콜럼버스보다 더 진취적이었을지도 모른다. 아무리 콜럼버스가 설득력 있는 근거를 가지고 주장하는 것처럼 보였다 해도, 결국 과감하게 투자를 결정한 것은 이들 왕이었기 때문이다.

하지만 이들도 이런 칭송을 받을 만큼 과감하지는 못했다. 당시 대서양 횡단 프로젝트는 천문학적 비용과 엄청난 위험을 동반한 것이었다. 요즘의 화성 탐사에 비견할 수 있을지도 모르겠다. 이들은 여왕 곁에 들러붙어서 간청을 거듭하던 콜럼버스의 고집에 못 이겨 마지못해 투자를 결정했다. 그 규모는 필요한 최소한의 수준이었다. 애초에 콜럼버스가 제시했던 계획에서 그 금액이 대폭 줄어들었을 뿐만 아니라, 그마저도 그 예산 중 1/4은 콜럼버스가 다른 상인들에게 대출받아 자체 조달했다.

여왕은 콜럼버스에게 3척의 배와 86명의 선원만을 제공했다. 산타 마리아 Santa Maria호를 기함(지휘관이 탄 배=사령선)으로 하고, 니냐Niña, 핀타Pinta가 그 뒤를 따랐다. 이 중, 산타 마리아호는 상대적으로 무겁고 큰 선

---

6 그리스 학자 에라토스테네스가 이미 정확하게 계산한 지구의 둘레와 비교할 때, 콜럼버스는 크게 두 가지에서 심각한 계산 오류를 범하고 있었다. 우선 지구의 둘레는 4만 km로서, 그가 계산한 것과 7천 km 이상 차이가 난다. 게다가 그는 유럽-아시아 동서 폭을 2만 8천 km로 계산하고 있는데, 이는 실제 거리인 1만 6천 km와 1만 2천 km 정도 차이가 난다. 그 결과, 스페인에서 서쪽으로 중국으로 가는 실제 거리 2만 4천 km를 5천km 미만으로 착각한 것이다.

박이었지만, 니냐와 핀타는 길이가 20m가 채 안 되는 소형 범선들이었
다.[7] 작은 두 선박은 카라벨[caravel8]이라 불리는 범선이 분명하고, 산타 마
리아호는 학자들에 따라 당시에 상선으로 개발된 캐락[carrack9]이라는 주장
과 조금 규모가 큰 카라벨이라는 주장이 엇갈린다.

　일부에서는 콜럼버스가 스페인의 인색한 투자 때문에 소형 선박을
이용할 수밖에 없었다고 주장하기도 한다. 하지만, 당시에 카라벨은 그
기능성 때문에 가장 널리 사용되는 선박이었다. 이런 점에서 세 척의 선
박에 86명의 선원을 태우고 가는 탐험대가 이용할 수 있는 최선의 선택
은 카라벨이라는 것이 일반적인 평가이다. 즉, 미지의 세계를 탐험하면서
바람의 방향에 따라 탄력적으로 대응하고, 목적지에 도달해서 육지 연안
을 탐사하기 위해서는 카라벨이 최적이었다.

　어쨌거나 콜럼버스는 이 선단을 이끌고 1492년 8월 초 대서양 횡단
에 나섰고, 8개월이 지난 1493년 3월, 생포한 열 명 남짓의 '인디언'과 금
장식품, 총천연색 앵무새를 가지고 개선했다. 이는 지금까지의 의심을 불
식시키고, 새로운 희망과 가능성에 대한 열렬한 기대를 불러일으켰다. 당

7　산타 마리아호는 화물을 최대 150톤까지 적재할 수 있는 선박이었지만, 나머지 두 선박은 40~50톤의 화물
　과 30명 이하의 선원만이 승선 가능한 정도였다고 한다.

8　15세기에 포르투갈과 스페인에서 개발된 삼각돛을 쓰는 소형 범선이다. 이 선박은 수심이 얕은 연안에서 날
　렵하고 빠르게 이동이 가능하고, 바람이 역풍일 때에도 1~3개의 마스트에 달린 삼각돛을 이용하여 지그재그
　방식으로 전진이 가능하다는 특징을 가지고 있다. 포르투갈이 아프리카 서해안을 따라 남하하면서 진행한
　탐사 과정에서 그 능력을 최대한 발휘했다. 나중에는 좀 더 대형화하여 사각돛을 겸하여 사용하는 방식으로
　개량되었다.

9　보통 2~3개의 마스트에 사각돛을 달고, 후미의 마스트에 삼각돛을 단 대형 범선이다. 대양을 건널 때, 바람
　을 최대한 이용하기 위하여 주로 사용하였다. 당시 전투용 선박으로 이용한 갤리언(galleon)은 이 캐락을 개
　량한 것으로서, 캐락보다 낮고, 좁고, 길어진 특징이 있다. 캐락은 화물 및 승객 수송용이었기 때문에 최대
　1,000톤 이상의 화물을 적재할 수 있었던 것에 반해, 갤리언은 500톤 이하의 화물을 적재하는 대신 총포로
　무장을 할 수 있는 형태로 개발되었다

연히 콜럼버스는 그 후 몇 년 동안 당대 영웅이 었고, 이사벨라 여왕은 최고의 지도자로 일컬어졌다.

카라벨 선박 그림(16세기)과 복원 모형

콜럼버스의 아메리카
—

콜럼버스의 첫 항해에 들어간 비용은 어느 정도였을까? 당시 스페인 화폐 단위로 177만 마라베디스^Maravedis10, 지금의 돈으로 추산하면, 53만 달러 정도로 계산할 수 있다. 미지의 세상을 향한 8개월의 항해 비용치곤 상당히 적은 금액임은 틀림없다.[11] 어쨌든 세 척의 선박은 아프리카 북서쪽에 있는 카나리아 군도^Canary Islands로 이동해, 적도 지역에서 부는 무역풍을 타고 서쪽으로 향했다.[12]

콜럼버스가 처음에 발견한 곳은 히스파니올라섬도 아닌 산살바도르

---

10 이베리아반도에서 사용되던 금이나 은으로 만든 주화를 말한다.

11 2024년 말 기준 대양을 횡단하는 선박 중 작은 편에 속하는 파나맥스급 선박의 하루 용선료가 15,000달러 내외이므로, 이 비용은 요즘 선박 한 척을 한 달여 동안 빌릴 수 있는 비용에 불과하다. 확실히 적은 비용이다. 더구나 이 계산에 선박 운항 비용이 빠져 있는 것을 고려하면, 당시 물가를 고려하더라도 매우 빠듯한 비용이었을 것이다.

12 카나리아 군도는 지금도 스페인령이다. 초창기 대서양 항해는 포르투갈 앞바다에서 멀지 않은 아소르스 군도(Azores Islands)를 이용하기도 했으나, 이 지역에서 부는 편서풍 때문에 서쪽으로 항해가 용이하지 않아 카나리아군도까지 내려가서 서쪽으로 항해했다. 당연히 돌아올 때는 북쪽 방향으로 이동해 편서풍을 이용했다. '콜럼버스의 4차례 항해 여정' 지도의 1차~4차 회항 노선이 이를 잘 보여 준다.

섬[13]이었지만, 콜럼버스는 이를 지금의 일본이라고 생각하고, 중국 땅을 찾기 위해 표류하다가 결국 12월 5일, 3개월의 항해 끝에 히스파니올라섬에 상륙했다. 콜럼버스는 이 땅도 일본 땅의 일부라고 생각했다.[14]

상륙한 땅에서 그는 현지에 살고 있던 주민들의 협조와 약탈을 통해, 돌아갈 때 부끄럽지 않을 정도의 금과 귀중품을 얻을 수 있었다. 금의환향한 콜럼버스가 다시 인도를 향해 항해를 나서는 것은 당연했다.

두 번째 항해는 첫 항해처럼 소규모는 아니었다. 17척의 선박, 그리고 1,300명의 유급 선원이 주어졌다. 첫 번째 항해보다는 선박으로는 6배, 선원 수로는 10배가 넘는 대규모 선단이었다. 1493년 9월 25일, 스페인의 카디즈 항을 출항한 선단은 11월 23일 히스파니올라섬에 당도했다. 정확히 두 달만이었고, 처음 항해 기간의 2/3 정도 되는 여정이었다.[15]

그러나 두 번째 항해의 성과는 기대만큼은 아니었다. 현지에서 2년 3개월을 머물면서, 쿠바와 자메이카 일대를 샅샅이 뒤져 여왕이 바라는 황금과 귀중품을 찾으려 했지만, 결과는 만족할 만한 수준이 아니었다. 그가 발견한 곳은, 그가 그렇게 믿고 싶어 했던 성경 속 천국의 도시도 아니었고, 중국 땅의 한 부분도 아니었기 때문이다. 이제 그에게 남은 일은 현지에 사는 원주민들[16]을 학살하고, 발견한 땅을 스페인 이름으로 정복

---

13 지금의 중앙아메리카에 위치한 엘살바도르 수도인 산살바도르가 아니라 바하마 군도 앞에 있는 작은 섬의 이름이다.

14 콜럼버스는 중국과 일본에 대해 당시로서는 상당한 정도의 지식을 가지고 있었다고 한다. 그는 이미 오래 전부터 마르코 폴로의 여행기를 자세히 탐독하면서 아시아에 대한 공부를 열심히 하고 있었고, 대서양에서의 항로와 항해 방식에 대해서도 많은 조사를 마친 상태였다고 한다.

15 날짜가 이렇게 정확할 수 있는 이유는, 콜럼버스가 매일 항해 일지를 작성하였기 때문이다. 사전 준비나 이런 항해 일지를 볼 때, 그는 매우 치밀하고 신항로 발견에 열정적인 사람이었음은 분명하다.

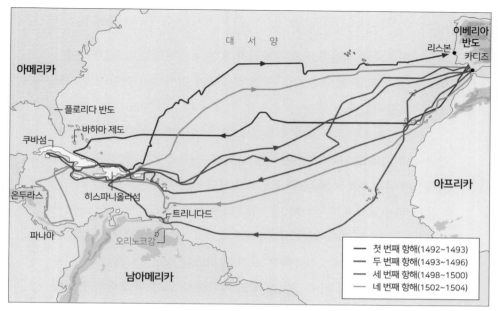

대서양
이베리아 반도
리스본
카디스
아메리카
플로리다 반도
바하마 제도
쿠바섬
아프리카
온두라스
히스파니올라섬
트리니다드
파나마
오리노코강
남아메리카

첫 번째 항해(1492~1493)
두 번째 항해(1493~1496)
세 번째 항해(1498~1500)
네 번째 항해(1502~1504)

콜럼버스의 4차례 항해 여정

하는 일뿐이었다. 설상가상으로 동행한 탐험단 구성원들과 갈등도 발생했다. 도착한 곳이 중국이나 인도가 아닐 수 있다는 선원들의 의견을 그는 묵살했다. 현지 원주민들을 상대하는 방법을 두고도 의견 대립이 생겼고 많은 부하가 반발했다.

1496년 6월, 스페인에 돌아온 콜럼버스는 3차 항해를 강력히 추진했다. 2차 항해의 성과물이 투자 자금에 현저히 못 미쳤음에도 불구하고, 아직 발견하지 못한 새로운 땅이 많이 남아 있어 틀림없이 황금을 찾을 수 있다고 주장했다. 새롭게 발견한 땅에 스페인 주민을 이주시켜 이 땅

---

16 Taino라고 불렸다. 콜럼버스가 처음에 당도했을 때에는 협조적이었지만, 제1차 항해와 제2차 항해 사이 남아 있던 선원들이 현지 주민을 약탈하고 학살한 이후로는 적대적으로 변했다.

을 항구적으로 스페인의 땅으로 확정해야 한다고 여왕을 설득했다. 어딘
가에 분명히 있을 인도로 가는 길을 하루빨리 찾아내야 한다는 논리도
당연히 포함되었다.

이러한 그의 주장은 결국 페르난도 왕과 이사벨라 여왕의 허락을 얻
어냈다. 여기에는 다음과 같은 배경이 있다. 첫째는 2차 항해 후 콜럼버
스가 히스파니아에서 열심히 금을 찾고 있던 1494년 6월, 스페인과 포르
투갈은 당시 교황의 승인하에 지금의 관점에서는 매우 황당한 협약을 맺
었다.[17] 대서양의 가운데쯤에 수직으로 선을 그어, 그 동쪽에서 발견된
새로운 땅은 포르투갈, 서쪽에서 발견된 새로운 땅은 스페인의 영토로
하기로 한 것이다. 이 선이 그어진 후 스페인은 더 많은 서쪽 땅을 확보해
야 하는 절박한 상황에 처했다.

둘째, 정복된 땅의 주민을 가톨릭 신자로 교화시켜야 했다. 스페인과
포르투갈의 이베리아반도는 이전까지 이슬람제국의 영토였고, 치열한
전투 끝에 가톨릭 국가가 되찾은 곳이다.[18] 그래서 두 나라는 보다 원리
주의적인 가톨릭 국가가 되었고, 이베리아반도의 탈환이 그 이전부터 진
행되던 십자군 원정의 성공 사례로 인식되면서, 교황의 두 나라에 대한
신뢰는 매우 높았다.[19] 이러한 분위기는 아메리카 대륙의 식민지화 사업
에도 영향을 주었고, 아메리카 정복의 명분이 되었다.[20]

이렇게 결정된 3차 항해에는 총 6척의 선박이 동원되었는데, 세 척은

---

17 토르데시야스 협약(Treaty of Tordesillas)이라고 한다. 이 협약을 통해 정확하게는 대서양상에 있는 카보베르
    데 군도(Cape Verde Islands)의 서쪽 1,185마일(1,910km) 지점을 수직으로 선을 그었다. 더 기가 막힌 일은 이
    선이 당시 교황에 의해 인증되었다는 것이다.
18 역사에서는 이를 재정복, 즉 '레콩키스타'라고 부른다.
19 위에서 언급한 토르데시야스 협약과 같은 것들이 맺어질 수 있는 근거가 이것이다.

새로운 땅을 발견하기 위한 탐험가와 일부 이주 예정자들로, 나머지 세 척은 새롭게 발견된 땅, 즉 히스파니올라에 정착하기 위한 보급품으로 채워졌다. 3차 항해에서 그는 드디어 새로운 대륙, 남아메리카에 상륙[21]했다. 하지만 그가 바라던 중국(사실은 쿠바)에서 인도로 가는 뱃길도, 스페인 황실과 본인이 그토록 바라던 황금 동굴도 발견하지 못했다. 오히려 히스파니올라에서의 원주민 학대, 동료 탐험가들과의 갈등으로 콜럼버스와 그의 형제들은 쇠사슬에 묶인 채 스페인으로 끌려오게 되었다. 1498년 5월에 3차 항해를 시작한 지 2년 5개월만인 1500년 10월이었다.

이자벨라 여왕은 쇠사슬에 묶여 돌아온 그를 풀어주었을 뿐 아니라, 항해할 기회도 제공했다. 자신은 지상낙원 근처까지 다다랐으며 낙원 근처에 있는 황금밭의 위치도 알고 있다는 콜럼버스의 간곡한 탄원을 여왕은 다시 들어주었다. 이탈리아 제노아 출신인 그가 스페인을 배신할지도 모른다는 걱정도 함께였다. 그러나 1502년 5월에 시작되어 1504년 6월에 끝난 제4차 항해에서도 그는 빈손으로 돌아왔다. 유일한 성과는 지금의 온두라스부터 파나마까지 중앙아메리카 여러 지역을 탐사했다는 것뿐이었다. 그러나 파나마에서도 그는 그 너머에 있는 태평양을 확인하지 못했고, 인도로 가는 길을 발견할 수 없었다. 네 번의 항해에서 그가 손에 쥔 황금은 히스파니올라에 있는 금광에서 나온 것뿐이었다. 그렇게 그는 4차 항해 이후 2년 만에 질병과 빈곤, 그리고 세상의 망각 속에서 세상을 떠났다.

---

20 스페인, 포르투갈의 아메리카 정복자들을 '콩퀴스타도르(Conquistadore)'라고 부르는데, 이는 레콩키스타의 연장으로서의 식민지 정복이었음을 보여주는 것이다.

21 최초의 상륙 지점은 지금의 베네수엘라, 오리노코강(Orinoco River) 하류 삼각주였다.

얻은 것과 잃은 것

―

콜럼버스는 비록 그가 찾은 땅이 아시아의 어느 땅이라고 굳게 믿고 죽어갔지만, 그 땅은 인도도, 중국도, 일본도 아니었다. 하지만 콜럼버스와 그 뒤를 잇는 유럽의 탐험가들은 아메리카 대륙을 발견함으로써 많은 것을 얻었고, 또한 많은 것을 잃었다.

우선 콜럼버스는 그가 그리던 금광을 발견하지 못했지만, 진주를 얻었다. 제3차 항해 때 섬이 아닌 아메리카 대륙, 베네수엘라 해변에 최초로 상륙한 콜럼버스는 인근 섬에서 어마어마한 진주 서식지를 발견했다. 비록 쇠사슬에 묶여 귀국한 제3차 항해였지만, 이것은 콜럼버스의 말년을 초라하지 않게 만들어 준 성과였다. 또한 이 소문이 유럽에 퍼지면서, 콜럼버스가 발견한 신대륙에 대한 유럽의 관심이 집중됐고, 이후 아메리카 대륙에 대한 수많은 탐험을 촉발하는 계기가 되었다.

그러나 콜럼버스의 신대륙 발견은 이후 아메리카 대륙에 대한 유럽 사회의 접근 방식을 결정한 사건이기도 했다. 제1차 항해에서 만난 원주민들과의 상대적으로 평화로운 접촉은 콜럼버스가 2차 항해를 준비하기 위해 귀국해 있는 동안 완전히 깨져버렸다. 교류도 탐험도 아닌 철저한 파괴와 정복이 이후 아메리카 대륙에 대한 유럽의 접근 방식이 되어버린 것이다.

이는 인도와 중국을 찾아 떠난 항해가 실패했다는 실망감과 더불어 완전히 새로운 대륙에서 살아갈 방도를 미처 준비하지 못한 자들의 생존 본능이 만든 방식이라고 해석할 수 있다. 하지만 아메리카 대륙을 발견하기 이전에 아프리카에서 노예 교역을 하던 콜럼버스[22]의 교역 방식이 그대로 아메리카 대륙에서도 발현되었다고도 볼 수 있다. 콜럼버스는 직접 이렇게 썼다. '우리 단 3명만으로도 그들 1,000명을 당해낼 수 있다…. 그들은 명령을 내려 일을 시키는 데 적합하다….'[23]

콜럼버스의 후예들

유럽인들이 아메리카 대륙을 찾아간 이유는 금은보화를 얻기 위해서였다. 이사벨라 여왕과 콜럼버스가 맺은 계약에 따르면 인도 또는 중국에 있는 금은보화를 찾으면, 그 10%를 본인의 몫으로 하고, 새롭게 찾아낸 땅의 지배권을 보장받기로 했다. 불행히도 콜럼버스는 본인이 발견한 땅의 총독은 되었지만, 본인의 몫이 될 10%는 물론 이사벨라 여왕이나 페르난도 왕을 만족시킬 만큼 금은보화를 찾지 못했다. 그러나 콜럼버스가 죽고 난 후 30년이 되지 않아, 새롭게 발견된 땅에서 금은보화가 쏟아졌다. 콜럼버스 탐험 직후인 1503년부터 1510년 사이에 히스파니올라섬 등 중미 도서 지역을 탈탈 털어 19톤의 금을 스페인으로 가져갔다. 이것으로 이 지역에서 털어낼 수 있는 금은 바닥이 났다.

이후 스페인 본국에 어마어마한 금은보석을 보내기 시작한 사람이 바로 코르테스E. Cortes다. 그는 1521년, 우리가 아스테카 제국으로 알고 있는 테노치티틀란(지금 멕시코시티)에 있던 국가를 정복하고 파괴함으로

---

22 본 장 뒷부분에서 자세히 설명할 것이다.

23 에스파냐의 탁발 수도사인 바르톨로메 데 라스카사스는, 아메리카 발견이 시작된 시점에서 50년 정도가 지난 즈음에, 이들 정복자들에 의해 죽은 원주민이 1500만 명이 넘는다고 기록하고 있다. 그런데, 그도 그 이후에는 이들 정복자들과 동일한 방식으로 원주민을 다뤘다고 한다.

써 엄청난 보물을 스페인 왕실 금고에 가득 채웠다.[24] 비단 코르테스뿐만 아니었다. 스페인과 인근 지역의 많은 평민, 귀족이 아메리카 대륙을 향해 달려갔다. 스페인 국왕은 이들을 지원하고, 통제하면서 왕실의 부를 쌓아나갔다. 아메리카 대륙 중부와 남부에서는 스페인의 식민지가 급격히 증가하기 시작했다.

스페인 왕실은 이들 식민지와의 교역을 철저히 통제했다. 스페인과 아메리카 사이의 항해는 호송선단 체제[25]로 운영되었다. 호송선단의 항로는 크게 둘로 나뉘었는데, 하나는 멕시코로, 또 다른 하나는 남미 북부 지역으로 정기적으로 운행되었다. 이미 1520년대에 연평균 100척의 배가 대서양을 횡단했고, 수송되는 화물의 규모는 25톤이 넘었으며, 16세기 말이 되면 150~200척에 85~110톤에 달했다.[26]

현대의 화물 규모에 비하면 적다고 생각할 수도 있지만, 그 내용물이 대부분 귀금속이었다는 점을 생각하면 그 규모를 과소평가할 수 없다. 어쨌거나 스페인은 아메리카 대륙에서 흘러들어오는 보물들 덕택에 지중해 외진 곳에 있는 변두리 국가에서 일약 유럽 대륙의 강국으로 변모했다.[27]

24 1992년에 발행되어 유로로 완전 통합되기 이전인 2002년까지 가장 널리 통용되던 스페인의 1,000페세타 지폐(현재 한화로 약 9,000원 정도)에 새겨진 인물이 바로 코르테스였다. 멕시코에서는 잔인한 정복자이지만, 스페인에서는 위대한 탐험가이자 애국자인 것이다.

25 외부 세력의 침입이나 약탈로부터 선박 운항과 화물 수송을 보호하기 위해, 여러 척의 선박을 한데 모아 집단을 만들고, 전투용 선박을 이용해 이들을 보호하면서 이동하는 선박 수송 체계를 말한다.

26 주경철, 『대항해시대』, 서울대학교출판문화원, 2008.

27 한 스페인 역사가는 이를 두고, '천지창조 이래 가장 큰 사건'이라고 표현했다.

테노치티틀란이 함락되는 모습을 묘사한 그림

북미 대륙의 콜럼버스 후예들

북아메리카로 가는 길

—

스페인은 콜럼버스 이후 멕시코 이남의 아메리카 대륙을 탐험하면서 착취를 이어갔다. 포르투갈도 서기 1500년에 카브랄^{Pedro Álvares Cabral}을 파견하여 브라질을 발견했다.[28] 이탈리아 항해가인 아메리고 베스푸치^{Amerigo Vespucci}는 1497년부터 1504년 사이 각각 스페인과 포르투갈의 지원을 받아 최소 2회 이상 아메리카 대륙을 탐험했다. 그리고 1501년 이 땅은 인도도, 중국도, 일본도 아닌 '신세계^{New World}'가 되었다.[29] 곧이어 1507년 독일 지도학자인 발트제뮐러^{Waldseemüller}는 지도에 이 땅을 '아메리카'로 명명했다.

그들이 아메리카 대륙이라고 이름한 곳은 북아메리카가 아닌 남아

---

28 하필 발견한 브라질 땅의 상당 부분이 앞에서 언급한 토르데시야스 협약으로 그어진 수직선상의 동쪽에 위치했다. 그리하여 브라질은 포르투갈의 식민지가 되었다.

29 콜럼버스의 제3차 항해와 제4차 항해 사이에 발생한 일이다.

메리카 지역이었다.
1507년, 즉 콜럼버스
가 남아메리카 대륙
에 도착한 지 15년이
지난 시점이니 어쩌
면 자연스러운 일일
지도 모른다. 그런데
이상한 것은 매우 적

발트제뮐러의 세계지도(1507년)

극적이고 탐욕적인 모험가들이 이후에도 멕시코 북쪽의 땅에는 큰 관심
을 두지 않았다는 점이다. 왜 그랬을까?

콜럼버스 이후에도 남아메리카 대륙을 탐험하고 정복하려는 움직임
이 활발히 이어졌다. 그러나 북아메리카 대륙을 탐험했다는 소식은 매
우 뜸하게 나올 뿐이었다. 1497년에 카보토 G. Caboto 라는 이탈리아 항해가
가 잉글랜드 헨리 7세의 명을 받아 지금의 뉴펀들랜드 지역에 상륙했다.
1513년에는 스페인 탐험가 발보아 V. N. Balboa 가 파나마 지협을 건너서 최
초로 태평양을 발견했다. 이후 몇 번의 탐험을 통해 1529년에 북아메리카
의 동부 해안 지도가 처음으로 만들어졌다. 1608년에는 프랑스의 샹플랭
S. Champlain 이 처음으로 지금의 퀘벡에 지속 가능한 정주 도시를 건설했다.

중미나 남미 지역에 비해 북미 지역에 대한 탐험과 생활 터전 건설은
매우 늦게 이루진 게 명확하다. 적어도 100년의 격차가 존재한다. 다음과
같은 이유를 들 수 있다.[30]

첫째, 북아메리카 대륙에 대한 탐험은 당시 신대륙 탐험의 선구자였
던 스페인이나 포르투갈이 아니라 영국, 프랑스 등에 의해 주도되었다.

북아메리카 북부 지역의 해안선이 나타난 최초의 지도(1529년)

스페인과 포르투갈은 이미 확보된 중남미 거점을 바탕으로 점차 북쪽으로 나아가기는 했지만, 중남미에서 교역 산물을 충분히 확보하였기에 북아메리카 진출이 그다지 급하지 않았다. 더구나, 처음 몇 번의 탐험을 통해 북아메리카 대륙은 그들이 기대하는 금이나 향신료 등 값비싼 물건이 풍부한 곳도 아니라고 판단했다.

북아메리카 대륙에 대한 탐험은 스페인이나 포르투갈이 중남미를 정복할 때처럼 국가나 왕실이 주도하기보다는 민간 중심의 탐험이 주류를 이루었다. 그 결과, 북아메리카에서는 초기에 유럽인에 의한 원주민에 대한 일방적 정복과 약탈이 진행되지는 않았다. 오히려 초기에는 유럽에서 이주한 사람들이 현지 주민들에게 학살당하는 등의 고초를 겪기도 했다.

둘째, 스페인, 포르투갈 등 당시 해상 활동에 앞서 있던 나라조차도

30 　주경철, 『대항해시대』, 서울대학교출판문화원, 2008.

북아메리카와 유럽을 직접 연결하는 항로는 매우 낯설고 위험했다. 콜럼버스가 처음 대서양을 서쪽으로 횡단하는 계획을 세웠을 때, 그 출발점은 그들이 아프리카 서부 해안을 탐험하는 과정에서 충분히 정보를 획득한 카나리아 군도 또는 카보베르데 제도였다. 지금의 아프리카 서해안에서는 서쪽으로 항상 무역풍[31]이라는 동풍이 분다는 것을 알고 있었다. 이 바람을 타고 곧바로 서쪽으로 갈 때 발견할 수 있는 곳은 남아메리카일 수밖에 없었다. 그러나 무역풍이 부는 지대의 북쪽, 즉 북위 20도가 넘어서면, 유럽에서는 항상 서쪽에서 동쪽으로 편서풍이 불기 때문에, 범선을 이용하는 항해 기술로는 항해가 곤란했다. 결국, 북아메리카를 찾아가는 항해 노선은, 유럽 중부의 편서풍 지대를 벗어난 북쪽에서 곧장 서쪽으로 가는 노선일 수밖에 없었다. 이는 기존 스페인, 포르투갈의 항로와는 전혀 다른 항로였다. 어쩌면 이전에 아이슬란드, 그린란드 탐험 과정에서 지식이 쌓인 노선이었을 것으로 추정된다.

영국, 프랑스, 네덜란드에서 이 노선을 따라 항해하면 만날 수 있는 곳은 지금의 세인트로렌스만 근처의 뉴펀들랜드, 래브라도반도, 노바스코샤 등이다. 실제로 당시의 많은 항해가 북아메리카에 갔을 때 도착한 곳이 이 지역들이었고, 당시 이 지역은 추위와 굶주림의 땅에 지나지 않았다.

---

[31] '무역풍'이라는 이름은 이후 대항해 시대에 본격적으로 접어들었을 때 붙여진 것이다. 원래는 17세기 중엽에, 길 또는 경로를 뜻하는 'tread'에 wind를 붙여 '규칙적으로 부는 바람'이었으나, 이 tread가 trade와 어원이 같아, trade winds라 칭했고, 이후 동서 간 무역에 많이 사용되면서 '무역풍'으로 표현되었다.

비버 가죽과 대구가 만들어낸 내륙길

—

금도 없고, 정복할 만한 화려한 왕국도 없는 신대륙을 발견한 사람들은 뭐라도 해서 돈을 벌어야 했다. 그래야 고생해서 신대륙에 온 보상을 받을 수 있었다. 기록에 나타난 초기의 가장 유명한 교역업자는 자크 카르티에J. Cartier였다. 그는 1530년에서 1540년대에 3번에 걸친 캐나다 동북부 세인트로렌스만 및 세인트로렌스강 탐험을 통해 현지 원주민들과 가죽 및 장신구 교역을 진행했다. 비교적 평화롭게 유럽에서 가져온 금속 제품과 가죽의 물물교환은 이뤄졌다. 이 교역을 통해, 자크 카르티에 등 초기 프랑스 탐험가들은 세인트로렌스만에서 세인트로렌스강을 따라 오대호까지 연결되는 물길을 개척했다. 북아메리카에 유럽인에 의해 만들어진 최초의 내륙 연결 길이다.

　가죽 물물교환 사업은 곧 비버 생가죽 및 가죽 옷감 교역으로 확대되었다. 특히 이 사업은 인근 해안에서 무진장 포획이 가능한 대구 교역과 결합하였다. 뉴펀들랜드 앞바다는 냉해성 어류 대구의 대규모 어장이었다. 생선을 건조하여 장기 보관하는 기술의 발달로 대구는 유럽과의 교역에서 중요한 상품 중의 하나가 되었다. 원주민들이 추운 날씨에 대구를 잡고 말리기 위한 복장이 바로 비버 가죽으로 만든 옷[32]이었다. 이 옷이 대구 교역을 하는 상인들에 의해 유럽에 전해지자, 16세기 후반부터 가죽 모자를 만드는 데 필요한 비버 가죽 수요가 폭증했다. 비버 가죽은 17세기 프랑스와 영국을 비롯한 유럽과 북아메리카 간의 중요한 교역 물

---

[32]　프랑스어로 'castor gras'인데, 그 뜻은 그저 비버 코트이다.

품이 되었다.

가죽 교역이 일상적인 사업으로 성장하는 시기는 1608년 샹플랑에 의해 퀘벡이 최초의 정주 도시로 건설된 이후다.[33] 이 도시를 기반으로 프랑스 상인들은 교역 범위를 점차 서쪽으로 확대해 갔다. 특히 샹플랑은 원주민 간 상호 갈등 관계를 교묘히 이용하여 활동 반경을 5대호까지 확장할 수 있었다. 하지만 프랑스에 적대적이었던 부족은 성장하고, 친화적이었던 부족은 쇠락하는 상황이 생겨나면서 프랑스는 북아메리카에서 더 이상 영역을 확장할 수 없었다.[34]

한편 가죽의 교역 과정에서 샹플랑은 1613년 오늘날 '트러스트 Trust'라 불리는 비즈니스 형태를 고안했다. 소수 투자자에게 가죽을 교역하는 본인 기업 지분을 소유하게 하는 대신, 식민지 내에서 다른 형태의 가죽 교역이나 기업에 투자하지 못하게 하는 방식이었다. 이를 통해 가죽 교역의 경쟁자를 없앴다. 이 제도는 이후 프랑스 황실에 의해 식민지의 공식 제도로 확정되었다. 이는 국가가 지원하여 육성하는 현대식 독점 기업의 효시라고 할 수 있다. 그러나 가죽 교역에서 발생하는 엄청난 수익 때문에 이런 식의 독점은 오래갈 수 없었다. 17세기 말부터 교역 허가를 받지 않은 채, 독립적으로 교역하는 토착 상인이 나타나기 시작했고, 이는 프랑스로부터 허가받은 독점 기업의 사업 기반을 잠식했다. 이에 더하여 프랑스에 적대적인 이로쿼이족이 서양 무기로 무장하여 프랑스와

---

[33] 세인트로렌스만부터 5대호까지 당시 프랑스가 지배하고 있던 퀘벡을 포함한 지역을 공식적으로 누벨프랑스(Nouvelle France)라 했다.

[34] 적대하는 부족의 이름은 이로쿼이(Iroquois)족이고, 친화적인 부족은 휴런(Huron)족이었다. 지금 북아메리카 5대호 중 토론토 북쪽에 있는 호수의 이름이 '휴런호(Lake Huron)'인 것은 이 부족의 이름을 따온 것이다.

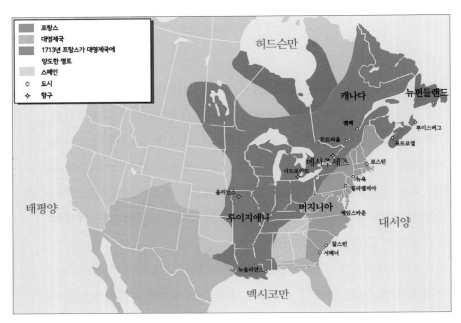

17세기 북아메리카의 국가별 지배 현황

대립하고, 유럽에서 전파된 전염병으로 프랑스의 교역 상대였던 휴런족이 1650년경 소멸하는 일이 벌어졌다.

영국의 북아메리카 진출

북아메리카에서 영국인에 의해 최초로 구축된 정착지는 1607년 만들어진 버지니아주 제임스타운이었다. 이전의 다른 지역과는 달리, 이 도시는 처음부터 거주를 위해 북아메리카로 온 이민자들이 만든 도시다. 금과 부귀를 찾아 국왕이 탐험가, 군대를 신대륙으로 파견한 다른 국가들과 달리 영국은 민간 사업자가 모집한 순수 민간인들을 모아 신대륙에 보냈다. 스페인이나 포르투갈에 비해 재정 상태가 넉넉하지 못한 영국 왕실

사정과 과도하게 많은 인구로 인해 새로운 생활 터전이 필요했던 당시 영국의 상황이 맞물린 결과다.[35] 기막힌 것은 그들이 정착한 땅은 농사나 생활에 적합하지 않아서 원주민도 버려둔 땅이었다는 것이다.

당연히 초창기 이민자들의 삶은 비참했고 초기 이민자의 2/3가 사망할 정도로 상태는 심각했다. 이러한 그들의 삶을 희망으로 바꾼 것은 우연히 시작한 담배 경작이었다. 이를 통해 인구가 늘고, 새로운 지역에서의 삶은 안정화되기 시작했다. 담배는 아메리카 대륙이 발견된 이후 유럽에 전파된 상품 중 하나로, 이후 유럽인의 담배 수요는 폭발적으로 증가했다. 하지만, 당시 담배 공급자는 남아메리카 대륙을 장악하고 있던 스페인뿐이었다. 이런 상태에서 영국의 북아메리카 이민자들이 담배를 생산하기 시작한 것이다. 이는 영국 왕실 재정 수입을 보장하는 중요한 기회가 되었다.

1620년경에 제임스타운에서 영국으로 수출된 담배는 23톤 정도였다. 이 수치는 3년 후에 3배로 뛰었고, 40년이 지나지 않아 11,300톤의 담배가 영국으로 수출되었다. 이 기간 제임스타운 인근의 북아메리카 이민자들은 초기 투자액의 1,000%에 달하는 수익을 올렸다.[36]

영국인의 버지니아 식민지가 안정화되는 동안, 그 북쪽의 허드슨강, 델라웨어강, 그리고 코네티컷강을 중심으로 네덜란드인들이 프랑스가 주도하던 가죽 교역에 참여했다. 이들이 만든 식민지를 '뉴 네덜란드'라고 불렀고, 수도는 '뉴 암스테르담'이었다. 그러나 네덜란드는 영국과 달

---

35 비슷한 이유로 이전에 몇 번의 유사한 신대륙 진출이 있었다. 그러나 이전의 시도는 모두 실패했다.
36 찰스 만(최희숙역), 『1493』 황소자리, 2020.

리 이 식민지에 성공적인 이민자 정착지를 만드는 데 실패했다. 네덜란드 서인도회사Dutch West India Company에 의해 주도되던 이 사업은 원주민과의 분쟁, 정책적 실수 등으로 유럽에서 충분한 이민자를 확보하지 못했다. 결국 네덜란드는 영국과의 전쟁에서 참패했고, 1664년 제3차 영란전쟁에서 웨스트민스터 조약을 맺고 북아메리카의 모든 식민지를 영국에게 빼앗겼다.

이 지역에, 나중에 제임스 2세가 되는 요크 공작이 뉴욕주와 뉴저지주를 만들었다. 또한 당시 왕인 찰스 2세는 네덜란드와의 전쟁에서 공을 세운 펜William Penn에게 그 땅의 일부를 하사했고, 이 땅은 지금의 펜실베이니아주가 되었다.

이후 북아메리카, 특히 동부 지역은 100여 년이 지난 1774년, 미국의 독립이 이뤄질 때까지 전적으로 영국의 식민지였다. 1803년 당시 프랑스 땅이었던 루이지애나를 사들임으로써 미국의 영토는 지금의 미네소타, 아이오와, 미주리, 아칸소주를 넘어선 서쪽까지 확장되었다. 제3부 '철도의 건설'에서 자세히 설명하겠지만, 북미의 대륙 횡단 철도는 이러한 상황에서 서쪽으로 뻗어간 것이다.

신대륙에서 오고 간 것들

잉카제국과 포토시 광산

—

1532년, 멕시코의 아스테카제국이 멸망한 지 정확히 11년 후, 이번에는 남아메리카 토착 왕국이 멸망했다. 전성기에는 지금의 페루, 에콰도르, 볼리비아, 칠레, 아르헨티나, 콜롬비아 일대를 통치하던 잉카제국이다. 아스테카제국은 스페인의 탐험가 코르테스가 상관의 명을 어기고 공격해 멸망시켰지만, 이번에는 스페인 국왕이 칙서를 통해 피자로F. Pizzaro에게 명령했다. 피자로는 단지 몇 명의 군사와 총, 그리고 1문의 대포만으로, 라마 잡을 때 쓰는 칼과 밧줄만 가지고 방어하던 잉카제국의 왕, 아타후알파Atahualpa를 생포했다.

생포된 아타후알파는 그가 갇혀 있는 감옥을 채울 만큼의 금과 그 두 배의 은을 몸값으로 지급했지만, 끝내 살해되고 말았다. 그의 몸값을 통해 잉카제국이 어마어마한 금과 은을 가지고 있음을 알게 된 스페인은 근처에 매장되어 있을 것이 틀림없는 금과 은을 찾아 나섰다. 그리고 마

남미 은으로 만든 스페인 은화

침내 1545년 지금의 볼리비아 포토시 Potosi에서 거대한 은광을 발견했다. 포토시 은광의 규모는 실로 엄청나서 1540년대에는 연 85,000kg을 생산하다 1570년대에는 50,000~60,000kg, 그리고 1580년대에는 280,000kg의 은을 생산하기에 이르렀다. 은의 생산이 1570년대에 조금 줄었다 다시 급격히 증가한 것은 은의 정제 방법 때문이다. 초기에는 순도 높은 은광맥을 전통적인 방법으로 정제했고, 순도가 높은 광맥이 소진하자 은 생산량은 줄어들었다. 하지만, 1570년대에 수은을 이용하여 순도가 낮은 광맥에서도 은을 정제하는 방법을 알아낸 다음부터 생산량은 다시 폭발적으로 증가했다. 포토시에서 생산된 은은 유럽으로만 흘러 들어간 것은 아니다. 남미 대륙에서 태평양을 거쳐 중국으로 흘러 들어갔다. 중국의 은에 대한 수요는 밑 빠진 독과 같아서 유럽인들은 중국의 도자기와 비단을 은과 맞바꿨다.

유럽인들의 아메리카 귀금속 탐사는 그 후로도 계속되었다. 포토시 광산 등의 은이 거의 고갈될 무렵에는 브라질에서 대규모 금광을 개발했고, 여기에서 채굴된 금은 또다시 유럽으로 보내졌다. 이번에는 포르투갈이 복권에 당첨된 것이다.

그렇다면, 이렇게 생산된 금과 은의 규모는 대체 어느 정도였을까? 한 역사학자의 추정에 의하면, 16세기~18세기 사이에 아메리카 대륙에서 생산된 은의 규모는 10만 2천 톤에 달하고, 금은 2,490톤 정도였다고 한다.[37] 이는 당시 세계 은 생산량의 85%, 금 생산량의 71%에 달하는 규모였다. 전 세계에서 유통되던 금과 은의 대부분이 아메리카 대륙에서 생산되었다.[38] 이렇게 생산된 은과 금은 스페인, 포르투갈을 거쳐 유럽으로 흘러 들어갔고, 스페인과 포르투갈은 일약 강대국으로 성장했다. 하지만 경제적으로 감당하기 어려울 만큼 많은 은을 수입해 결국 유럽 전체의 은 가격은 크게 떨어졌다. 이는 오히려 스페인 경제에 치명적 타격을 입혔고, 그 여파는 다른 나라에까지 미쳤다. 유럽에 은으로 인한 공황이 불어닥친 것이다.

표 II-1 | 세계의 귀금속 생산과 아메리카의 비중[39]

단위 : 톤

시기	은			금				
	세계	아메리카	비중(%)	세계	아메리카	비중(%)	아프리카	유럽
16세기	23,000	17,000	74	714	280	39	255	148
17세기	40,000	34,000	85	900	500	66	200	100
18세기	57,000	51,000	90	1,900	1,620	85	170	108
합계	120,000	102,000	85	3,514	2,490	71	625	356

대규모 농장 '플랜테이션'

—

유럽인들이 아메리카 대륙에 진출하여 금, 은, 보석만 탈취한 것은 아니

---

37 주경철, 『대항해시대』 서울대학교출판문화원, 2008에서 재인용.
38 앞에서 설명한 호송선단 체계에 의한 수송이 필요한 이유를 충분히 짐작할 수 있고, 당시의 화물을 단순히 무게만으로 따질 수 없는 이유도 알 수 있다.
39 주경철, 『대항해시대』 서울대학교출판문화원, 2008.

었다. 이들은 광활한 토지와 원주민들의 노동력, 더 정확하게 아프리카 흑인 노예들의 노동력을 이용해 대규모 농장을 경영했다. 이를 플랜테이션이라고 한다.[40] 이를 통해 이들은 자국에서 필요한 필수 농작물을 싸게, 대량으로 생산했고, 이는 또한 유럽과 아시아 등 다른 시장에서 그들의 수익의 원천이 되었다. 아메리카 대륙에서 진행된 플랜테이션을 통한 대륙별 교역, 또는 상품의 이동은 삼각무역 triangle trade 의 형태였다. 아프리카에서 노예 노동력이 아메리카 대륙으로 이동하고, 아메리카 대륙에서 플랜테이션을 통해 생산된 커피, 면화, 담배 등이 유럽으로 이동하고, 그리고 유럽은 아프리카와 아메리카에 옷감, 술, 그리고 각종 공업 제품을 판매하는 것이다.

어느 방향으로의 이동이든 거래의 승자는 유럽인이었다. 유럽은 아프리카 노예들을 매우 싼값으로 사서 가격보다 훨씬 많은 노동력을 착취했다. 플랜테이션에서는 노예 노동력으로 농작물들이 매우 저렴한 비용으로 대량 생산되어 유럽인들의 대규모 수익 기반이 되었다. 더 나아가 유럽인들은 자신들이 생산한 의복, 술, 그리고 다른 생활필수품을 노예 교역이나 플랜테이션을 통해 현지 주민들에게 비싼 가격으로 팔았다.

플랜테이션 1: 담배

—

플랜테이션에서 생산된 상품 중에서 북미 대륙 버지니아에 이주한 영국

---

40 당시 아메리카 대륙에서 유행했던 플랜테이션의 정의는 '평균 2.0~4.0km²의 토지를 이용하여 현금화가 가능한 상업용 작물 1, 2개를 생산하는 농업 생산 활동'이었으며, 학자에 따라서는 여기에 투입되는 노예 노동자의 수를 추가하기도 했다.

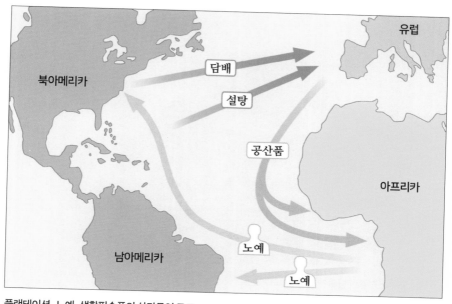

플랜테이션, 노예, 생활필수품의 삼각무역 구조

인들이 성공적으로 정착하는데 크게 기여한 최초의 상품이 바로 담배다. 제임스타운에 최초로 정착한 영국 이주민들은 초기 기아와 빈곤을 담배 농사를 통해 극복했다.[41] 초기 담배 농사가 수익성을 보이자, 제임스타운이 있는 체사피크만 인근에 대규모 담배 플랜테이션들이 생겨났고, 버지니아는 유럽에서 소비되는 담배의 주요 생산지가 되었다. 담배는 체사피크만과 노스캐롤라이나의 전체 농업생산물에서 가장 비중이 높은 품목이었다. 담배 수요 증가에 따른 생산 확대는 이 지역의 엄청난 이민자와 노예 유입의 원인이 되었다.

---

41 당시 담배 씨앗의 유출은 남아메리카에 먼저 진출한 스페인에 의해 강력하게 통제되었다. 그러나 1612년에 제임스타운에 이주한 존 롤프(J. Rolfe)가 어디에서 가져왔는지는 모르나 담배 씨앗을 가져왔고, 이를 통해 북아메리카에서는 제임스타운이 있는 체사피크만 일대에서 최초로 경작되기 시작한 것으로 추정되고 있다.

제임스타운의 담배 경작 광경(1615년)

　당시 잉글랜드 왕인 제임스 2세는 1621년, 버지니아에서만 담배를 수입하도록 했고, 잉글랜드 내에서의 담배 생산도 금지했다. 심지어 북아메리카에서 담배를 수입하는 선박도 영국 국적이어야 했다. 이는 북아메리카 식민지, 즉 버지니아의 담배 생산을 독점해 정부의 조세 수입을 극대화하기 위한 것이었다. 제임스 2세 본인은 비록 흡연에 대해 거부감이 있었지만, 담배 생산에서 발생하는 엄청난 수익을 외면할 수 없었다. 한편 식민지에서는 담배 생산량을 조절하고, 그 품질을 관리하는 방식으로 본국의 담배 독점에 대응했다.

　담배 플랜테이션 사업의 위기는 엉뚱한 곳에서 발생했다. 유럽에서 담배 수요가 증가하자, 북아메리카 담배 플랜테이션의 규모를 키우려고 했다. 그러려면 대규모의 노예 노동력이 필요했고, 더 많은 투자 자금이 필요했다. 플랜테이션 농장주들은 담배 판매로 발생할 수익을 담보로 영국의 금융기관에서 돈을 빌려 투자해야 했다. 금융 부채를 떠안은 농장주들은 더욱 착취적인 노예 노동을 강요하는 악순환이 이어졌다. 이러한 악순환은 1774년 미국 독립전쟁까지 계속되었다.[42]

　1750년대에 담배 가격이 급락하자, 농장주들은 막대한 빚으로 파산 위기에 몰렸다. 과도한 투자로 인한 과잉 생산도 문제였지만 인도에서도 본격적으로 담배가 생산되어, 영국의 동인도회사를 통해 유럽에 수출되기 시작했다. 게다가 미국의 독립전쟁이 시작되자 북미 대륙의 유럽 수출 상품들은 그 규모가 최대 50%까지 감소하며 상황은 더욱 악화했다. 설상가상 북미 국내 시장은 과잉 생산된 상품들을 자체적으로 소화할 만큼 크지도 않았다. 여기에 더하여 담배 생산 자체에도 문제가 발생했다. 담배는 매우 심각한 토지약탈형 작물이다. 한 번 경작하면 토지 내 질소 등 영양분을 깡그리 흡수해버리기에 한 번 담배를 경작한 토지에 다시 담배를 경작할 수 없었다. 토지 생산성을 유지하기 위해서는 다른 토지로 옮겨가야 했다. 이는 남부 지역에서 진행하고 있던 면화 플랜테이션과는 사뭇 다른 모습이었다.

　이러한 특성은 수많은 정치적, 경제적, 사회적 갈등을 일으켰다. 새로운 토지 확보 과정에서 원주민과 갈등이 야기되었고, 이는 농장주들의 경제적 부담으로 돌아왔다. 이를 최소화하기 위해서 노예에게 과중한 노동을 강요하면서 사회적 갈등은 심화되었다. 이렇게 담배 플랜테이션은 점차 역사에서 사라져갔다.

42　조지 워싱턴, 토마스 제퍼슨 등이 모두 대표적인 담배 플랜테이션 농장주였고, 당시에 많은 빚에 허덕이던 사람들이었다.

플랜테이션 2: 면화

—

면화는 1500년대 중반에 플로리다에 정착한 정착민들에 의해 최초로 북미에서 생산되고 재배되기 시작했다. 면화는 생활필수품인 의복의 재료였고, 남부는 면화 재배에 적합한 따뜻한 날씨였다. 그러나 북아메리카에서 담배 플랜테이션이 성행하는 동안, 1774년 미국이 독립되기 전까지 면화는 대량으로 재배되기보다는 개별 가정에서 소규모로 재배되었다.

면화를 대량 재배하기 곤란한 이유는 면화를 재배해서 수확하는 과정과 수확한 면화에서 씨를 분리하는 과정에 매우 많은 노동력이 투입되기 때문이다. 그런데, 1793년 휘트니E. Whitney라는 사람이 조면기, 즉 수확한 면화에서 씨를 빼는 기계를 발명했다. 덕분에 투입되는 시간이 1/10로 줄어들면서, 북아메리카의 면화 생산은 커다란 전환기를 맞게 되었다. 면화 플랜테이션이 시작된 것이다.

북아메리카에서 면화 플랜테이션은 사우스캐롤라이나South Carolina에서 출발하여, 19세기에는 조지아를 거쳐 텍사스까지, 남부 전역으로 확대되었다. 면화 수확에 필요한 노동력은 대규모 흑인 노예를 통해 해결했다. 이후 북아메리카에서 면화는 대표적인 농업생산물이자 수출품으로 자리 잡았다. 그 결과, 1830년대 유럽으로의 면화 수

흑인 아동 노예를 동원한 남부의 면화 생산

출량은 연간 17만 톤이던 것이 1850년에는 65만 톤 내외로 증가했다. 이후 면화의 수출량은 평균 65만 톤 내외로 꾸준하게 유지되었다. 담배의 최대 수출량이 11,000톤 정도였으니, 수출 상품에서 면화의 위상이 어느 정도인지는 가히 짐작이 간다.

위에서 언급하였듯이 면화 플랜테이션에는 많은 노동력이 필요했다. 수확은 단순 노동이라서 굳이 성인 남자가 아닌 여성, 아동을 동원할 수도 있었다.[43] 반면 재배와 건조, 가공 과정에는 고급 기술이 필요했고, 이는 관리인 또는 기술자인 백인 남성의 몫이었다. 백인 관리자와 흑인 노예가 생산, 가공 과정에서 비슷한 작업을 함께 했던 담배와는 사뭇 다른 형태였다. 이로 인해 두 집단 간의 신분 차별이 훨씬 더 명확하게 드러났으며 1861년~1865년의 남북전쟁으로 이어지는 직접적인 원인이 되었다.

플랜테이션 3 : 사탕수수

사탕수수는 원산지인 동남아시아에서 유럽인의 해상 비단길 교역을 통해 유럽으로, 다시 콜럼버스의 신대륙 발견 이후 아메리카 대륙으로 전파되었다. 16세기 이후 유럽과 아메리카, 또는 나중에 아시아와 아메리카 대륙 사이에 서로 전파된 동식물은 이외에도 매우 많다. 우리가 알 수 있는 것들만 몇 가지 들어보면 다음과 같다.[44]

---

[43] 면화 생산에서 발생하는 여성 및 아동 노동력 착취 문제는 21세기인 현재도 중앙아시아에서 발생하고 있는 문제이다. 2010년대 UN은 면화 생산에서 아동 노동력 착취 문제와 관련하여 중앙아시아 몇 개 국가를 조사하기도 했다.

[44] 어떤 사람들은 이것을 '콜럼버스의 교환(Exchange of Columbus)'이라고 부르기도 한다.

표 II-2 | 콜럼버스 이후 유럽과 아메리카 사이에 교류된 동물과 식물들[45]

구분	유럽 → 아메리카	아메리카 → 유럽
동물	소, 말, 돼지, 닭, 고양이, 당나귀, 거위, 토끼, 양, 꿀벌…	밍크, 칠면조, 기니피그, 라마…
식물	쌀, 보리, 밀, **목화**, **사탕수수**, 커피, 사과, 오렌지, 살구, 바나나, 후추, 양배추, 케일, 당근, 레몬, 오이, 마늘, 올리브, 대마초…	감자, 고구마, 옥수수, 호박, 고추, 땅콩, 담배, **고무나무**, 카카오, 해바라기, 돼지감자, **블루베리**, 아보카도, 파인애플, 딸기…

얼핏 봐도 요즘 일상생활에서 매우 많이 소비하고 있는 동식물이 눈에 띤다. 이 동식물을 소비하기 시작한 것이 500년 정도 되었다니 놀라울 따름이다. 또한 아메리카 대륙에서 진행한 플랜테이션 작물들이 담배를 제외하면 대부분 유럽인들이 가지고 들어간 필수 생활 작물이라는 것도 알 수 있다.

사탕수수와는 반대의 운명을 지닌 작물도 있다. 사탕수수는 동남아시아가 원산지지만, 유럽을 거쳐 아메리카 대륙에서 플랜테이션으로 재배되고 생산되었다. 그런데 고무나무는 남아메리카 아마존 근처가 원산지인데, 콜럼버스의 발견 이후 유럽으로 흘러갔고, 이것이 다시 19세기 후반에 동남아시아로 전파되어 플랜테이션 형태로 재배되기 시작했다. 현재도 인도네시아, 태국, 말레이시아가 전 세계 고무 공급의 70%를 차지할 만큼 명실상부 고무 생산의 중심은 동남아시아다. 역사의 아이러니가 아닐 수 없다.

스페인과 포르투갈은 15세기 후반에 사탕수수를 아메리카 항해 전초

---

45 찰스 만(최희숙역), 『1493』, 황소자리, 2020.

기지였던 카나리아 제도 및 카보베르데에서 플랜테이션 형태로 재배하고 있었다. 노동력은 당연히 아프리카에서 끌고 온 흑인 노예들이었다. 그러다 아메리카 대륙에 진출한 이후 카리브해 연안의 도서 지역에 대규모 사탕수수 플랜테이션을 시작했다. 당시 유럽에서 정제된 설탕은 '하얀 금'이라고 불릴 정도로 수익성이 높은 사업이었다.

면화와 마찬가지로 사탕수수를 재배하고 이를 정제하여 설탕을 생산하는 과정은 노동집약적이었다. 면화와 비교해서도 노동의 강도가 매우 센 편이었다. 억세고 날카로운 줄기를 손으로 잘라서, 그 안에 있는 액체가 변질되기 전에 빠르게 갈아야 했다. 브라질, 멕시코, 그리고 카리브 해 연안의 원주민들은 고된 노동 과정에서 많은 희생을 치렀고, 이들을 대체한 것이 아프리카에서 수입된 노예들이었다.[46]

18세기 이후 사탕수수로 정제 설탕을 만드는 과정은 산업혁명으로 유럽 최고의 국가가 되어 있던 영국과 북아메리카 동부 도서 지역의 식민지들이 주도했다. 당시 뉴욕항에 드나드는 선박 두 척 중의 하나는 카리브해를 왕래하는 선박이었으며, 이들은 설탕 원료나 노예를 실었고, 밀가루나 육류 등 생활에 필요한 물건을 현지에 보급했다.[47] 당시 뉴욕에서 가장 인상적인 두 개의 건물 중의 하나가 허드슨강에 위치한 6층짜리 설탕 창고였을 정도이다.

그렇다면 이 시기에 생산된 설탕의 규모는 어느 정도일까? 기록에 따

---

[46] 19세기부터 활성화된 루이지애나 한 지역의 사탕수수 플랜테이션에만 125,000명의 노예가 있었다는 기록이 있을 정도이다.

[47] Khalil Gibran Muhammad, "The sugar that saturates the American diet has a barbaric history as the 'white gold' that fueled slavery", The New york Times magazine, 2019.

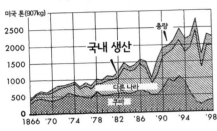

미국 시장의 설탕 공급원

미국 톤(907kg)

2500
2000
1500
1000
500
0

국내 생산

총량

다른 나라

쿠바

'1866 '70 '74 '78 '82 '86 '90 '94 '98

미국의 설탕 소비 추이

르면 영국인 1인당 설탕 생산량은 1700년에 2kg이던 것이 1800년에는 9kg, 1850년에는 18kg, 그리고 20세기에 육박했을 때에는 50kg에 달할 정도로 증가했다. 스페인 식민지의 설탕의 연간 생산량은 1617년에 312톤에 불과했으나, 1895년에는 100만 톤을 웃돌았다.

또 다른 기록에 의하면 아메리카 대륙에서 1690년부터 1790년 사이에 생산된 설탕의 양은 1200만 톤에 달했다. 평균 1년에 12만 톤의 설탕이 생산되어 유럽에 보내졌다. 미국 자체의 설탕 소비도 1857년에 50만 톤, 1880년에 100만 톤, 그리고 1900년에는 270만 톤에 달했다고 한다.[48] 전체 규모를 확인할 수는 없지만, 이러한 수치는 담배는 물론 면화의 교역량을 훨씬 상회하는 규모임을 충분히 짐작할 수 있다.

노예 수송

—

개척 초기 금, 은의 채굴부터 담배, 면화, 사탕수수 등 플랜테이션 농업까지 아메리카 대륙에서 진행된 식민지 사업은 많은 노동력이 필요한 사업들이었다. 처음에는 원주민을 이용했지만, 원주민 인구의 감소 등으로

48 Ballinger, E., 『A History of Sugar Marketing through 1974』 USDA ERS, 1978.

지속하기 어려웠고, 노동력 수요가 공급을 훨씬 넘어선다는 사실은 금방 확인되었다. 굳이 콜럼버스 이전의 노예 무역을 언급하지 않더라도, 대륙에서 진행된 플랜테이션 농업을 위한 노예 무역만 봐도 규모는 실로 어마어마했다.

어느 지역에서 어느 지역으로 얼마나 많은 노예가 수송되었는지는 여전히 역사학자들 사이에서 연구와 논쟁이 진행 중인 주제다. 가장 최근 통계에 따르면[49], 1500년대 초반부터 19세기말까지 아프리카에서 송출된 노예의 규모는 1100만 명 정도로 추정된다. 이는 연평균 3만 명 정도의 아프리카인들이 노예로 송출되었음을 의미한다. 이들은 특히 영국, 프랑스 등이 북아메리카에 정착민을 이주시키고, 플랜테이션 농업을 진행하던 17세기 후반부터 급격히 증가하여 18세기 후반에 정점에 달했다. 이후 링컨 대통령에 의해 노예 해방이 선언된 19세기 후반 급격히 감소했다.

국가별로 보면, 포르투갈이 전체의 46%로 압도적으로 큰 비중을 차지하고, 영국이 전체 노예의 30% 정도를 송출했다. 남, 북아메리카에서 포르투갈이 가지고 있는 식민지 크기와 플랜테이션 참여 정도를 고려하면, 노예 무역의 절반에 달하는 규모를 포르투갈이 차지하고 있는 것은 조금 의아하다. 이를 이해하기 위해서는 노예 무역의 역사를 조금 깊이 살펴보아야 한다.

사실 노예 무역은 아프리카 주민들을 아메리카 대륙으로 송출하는 것에서 시작하지 않았다. 또한 노예의 기준도 인종이 아니었다. 노예 무

---

[49] 주경철, 『대항해시대』, 서울대학교출판문화원, 2008에서 재인용.

역은 이슬람제국이 사하라 사막을 가로지르는 형태로 시작되었으며 대상도 인종이나 피부색이 아니라 종교를 기준으로 했다. 이슬람제국은 비이슬람인을 노예로 삼았으며, 이들을 본국인 아라비아로 데려가 여러 육체노동에 종사하게 했다.

이러한 노예 무역의 전통을 이어받아 대상의 기준을 인종 및 피부색에 둔 것은 특히 포르투갈과 스페인이다. 이 두 나라는 1400년대 중반부터 아프리카 서해안을 탐험하면서, 지역별로 중요한 요새를 건설하고, 노예 무역에 본격적으로 뛰어들었다. 처음에는 아프리카 현지의 국왕(추장)과의 협약을 통해 인력을 송출하는 폭력적이지 않은 방법을 병행했지만, 시간이 갈수록 점차 약탈적인 방법으로 변질되었다. 이렇게 확보한 노예들은 포르투갈과 스페인 자국의 하인으로 활용되거나 설탕 플랜테이션이 진행되고 있던 카나리아 군도 등에서 농업 노동자로 활용되었다. 1500년까지 약 5만 명 정도가 포르투갈과 스페인으로 이주한 것으로 추정된다. 콜럼버스, 바르톨로메우 디아스, 바스쿠 다가마 등도 모두 이러한 노예 무역에 직, 간접적으로 참여한 사람들로 추정된다. 노예 무역을 위해 아프리카 서쪽 연안을 항해하면서, 항로를 개척하고, 대양에서의 해운 기술을 익히고, 대서양의 풍향에 대한 지식도 쌓았다.

이런 노예 무역의 전통으로 인해, 1500년 이후 아메리카에 송출된 노예들을 출신 지역으로 구분하면, 전체의 90% 이상이 지금의 세네갈에서 앙골라에 이르는 아프리카 중서부 해안 출신이었다. 이 지역은 유럽에서 희망봉을 지나 아시아로 가는 해로상에 있는 지역이다. 또한 유럽인들, 특히 포르투갈인들에게 익숙한 지역이며, 대서양을 건너면 바로 수요처인 아메리카 대륙이 있다는 지리적 위치 등으로 인해 아프리카 노예 무

역의 희생양이 되었다. 이렇
게 송출된 노예들이 도착한
곳은 브라질 남동부(21.1%),
자메이카(11.2%), 그리고 카
리브해의 도서 지역 등이었
다. 이 지역들은 노예를 가장
많이 필요로 하는 사탕수수
플랜테이션이 있는 곳이다.

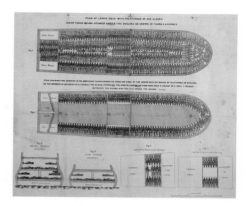

표준적인 노예 선박의 노예 수송 예시도(450명)

아프리카에서 아메리카

대륙까지 노예 수송은 특별 선박을 이용했다. 노예들의 수송 환경은 매우
열악했다. 노예 수송 환경을 개선하기 위해 영국은 1788년에 노예 무역법
을 제정했다. 노예 1.67인을 1톤으로 하여(나중에는 1인 1톤으로 개정), 선
박 1척에 최대 267톤(450명 내외)을 수송하도록 했다. 하지만 개선된 조
건마저도 매우 심각한 수준이었다.

　조금 잔인한 추산이지만, 이 당시 노예 수송 규모는 다른 상품에 비
해 많았을까, 적었을까? 16세기 이후 19세기말까지 평균 노예 수송 규모
는 연간 30,400명이고, 가장 정점이었던 18세기 후반에는 70,000명 내
외였다. 이를 위의 환산 단위를 이용하여 중량으로 전환하면, 각각 연간
18,000톤, 42,000톤에 달한다. 표준 선박 기준 운항 횟수는 각각 68회,
157회로서, 5일 또는 이틀에 한 번 꼴로 운항하는 빈도다. 면화, 사탕수수
에 비할 바는 아니지만, 담배보다 노예에 대한 수요가 훨씬 더 컸음을 확
인할 수 있다.

제2장

❧

신대륙과 아시아

다시, 인도를 찾아서

또 한 번, 바다를 건너다

콜럼버스가 발견한 신대륙이 인도도, 중국도, 일본도 아니라는 것은 금방 밝혀졌다. 아메리고 베스푸치는 1501년 이 땅은 인도가 아니라 '신세계'라고 선언했다.[50] 발보아는 1513년 신세계 중 가장 짧은 파나마 지협을 건너면 다시 바다(태평양)가 있음을 확인했다.[51] 그 후, 그 바다를 건너면 금방 인도로 갈 수 있을 것이라는 생각은 누구나 할 수 있었다.

포르투갈 출신 탐험가였던 마젤란F. Magellan은 이러한 생각을 실현한 최초의 인물이다. 마젤란은 당시 발견된 남아메리카 대륙을 우회하면 해로로 서쪽으로 가는 길을 찾을 수 있을 것이라 생각하고 포르투갈 왕 마누엘 1세에게 이를 제안했으나 거부당했다. 포르투갈의 입장에서는 이미

---

50 다시 말하지만, 콜럼버스의 제3차 항해와 제4차 항해 사이이다.
51 하지만 발보아도 이 당시에는 이를 거대한 바다라 생각하지는 않았다. 그저 조그만 만 정도로만 생각했다.

아프리카를 우회하여 인도, 그리고 향신료의 집산지인 동남아시아 말루쿠 제도[52]를 갈 수 있었기에 굳이 그 제안을 진지하게 고민할 필요가 없었을 것이다.

마젤란은 이번에는 스페인의 카를로스 1세에게 제안했다. 서쪽으로 계속 항해해서 말루쿠 제도에 가게 되면, 토르데시야스 협약에 의해 말루쿠는 스페인의 영토가 될 수 있다는 달콤한 제안이었다.[53] 카를 1세는 제안을 받아들였고, 마젤란은 드디어 1519년 8월 5척의 배와 265명으로 구성된 탐험대를 이끌고 서쪽 탐험에 나섰다. 우여곡절 끝에 그는 1520년 11월 말에 남아메리카 남쪽의 해협을 지나 태평양에 도달했다.[54] 마젤

마젤란 해협과 태평양을 표시한 1561년의 지도

---

52 당시에 이들은 이 섬들을 '향료의 섬(Spiced Islands)'라고 불렀다.
53 토르데시야스협약은 대서양 상에 수직 선을 긋고, 그 동쪽으로의 땅은 포르투갈에게, 서쪽으로의 땅은 스페인에게 지배권을 보장한다는 협약이었다.

란은 서쪽으로 항해를 계속했고, 결국 1521년 3월에 지금의 괌Guam에, 그리고 4월에는 필리핀 세부에 도착했다. 남아프리카 남단에서 괌까지 3개월, 세부까지는 5개월 밖에 소요되지 않았다.

무역풍과 갤리온

마젤란이 남아메리카 남단에서 태평양을 횡단하는 데 겨우 3개월 걸렸다는 것은 실로 놀라운 일이다. 콜럼버스가 대서양을 횡단하는 데 4개월이 넘게 걸린 것과 비교하면, 그 두 배가 넘는 거리를 더 짧은 시간에 항해할 수 있었다는 데는 뭔가 설명이 필요하다. 한 가지 설명은 적도상에서 부는 바람이다. 앞에서 언급했던 무역풍이다. 마젤란은 콜럼버스와 마찬가지로 적도에서 남북으로 30도 이내에 부는 무역풍을 이용해 대서양을 횡단했다. 이후 남아메리카 연안을 따라 남하하여 남아메리카의 끝에 도달했고, 여기서부터는 편서풍을 이용하여 남아메리카의 서쪽 해안을 따라 북쪽으로 항해했다. 이후 다시 태평양의 무역풍을 이용하여 서쪽으로 항해를 거듭한 끝에 필리핀에 도착할 수 있었던 것이다.

하지만 이것만으로는 충분히 설명되지 않는다. 콜럼버스도 대서양을 횡단할 때 무역풍을 이용했기 때문에, 바람의 방향과 속도가 마젤란이 항해 시간을 단축한 유일한 이유가 아님을 유추할 수 있다. 우리는 여기에서 마젤란이 사용한 선박의 종류를 파악할 필요가 있다. 콜럼버스가

---

54 항해 시작 1년 4개월 만에 남아메리카 남단에 도착한 것이다. 그래서 남아메리카 남쪽의 해협을 '마젤란 해협'이라 하고, 해협을 통과한 다음의 잔잔한 바다를 마젤란이 '태평양(Pacific)'이라 명명했다.

처음 대서양 횡단을 할 때 사용한 선박은 1척의 캐락과 2척의 카라벨 선박이었다. 캐락은 15세기에 스페인과 포르투갈에서 개발된 선박인데, 보통 2~3개의 대형 마스트에 사각돛, 그리고 1개의 마스트에 삼각돛을 장착했고, 4개 층의 데크를 가진 대형 선박이다. 대양에서 거친 파도를 이겨내고 많은 화물을 적재할 수 있어서 교역선으로 활용되었다. 화물의 적재량이 최대 1,000톤에 달하는 경우도 있었다. 반면 카라벨 역시 15세기에 포르투갈에서 개발된 선박으로 2개의 마스트에 주로 삼각돛을 장착했고, 수면 아래 부분이 짧아 수심이 낮은 지역 등 익숙하지 않은 바다에서도 쉽게 이동할 수 있는 장점을 가지고 있어 주로 탐험선 또는 무역선으로 사용되었다. 다만, 수송 능력은 최대 300톤에 불과했다.

이에 반해 마젤란이 이용한 5척의 배는 갤리온[55]과 캐락의 조합으로 추정된다. 갤리온은 캐락을 개량해서 만든 선박이다. 캐락에 비해 낮고,

스페인 갤리온 선박의 모형도

좁고, 빠르며, 규모가 작아 500톤 정도의 화물을 적재할 수 있는 선박이었다. 또한 보통 4개의 마스트에 2개의 삼각돛과 2개의 사각돛을 사용했고, 사각돛은 1개의 마스트에서 수직으로 2~3개가 나뉘어져 있었다. 주로 전투용 선

---

55 지중해에서 격군의 노를 활용하여 운항하던 갤리(galley)선과는 전혀 다른 형태이다.

박 또는 교역 선박으로 활용되었고, 16세기 이후 서양 선박의 표준 모형이 되었다.

이처럼 마젤란이 이끌었던 선단은 이미 대양 항해에 적합한 선박으로 구성되어 있었던 반면, 콜럼버스의 선단은 미지의 세계에 대한 탐험을 위해 선단으로서의 성격이 더 크다. 또한 콜럼버스는 미지의 바다를 향해 나아갔지만, 마젤란은 콜럼버스와 그 뒤를 잇는 탐험가들의 경험을 통해 심해 항해에 대한 보다 많은 지식을 가지고 있었을 것이다.

태평양 해상 수송로의 완성
—

마젤란의 뒤를 이어 태평양 해상 수송로를 최종적으로 완성한 사람은 레가스피[M. L. Legazpi 56]와 우르다네타[A. Urdaneta]이다. 레가스피는 20대 후반에 스페인이 멕시코 지역을 정복하고 설립한 '뉴 스페인'에 이주하여 현지 고위 관료를 지냈다. 우르다네타는 18세 되던 해인 1525년에 마젤란에 이어 두 번째로 태평양을 횡단한 '로아이사 탐험단[Loaisa expedition]'의 일원으로 말루쿠 제도를 방문하여 8년 동안 지내다 멕시코로 돌아와서 수도사가 되었다.[57]

1564년 새로운 항해 탐험단이 구성되면서 우르다네타는 펠리페 2세로부터 이 탐험단의 실질적인 리더로 추천되지만, 성직자라는 이유로 당시 고위 관료이자 사촌인 레가스피가 형식적인 리더가 되었다. 이 탐험

---

[56] 어떤 사람은 미구엘 로페즈(Miguel Lopez)라고 부르기도 한다.

[57] 이 탐험단을 통해 스페인은 향신료의 원산지인 말루쿠 제도가 스페인령이라고 주장한다.

단의 목적은 포르투갈이 지배하고 있는 말루쿠 제도 대신 근처에 새로운 스페인 거점을 확보하는 것이었다. 이들은 마침내 1565년 필리핀 세부에 도착하는 데 성공하고, 세부를 스페인의 영토로 확보하였다.

하지만 오늘날 이들이 이뤄낸 성취가 주목받는 이유는 스페인의 동남아시아 거점 확보보다는 필리핀에서 멕시코로 돌아오는 항로를 개척함으로써, 아시아와 아메리카 대륙 간의 왕복 항로를 완성했기 때문이다. 마젤란을 포함한 이전의 두 번의 탐험은 멕시코에서 출발하여 필리핀에 도착한 후 동남아-인도-아프리카 항로를 통해 스페인으로 돌아갔을 뿐, 필리핀에서 멕시코로 돌아오는 항로는 개척하지 못했다. 그러나 우르다네타의 탐험단은 우르다네타의 정확한 조언에 따라 필리핀에서 멕시코까지 돌아오는 항로를 개척하는 데 성공했다. 돌아오는 여정은 필리핀에서 북위 38도까지 북상하여 편서풍 지대를 따라 지금의 캘리포니아 북부 근처로 돌아온 후, 연안을 따라 멕시코로 귀환하는 노선이었다.

이 노선은 오늘날 동남아시아에서 북아메리카로 향하는 선박들의 노선과 거의 정확하게 일치한다. 이를 바탕으로 스페인은 태평양에 아메리카와 동남아시아를 연결하는 정기 노선 항로를 개설하고, 이 노선을 '우르다네타 노선 Urdaneta's Route'이라 불렀다. 우르다네타 노선을 따른 정기 항로는 매년 6월 또는 7월 초에 필리핀 마닐라를 출발하여 10월에 멕시코 아카풀코에 도착하고, 아카풀코에서 다음해 3, 4월에 출발하여 마닐라에 6월 또는 7월에 도착하는 형태로 1815년까지 250년 동안 운항되었다.

이 노선을 따라 운항한 선박은 앞에서 설명한 갤리온선이었다. 하지만 이 노선에 사용된 갤리온선은 통상의 갤리온선보다 컸다. 통상의 갤리온선이 500톤 정도를 수송할 수 있었던 것에 반해, 이 선박은 최대

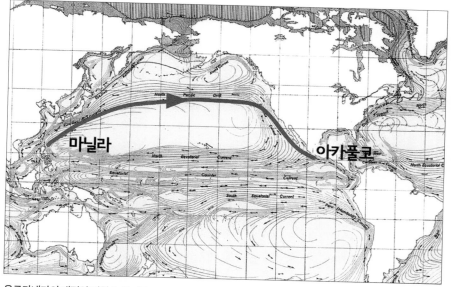

우르다네타의 태평양 귀환 노선지도

2,000톤까지 수송이 가능했다. 그래서 이 선박은 통상의 갤리온 선박과 구분하여 '마닐라 갤리온Manila Galleon'이라 부른다. 이는 이 노선의 화물 수송 수요가 그만큼 컸을 뿐만 아니라, 항로가 상대적으로 안전했다는 것을 의미한다.

사라고사 조약, 또 한 번의 땅따먹기
—

마젤란의 뒤를 이어 로아이사 탐험단이 말루쿠 제도 지역을 방문하자, 스페인과 포르투갈 사이에는 다시 미묘한 신경전이 벌어졌다. 토르데시야스 조약에 의해 대서양 기점 동쪽의 땅은 포르투갈이, 서쪽의 땅은 스페인이 영유권을 갖기로 했지만, 두 번의 태평양 노선 개척을 통해 말루쿠 제도는 포르투갈 입장에서는 동쪽으로 진출해서 확보한 땅이었고 스페인 입장에서는 서쪽으로 진출해서 확보한 땅이기 때문이다.

　이에 따라 두 나라는 1529년, 스페인과 포르투갈의 아시아 영토의 기준선을 설정하는 조약을 체결했다. 이것이 사라고사 조약Zaragoza Treaty이다. 이 조약에 따라 말루쿠 제도는 포르투갈의 영유권이 있는 지역으로 확정되었고, 대신 스페인은 포르투갈로부터 1,250kg 상당의 금화를 받았다. 하지만 이 조약은 스페인에게 불리한 불평등 조약이었다. 이 조약으로 인해 포르투갈은 경도 191도 영역에서, 스페인은 169도 영역에서 권한을 갖게 되었다. 그러나 재정난으로 인해 이 금화가 필요했던 스페인은 이에 대해 더 이상의 이의를 제기하지 않았다.

토르데시야스 조약과 사라고사 조약에 의한 포르투갈과 스페인의 세계 분할

동아시아의 국제 교역

태평양 교역의 동남아시아 거점이 된
필리핀 마닐라

—

한편, 우르다네타가 귀환 노선을 개척하는 동안 세부에 남아 있던 레가스피는 1570년에 부하들을 시켜 필리핀의 루손섬과 마닐라를 점령하고, 1571년에 정착촌을 건설한 후 필리핀 총독으로 취임했다. 레가스피의 필리핀 점령은 역사적으로 매우 중요한 의미가 있다.

마닐라 아래에 있는 민도로Mindoro 섬의 수많은 크고 작은 만에는 동남아시아 도서 지역과 교역하는 수많은 중국 선박이 정박하고 있었다. 레가스피의 마닐라 점령을 계기로 이들 중국 선박들은 우르다네타가 완성한 태평양 항로를 기반으로 중국과 스페인 간 교역을 활성화했다. 매년 봄이면 중국 배들은 필리핀 섬들 사이를 오가며 도자기, 비단, 향수 등 여러 물건을 금이나 밀랍과 교환했다. 민도로섬은 그 중에서 제법 규모가 큰 교역장이었다. 이곳에서 중국인들과 접촉한 레가스피와 일행은 곧

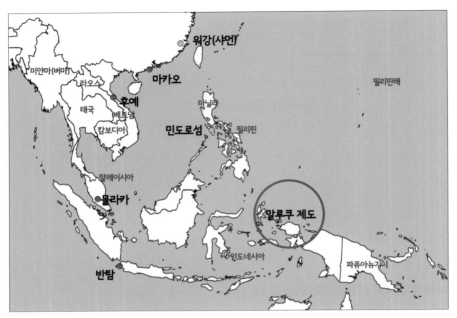

레가스피 필리핀 정복과 사라고사 조약 이후 중국, 동남아 현황(빨간 색은 포르투갈 영향권, 노란색은 스페인 영향권) 지도

바로 중국과 교역을 시작했다. 중국의 비단, 도자기와 스페인이 볼리비아에서 채굴한 은을 교환했다. 본격적인 태평양 교역의 시작이었다. 마닐라는 온갖 종류의 상품을 살 수 있는 상업 중심지로 발전했다. 중국산뿐만 아니라 다른 나라에서 온 여러 종류의 비단, 금속 대야, 구리 주전자, 중국산 화약, 오렌지, 복숭아, 배 등 과일, 그리고 말루쿠 제도에서 올라온 각종 향신료 등 없는 것이 없는 국제도시가 되었다.

마닐라가 국제도시가 되는 데 지대한 영향을 끼친 것은 무엇보다 중국의 민간 해상 무역이었다. 중국 정부는 정화의 해외 원정 이후인 1500년대부터 공식적으로 해금정책을 실시했다. 정부 차원의 조공 무역이 아닌 민간의 해상 교역은 엄하게 금지되었다. 그럼에도 불구하고, 워강(지금의 샤먼), 광저우 등 중국 남부 해안 도시를 중심으로 민간의 해상 밀무역은 크게 성장했는데, 이는 해당 지역의 사회경제적 조건 때문이었다. 이 지역은 대부분 낮고 울퉁불퉁한 산악 지역이어서 유일한 생계 수단은 바다로 뻗은 항구뿐이었다. 따라서 정부의 엄격한 해금정책에도 불구하고 생존을 위해 바다로 나갈 수밖에 없었다. 정부가 금하는데도 해상 활동을 하는 것은 해적뿐이다. 실제로 이 지역에서의 해상 활동은 해적질과 다를 바 없었다. 주민이 해적이고 이 지역의 유력한 사업가도 해적이었다. 이들 경제 활동의 중요한 해상 거점이 바로 멀지 않은 필리핀의 열도들이었다.

사실 중국인의 해상 경제 활동이 필리핀 열도에 국한된 것은 아니었다. 이미 제1부 제3장에서 설명한 바와 같이 중국의 해상 진출은 당나라 시대에 시작하여 송나라와 원나라 시대에도 매우 활발했다. 더 거슬러 올라가면 이미 한나라 시대에 로마 및 인도, 그리고 동남아시아와 바다를 통해 교류할 정도였다. 특히 송, 원 시대의 시박사 제도는 국가가 해외 선박과의 교역을 정책적으로 보장하고 지원했음을 보여준다. 이는 역으로 많은 중국인과 중국 선박이 15세기 이전에 동남아시아의 많은 나라에 이주해서 해상 활동을 위한 거점들을 마련했음을 의미한다.

그런데 명나라 시대 정화의 해외 원정 이후 해금정책으로 이렇게 활발했던 해상 활동이 갑자기 금지되었다. 제도가 삶의 수단을 빼앗았다고 해서 실제적인 삶의 구조가 바뀔 수는 없다. 국가의 지원과 보호를 받지 못해도, 심지어 국가가 삶의 유지 수단을 포기하라고 강요한다고 해도 이를 포기할 수는 없다. 오래 전부터 자발적으로 이어져 온 민간의 네트워크를 통해 자율적인 경제 활동은 지속되었다. 인도, 믈라카, 말루쿠,

자카르타 등 인도와 동남아시아 해상 교역 거점에 있는 중국인들과 본토 간의 교역은 비록 불법인 해적 활동으로 바뀌고 규모는 줄어들었을지라도 계속되었다.

이들의 해상 활동이 활성화하기 시작한 것은 바로 필리핀 열도를 거점으로 스페인 상인들과의 교역을 시작한 16세기말이다. 스페인은 중국의 도자기, 비단, 동남아시아의 향료를 가져가는 대신에 중국에 은을 공급했다. 이때부터 중국 황실은 필리핀에서 진행되는 밀무역을 묵인했다. 중국은 그만큼 통화수단으로서 은이 필요했다.

태평양 항로를 기반으로 한 동남아시아 해상 교역은 자연스럽게 다른 나라와의 교역에도 영향을 미쳤다. 마닐라가 성장한 다음부터 오스만 튀르크 제국의 경기가 상대적으로 침체되기도 했다. 태평양 항로가 열리자 육로 비단길 중심의 교역로가 위축되었기 때문이다. 이는 육로 비단길 중심으로 중국과 거래된 산물 중 중요한 것이 태평양 항로로 옮겨갔음을 짐작하게 한다. 바로 은이다.

중국은 은을 원하고, 은은 중국에서 비싸다

아메리카에서 필리핀을 거쳐 아시아의 다른 지역으로 향하는 은의 양은 엄청났다. 필리핀을 거점으로 한 태평양 교역이 시작되고 얼마 지나지 않은 16세기 말과 17세기 초에 태평양 교역으로 중국으로 들어간 은의 양이 남아메리카-유럽을 통해 중국으로 들어간 은의 양을 넘어섰다. 그 결과 볼리비아 포토시 광산 등 남미에서 생산된 은들 중에서 유럽으로 보내지는 양이 줄어들기 시작했다. 이는 스페인 본토 경제를 위축시켰고, 스페인의 일부 지역에 경고등이 켜졌다.

마닐라 소재 레가스피 및 우르다네타 기념 조형물 이미지

도대체 얼마나 많은 양의 은이 중국으로 들어 왔을까? 당시 전 세계에서 유통되는 은의 85%인 10만 2천 톤의 은이 아메리카 대륙에서 공급되었다. 이 중에서 40% 정도가 중국으로 유입된 것으로 학자들은 추정하고 있다. 규모로 따지면 4만 톤이 넘는다. 한편 당시 유명한 은광이었던 스페인의 포토시 광산에서 생산된 은의 총규모가 4만 톤에 달했다. 포토시 광산에서 생산된 양에 해당하는 은이 중국으로 흘러들어간 것이다.

왜 중국은 그렇게 은을 수입했을까? 첫 번째 이유는 화폐 제도의 실패 때문이다. 중국에서는 오래 전부터 금속화폐와 지폐를 교환수단으로 활용했다. 그러나 금속화폐는 보통 청동으로 만들어서 가치가 낮고 품질이 떨어졌으며, 그나마도 성장하고 있는 중국 경제 규모에 비해 턱없이 모자라 교환수단 기능을 하지 못했다.

중국 왕실에서도 이런 문제를 인식하고, 송나라 때부터 지폐를 만들어 금속화폐를 대신하고자 했다. 금속화폐에 비해 지폐는 대량 발행이 가능하다는 장점이 있기에 교환수단으로 사용하는 것이 상대적으로 용이하다. 하지만 지폐는 정부가 가치를 공식적으로 인정하기에 교환수단으로 쓰일 뿐, 화폐 그 자체는 아무런 가치가 없는 명목 화폐일 뿐이었다.

명나라에서 발행한 지폐 대명통행보초

따라서 소비자가 가치를 의심하는 순간 용도는 급격히 폐기된다.

지폐가 대량 발행되면, 아무리 정부에서 가치를 인정해도 소비자의 의심을 피할 수 없다. 의심이 생기면 지폐 가치는 명목상의 가치보다 낮아지고, 이는 곧 인플레이션으로 이어진다. 금속화폐 대신 교환수단으로 사용하기 위해 대량 발행하고, 대량 발행으로 화폐가 가치를 인정받지 못하는 것이 중국 지폐의 딜레마였다. 중국의 지폐도 이런 과정을 거쳐 용도 폐기될 수밖에 없었다.

이런 상황에서 중국에서 교환수단으로 이용된 것이 바로 은이다. 특히 은화는 실질 가치를 지녔기 때문에 유용한 교환수단이 될 수 있었다. 중국에서도 외국에서 만든 은화가 중요한 유통수단으로 활용되었다. 중국에서 은이 필요했던 첫 번째 이유이다.

중국에서 은이 필요했던 두 번째 이유는 중국 정부 스스로 다른 금속화폐나 지폐의 가치를 부정했기 때문이다. 명나라 정부는 1570년대에 모든 조세수입을 은으로 통일하는 일조편법[58] 제도를 발표했다. 이제 은은 공식적인 중국의 화폐가 되어버렸다.

중국에서 은이 많이 필요하게 되자 거꾸로 교역 상대국에서도 은을 중국으로 가져갈 이유가 생기기도 했다. 은의 수요가 큰 만큼 중국에서는 다른 나라에 비해 은의 가치가 상대적으로 높았기 때문이다. 16세기부터 17세기 사이에 중국에서 금과 은의 교환비율은 1:6~1:8 정도였다. 반면, 같은 시기에 스페인에서는 금과 은의 교환비율은 1:12~1:15 정도였다. 스페인에서 은을 중국으로 가져가면, 금이나 다른 상품을 두 배 정도 더 많이 교환할 수 있었다. 소위 엄청난 환차익을 누릴 수 있었던 것이다. 은은 중국으로 계속하여 유입되었다.

은의 대체품, 담배와 아편

—

은을 수출해 환차익을 누리는 경우도 있었지만, 유럽 사회와 아시아의 교역은 일방적인 불평등 거래였다. 중국의 비단, 도자기와 차, 동남아시아의 향신료를 사기 위해 막대한 양의 은을 지불했기 때문이다. 유럽 사회에서는 국부의 유출을 걱정하기 시작했다. 이 문제를 해결하는 대안으로 처음 제시된 것은 담배이다. 아메리카 대륙의 담배 플랜테이션이 침체된 후 인도로 옮겨져서 생산된 담배가 버마(미얀마)를 거쳐 중국과 동아시아로 전파되었다. 담배는 순식간에 동아시아 남녀노소의 기호품이 되었다. 처음에 버마와 이웃해 있는 윈난성으로 전파되었고 이는 다시 양쯔강을 따라 중국 대륙 전체로 전파되었다. 그러나 담배 수출은 오래가지 못했다. 중국에서도 담배를 생산하기 시작한 것이다. 윈난성에서 출발하여 중국의 산악 지역을 중심으로 담배 생산이 확대되었다. 19세기

---

58 명나라 중기인 1400년대 후반부터 각 지방에서 진행되다 1581년에 전국적으로 시행되기 시작하여 청나라 초기인 1600년대 중반까지 이어진 조세 제도이다. 핵심은 당시 조세의 양대 축이던 토지세와 인두세(노동력 기반 조세)를 모두 은으로 납부하도록 한 것이다.

아편 전쟁과 관련된 당시의 삽화 이미지

무렵에는 윈난성이 중국 최고의 담배 생산지로 떠올랐다.

담배 교역이 침체되자 영국의 동인도회사는 담배와 유사하지만 훨씬 더 강력하고 수익이 높은 대안을 찾기 시작했다. 바로 아편이다. 아편은 지금의 튀르키예 지역이 원산지지만 영국 동인도회사가 인도에서 대량으로 재배하고 있었다. 이렇게 재배된 아편은 두 개의 수송 경로를 통해 중국으로 수출되었다. 첫 번째는 인도 동북부에서 재배한 아편을 콜카타, 싱가포르를 거쳐 중국의 광둥성을 통해 수출하는 경로이다. 두 번째는 인도 중부에서 재배된 아편이 뭄바이, 싱가포르를 거쳐 중국 광둥성으로 들어가는 경로이다. 이 두 경로는 17세기까지 담배가 수출되던 경로와 매우 유사하다. 또한 담배를 수출하는 업자가 아편도 동시에 취급하는 경우가 매우 많았다. 아편 수출은 영국 동인도회사에 의해 철저히 관리되고 있었다. 1906년 청나라 정부와 인도가 아편의 생산과 소비를 금지하는 10년 협정을 체결하면서 아편 수출은 점차 감소했고, 그로부터 10년 후에 소멸되었다. 하지만 이때는 이미 영국과 청나라 정부가 아편 전쟁을 치르고 청나라가 영국 등 외국에 속박되기 시작한 다음이었다.

또 다른 노예, 쿨리 교역

—

태평양 항로 구축을 통해 아시아와 아메리카 사이에 이루어진 교역에는 아프리카가 아닌 동아시아에서 이루어진 노예 수출도 포함된다. 19세기 들어서서 유럽의 국가들은 대서양 노예 교역을 중지하기 시작했다. 그리고 1865년 남북전쟁 이후 미국은 노예 해방을 선언했다. 문제는 노예 교역을 중지하고 노예를 해방했다고 해서 지금까지 필요했던 노동력 수요가 사라지지 않았다는 점이다. 아프리카 노예를 대신할 새로운 노동력의 공급이 필요했다. 그 결과 1840년부터 1875년 사이에 13만 8천 명 정도의 중국인, 한국인, 동남아시아인들이 '쿨리coolie'[59]라는 이름으로 중남미와 카리브해로 수송되었다는 것이다.

쿨리는 고용 계약서를 작성하여 일정 기간(보통 6년~8년) 동안 노동한 후 자유인이 된다는 점에서 전통적인 노예와는 다르다는 주장이 있다. 하지만 이들 쿨리 중에서 자발적인 노동자는 거의 없었고, 계약서는 협박 속에서 서명했다. 태평양을 건너서 수송된 쿨리의 80%는 납치 또는 유인된 사람들이었다.

10만 명에 가까운 사람들이 페루에 도착했다. 페루 의회에서는 이것을 '일종의 흑인 노예 교역'이라고 규정했고, 거래의 주선자들은 이 거래가 아프리카 노예 교역보다 훨씬 수익이 높다는 것을 알게 되었다. 일례로 당시 한 신문 기자가 쿠바의 하바나에 도착한 900명의 쿨리들은 45

---

59   중국어로 '苦力', 중노동에 종사하는 하층 노동자의 발음이 coolie이다. 그러나 coolie의 보다 근본적인 어원은 인도에서 '일용 노동자'를 지칭하는 고대 언어라고 한다.

미국 대륙 횡단 철도 건설 현장의 쿨리들 모습

만 달러의 가치가 있으나, 단돈 5만 달러에 거래되었다고 보도하고 있다. 이들이 중국 해안에서 페루에 도착할 때까지 선상에서의 수송 기간은 보통 120일, 최대 214일로서, 평균적으로 7명 중 1명이 수송 도중 사망했다. 또한 전체의 50~75%는 계약 기간 첫 해에 사망했다. 운 좋게 살아남은 사람도 본인들의 의지와는 상관없이 계약 기간이 반복적으로 갱신되었다.

이들이 작업에 투입된 곳은 비료용 조류 배설물 채취장[60], 사탕수수 플랜테이션 등이었고, 북아메리카에서는 남북 횡단 철도 건설 현장에 투입되기도 했다. 미국에서 대륙 횡단 철도를 건설할 때 투입된 노동자들 10명 중 9명은 중국에서 온 쿨리들이었다. 이러한 노동자들은 항상 쉽게 구할 수 있었기 때문에 고용주들은 그들을 잘 대해줄 필요가 없었다. 노예 대상이 아프리카에서 아시아로 바뀌었을 뿐이다.

---

60 구아노(Guano)라고 한다. 안데스산맥 근천의 페루, 칠레 인근 및 도서 지역에는 바다로부터 날아든 조류에 의해 어마어마한 배설물이 쌓여 있었고, 이것도 또한 당시에 영국과 독일, 그리고 미국 농장들의 비료로 쓰이는 주요 교역 상품이었다.

제3장

바다를 지배하는 자가
세계를 지배한다

바다, 그리고 이슬람, 인도, 동남아시아

역사 서술의 편향성

—

미국의 역사학자 필립 커틴P. Curtin은 "시간과 장소 간의 불균등한 과거 자료 문제로 인해, 역사가 어느 한 시기 및 한 장소의 자료에 주로 근거해서 서술되다 보니, 편향적인 모습을 보일 수밖에 없는 경우가 존재한다."라고 말했다. 그는 그 중요한 사례로, 16세기 대항해 시대의 역사가 "유럽 쪽이 아시아에 대해 역동적이고, 직접적이며, 지배하는 형태로 서술되는 경향"이 있음을 들고 있다.[61]

실제로 그런 측면이 없지 않다. 우리가 역사를 공부한 기억을 되살려 보면, 16세기 이후 바다를 이용한 교역은 포르투갈, 스페인, 네덜란드, 영국 등이 인도, 동남아시아, 중국의 어떤 대응이나 저항 없이 진출한 것 같은 인상을 받는다. 특히 인도나 동남아시아 지역은 현지에 아무런 국가

---

61   Curtin, P.D., 『Cross-cultural Trade in World History』 Cambridge University, 1984.

나 부족 세력도 존재하지 않아, 유럽의 군대와 상인이 이 지역 영토를 일방적으로 접수했고, 해상 활동도 유럽의 선박과 항해가, 상인들에 의해서만 진행된 것처럼 느껴진다.

과연 그랬을까? 혹시 커틴의 지적처럼 우리가 이 지역에 대해 너무 아는 것이 없어서 그렇게 생각하는 것은 아닐까? 생각해 보면, 고등학교에서 배우는 세계사 시간에도 유럽의 역사를 비교적 자세히 배우지만, 인도, 서아시아, 동남아시아 역사에 대해서는 거의 배우지 않는다. 그래서 기초적인 역사 지식이 상대적으로 부족하다. 이들 지역의 과거에 대해 간단히 돌아보는 것이 필요하다. 비록 해당 지역의 상세한 역사는 아니더라도, 유럽 국가들이 적극적으로 진출하던 시기에 이 지역이 통일된 왕국을 이루고 있었는지, 아니면 여러 부족 왕국들 집단이었는지, 아니면 아직 사람이 많이 살지 않는 버려진 땅이었는지의 여부라도 안다면, 유럽의 진출에 대한 이 지역의 대응을 짐작할 수 있을 것이다. 이 장은 대략 16세기부터 19세기까지 인도와 동남아시아, 그리고 이들과 밀접하게 관련을 갖고 있는 아라비아, 페르시아 지역들의 간략한 역사를 이해하는 것에서 출발하고자 한다.

오스만튀르크와 사파비 왕조 페르시아

—

600년대 중반에 건설된 이슬람제국은 여러 소국으로 분열한 시기를 포함하여 1200년대 말까지 오랫동안 아라비아, 페르시아, 중앙아시아를 지배했다. 이슬람제국이 지배하는 동안 이들 지역은 모두 이슬람교로 통일되었다. 아라비아에서 태동한 이슬람교가 페르시아(지금의 이란), 중앙아시아 지역으로 확대되는 시기였던 것이다. 나아가 몽골의 침략으로 이슬람제국이 멸망한 다음에 이 지역에 들어선 일 칸국, 티무르제국도 역시 종교적으로는 이슬람에 동화되었다.

앞서 이야기한 것처럼 이슬람제국은 육상 교역뿐만 아니라 해상 교역에 매우 적극적이었다. 지중해와 인도양을 잇는 교역에 기반을 두고, 멀리 실론에 식민 거점을 만들고, 인도양 일대에 선단을 파견하여 해양 교역에 적극적으로 진출했다. 유럽 국가들의 해양 진출이 본격적으로 진행된 16세기에는 아나톨리아 지역에 오스만튀르크와 중앙아시아 남부에는 사파비 왕조 페르시아가 들어서 있었다. 이 두 국가 또한 종교적으로는 이슬람 국가였으며, 포괄적으로 말하면 이전에 존재했던 이슬람제국을 이은 나라라고 할 수 있다.

아라비아, 페르시아, 그리고 중앙아시아에 존재하던 역대 국가들은 이슬람 국가였다는 것 말고도 유럽과 아시아를 잇는 비단길의 중개 교역을 수행하던 유목 민족이기도 했다. 오스만튀르크는 그 뿌리를 중앙아시아의 투르크메니스탄에 두고 있으며, 민족적 구성도 아르메니아, 우즈베키스탄, 키르기스스탄 등 중앙아시아와 카스피해 연안의 전통적인 중개 교역 담당자들이었다. 이 중에서도 특히 아르메니아인들은 육로 비단길의 중개 교역뿐만 아니라, 남으로 페르시아만 일대에 이르러 해상 교역에도 능동적으로 참여한 역사를 가지고 있다. 오스만튀르크는 또한 영토를 북아프리카까지 넓게 펼치고 있어서 지중해와 홍해를 연결하는 해상 무역의 거점을 형성하고 있었다. 이는 이슬람제국의 지중해-인도양 해상 교역의 중요한 한 축을 오스만튀르크가 계승했다는 뜻이다. 오스만튀르크는 이를 바탕으로 동남아에서 수입하는 다양한 향신료에 대해 엄청난 세금을 붙여 큰 수익을 올리고 있었다.

　사파비 왕조 페르시아(1501~1736)는 지금의 이란 땅에서 파르티아 (B.C. 247~A.D. 224), 사산조 페르시아(224~651)를 거쳐 이슬람제국 기간 동안에는 군소 왕국들로 그 명맥을 유지하던 나라를 계승하여 1501년에 건국되었다. 역대 페르시아 왕조들이 그러했듯이 육로 비단길의 중개 무역과 페르시아만을 기반으로 한 인도양 무역은 사파비 왕조의 중요한 경제적 토대 중 하나였다. 특히 사파비 왕조는 인도의 무굴제국과 갈등하고 협력하며 유럽-인도를 잇는 교역로와 유럽-중국을 잇는 육로 비단길을 활성화하는 데 노력을 아끼지 않았다. 그 결과 사파비 왕조의 경제는 매우 빠르게 성장하여, 프랑스의 한 여행가로부터 동시대 유럽보다 삶의 질이 훨씬 좋다는 평가를 받을 정도였다.

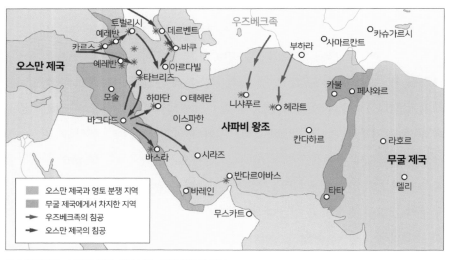

오스만튀르크, 사파비 왕조 페르시아, 무굴제국의 영토

사파비 왕조와 오스만튀르크 모두 유럽과 아시아의 중개 무역이 중요한 경제적 기반이었던 만큼 두 나라 사이에도 갈등이 끊이지 않았다. 또한 서아시아를 거치지 않는 해양 항로를 개발하여 인도로 진출하기 시작한 포르투갈은 두 나라 모두에 대단히 위협적인 존재였다. 실제로 이 해양 항로가 개척되면서 두 나라의 중개 교역은 커다란 타격을 입었다. 이에 더하여 과도한 은의 유입으로 인플레이션에 시달리던 스페인의 경제적 침체는 지중해 해상 무역을 통해 스페인과 교역이 많았던 오스만튀르크의 빠른 몰락을 초래했다.

사파비 왕조의 경우, 초창기에는 오스만튀르크를 압박하려는 포르투갈에 협력했다. 하지만 포르투갈에 의해 페르시아만, 믈라카 해협 등이 장악되자, 영국의 힘을 빌려 포르투갈을 몰아내려고 시도했다. 이 시도는 어렵게 성공했지만, 그 대신에 영국이 각종 무역 특권을 가져가면서 페르시아에 대한 영향력을 확대했다. 이는 사파비 왕조의 몰락을 재촉하는 계기가 되었다.

무굴제국

—

인더스 문명에 기반을 둔 인도의 역사는 중국, 이집트, 메소포타미아만큼이나 길다. 그러나 그 긴 역사에서 통일 국가가 들어선 시기는 그리 길지 않다. 기원전 300년에 세워진 마우리아 왕조가 지금의 인도와 가장 유사한 형태로 전역을 통일한 적이 있었을 뿐이다. 그 이후로는 인더스강 유역을 바탕으로 북부 지방을 통일한 왕국이 몇 번 있었다. 작게 나눠진 인도의 지방 왕국들은 불교, 자이나교, 힌두교[62]와 같은 다양한 종교를 발흥시켰고, 10세기 이후부터 북부 지역은 주로 이슬람교를, 중, 남부 지역은 주로 힌두교를 믿는 왕국이 건국과 멸망을 반복했다.

이렇게 통일 왕국이 세워지지 않은 상태에서 이슬람제국, 페르시아 등은 통일 왕국의 통제와 지원을 받지 못하는 인도 서북부(구자라트), 남부(케를라, 타밀), 그리고 실론 등에 거점을 구축하여 인도양 해상 교역의 발판으로 삼았다.

포르투갈이 새롭게 개척한 해로를 통해 인도양에 진출하던 시기에, 인도에는 강력한 전제 왕권을 바탕으로 무굴제국(1526~1857)이 마우리아 왕조에 이어 다시 한번 인도 전역을 통일해 나가고 있었다. 무굴제국은 옛 몽골제국 영토 대부분을 차지하는 대제국을 건설한 티무르의 후손이 몽골제국을 재현하고자 세운 나라였다.[63] 왕조의 뿌리는 지금 우즈베키스탄의 사마르칸트였으며, 건국 과정에서 사파비 왕조 페르시아의 지원을 받은 이슬람 왕조였다. 무굴제국의 영토는 초기에는 이전 왕국들과 마찬가지로 인도 북부 지역에 국한되었고, 중부 데칸 고원 지역에는 중소 규모의 술탄국들이, 남부에는 힌두교 기반의 왕국들이 있었다. 이후 역대 왕들의 지속적인 정복을 통해 1707년에는 남부 해안 일부 지역을 제외하고 인도 전역을 통일했다.

포르투갈의 바스쿠 다가마가 인도양에 진출했을 때, 인도는 무굴제국이 건국되기 이전이었다. 그 이후 1500년대에도 무굴제국은 비록 영토를

---

62 '힌두'라는 단어가 사실은 인도와 같은 어원이다. 결국 힌두교는 인도의 계급주의에 기반한 정통 민족 종교라 할 수 있다.

63 '무굴'이라는 용어 자체가 몽골의 인도-페르시아식 발음이다. 후에는 이들 정복자들과 동일한 방식으로 원주민을 다뤘다고 한다.

확장하고는 있었지만 그 영향력은 인도 북부 지역에 그치고 있었다. 나머지 지역은 중소 규모의 이슬람 또는 힌두 왕국으로 나뉘어 있었다. 이런 상황에서 포르투갈이 인도에 해상 교역 거점을 만드는 일은 그다지 어렵지 않았다. 무굴제국의 영향력이 아직 미치지 않는 실론의 콜롬보 요새, 인도 서남부 해안의 고아가 중요한 거점으로 자리 잡을 수 있었던 이유이다.

무굴제국의 인도 통일이 완성된 후에도 인도와 포르투갈의 관계는 크게 나쁘지 않았다. 무굴제국의 황제들은 외국의 상인들에게 문호를 개방하고, 이를 바탕으로 황실의 재정 수입을 늘리고 싶었기 때문이다. 당시 이렇게 벌어들인 수입은 프랑스와 페르시아가 가지고 있는 귀금속을 합한 것보다 많았다.

무굴제국 전성기의 교역은 포르투갈에 의해 지배되거나 강요당한 것이 결코 아니었다. 황제의 관용 정책과 재정적 필요에 의해 유럽 국가들이 원하는 지역을 개방하여 그들의 경제 활동과 거주를 보장하는 대신 그에 상응한 수입을 확보했다. 교역의 내용도 일방적이지 않았다. 포르투갈은 동남아의 향신료, 중국의 비단 및 도자기와 더불어 인도의 면직물을 중요한 수입품으로 사들여갔으며, 이를 바탕으로 무굴제국은 자국 내 경제 발전을 도모했다. 실제로 1613년, 포르투갈과 인도가 일시적으로 갈등하던 시기에는 황제가 모든 포르투갈인들을 추방하고, 모든 무역 거래소를 폐쇄했으며, 포르투갈 국적 예수회 소속 성당을 국유화하는 등의 조치를 취했다. 이는 포르투갈의 거류지에 대한 강력한 행정적 권한을 무굴제국이 가지고 있었음을 보여준다.

하지만 통일된 땅 인도는 오래가지 못했다. 통일 황제 아우랑제브가

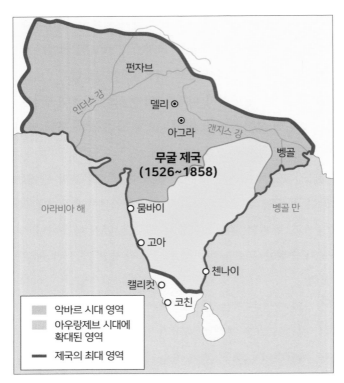

무굴제국 영토 변화

사망한 직후 곧바로 지방의 소영주 및 종교가 다른 정치 지도자들에 의해 인도 영토는 급격히 쪼개졌다. 영국이 본격적으로 인도에 진출할 무렵인 1700년대에 인도는 통일 무굴제국이 아니라 여러 국가로 분열된 상태였다. 이 시기 인도가 급격히 분열한 이유는 다음과 같다. 첫째, 인도는 전통적으로 다양한 종교와 민족에 의한 소부족의 역사가 매우 길었다. 무굴제국이 초창기에 인도 전역을 통일할 수 있었던 것은 이런 종교적 다양성에 대해 관용 정책을 베풀었기 때문이다. 하지만, 최대 규모 통일 국가를 수립했던 아우랑제브는 호전적인 정복 전쟁으로 영토를 확장했고, 그가 사망한 직후 정복한 영토에서 갈등이 발생할 수밖에 없었다. 둘째, 중국의 역사에서도 부분적으로 드러나듯이, 광대한 영토의 통치에는 유지비가 많이 들었고, 이는 재정적 압박으로 이어졌다. 국가 재정을 효율적으로 처리하지 못하는 순간 국가는 안정을 잃게 마련이고, 끝내는 분열의 길로 들어서게 된다.

동남아시아 국가들

—

포르투갈, 스페인, 네덜란드 등 유럽 국가들은 인도와 실론에 거점을 만들고 난 다음 바로 믈라카와 말루쿠 제도에 주목했다. 믈라카는 말레이반도와 수마트라섬 사이 믈라카 해협에 있는 해상 수송로의 중요 거점이다. 말루쿠는 인도네시아 북부에 있는 천여 개 섬이 모인 군도로 유럽에서 수요가 높은 각종 향신료의 주요 생산지이다. 따라서 이들 지역은 인도와 동남아시아를 찾는 유럽 탐험가나 상인들의 비상한 관심을 받았다.

동남아시아는 인도차이나반도를 중심으로 현재의 태국, 미얀마, 베트남, 캄보디아, 라오스로 구성된 본토와 말레이반도, 수마트라섬, 자바섬, 보루네오섬 등 현재의 말레이시아, 싱가포르, 인도네시아 등으로 구성된 해양 지역의 두 그룹으로 구분된다. 본토가 전통적으로 인도와 중국과의 관계를 바탕으로 여러 왕족 국가들이 부침을 겪었던 반면, 해양 지역은 크고 작은 섬을 기반으로 한 많은 부족 국가들이 해상 무역 거점 형태로 성장과 쇠퇴를 거듭했다.

두 지역 모두 7세기 이후 불교와 힌두교, 이슬람 등 종교가 전파되었고, 초기에는 불교나 힌두교에 기반한 왕조들이 통치했다. 이 시기 가장 영향력이 큰 국가는 수마트라섬에 근거를 두고 있던 스리위자야^{Srivijaya}였다. 스리위자야는 말레이반도, 자바섬, 심지어는 지금의 베트남, 캄보디아, 베트남 등 본토까지 영향력을 펼치던 불교 국가였다. 동남아시아 대부분의 해상을 지배한 상태에서 해상 교역을 주도하던 스리위자야는 1025년, 실론과 인도 동남부 지역에 기반한 힌두교 국가 촐라제국의 침공을 받아 해상 교역망을 상실했고, 이후 한동안 동남아시아 해상 교역은 인도 기반 힌두교 세력하에 놓이게 되었다.

이후 12세기 후반 말레이 계통의 다르마스라야왕국^{Dharmasraya}이 수마트라를 중심으로 말레이반도, 자바까지 확장하여 해상 교역의 중심이 되었고, 13세기 말부터는 자바섬에 근거한 마자파힛^{Majapahit}이 해상 교역을 주도했다. 마자파힛제국 역시 힌두교에 기반한 왕국으로, 자바섬을 넘어 수마트라, 말레이반도, 보르네오, 말루쿠, 서뉴기니, 심지어 민다나오까지 정복한 해양 대제국이었다. 동남아를 기반으로 중국, 인도, 아라비아, 튀르크와 이집트, 베네치아까지 이어지는 거대한 해상 교역 루트의 한 축을 장악하고, 엄청난 번영을 누리던 마자파힛이 힘을 잃기 시작한 것은 명나라 정화의 대원정 이후 이슬람 세력이 동남아 진출을 가속화한 이후부터다.

정화는 동남아시아에서 강력한 힘을 떨치고 있는 마자파힛제국의 힘을 약화하려 이슬람 세력이 여러 술탄국을 건설하는 것을 도왔다. 대표적인 사례가 믈라카 술탄국이다. 이전부터 믈라카 해협에 기반한 교역 거점 기능을 수행하던 믈라카 술탄국은 15세기 초반 정화의 대원정 시기를 기점으로 마자파힛제국을 대신해 무역 중심지로 번영했으나 1511년 포르투갈 선단의 공격으로 멸망하게 되었다. 다만 동남아시아의 역사에서 주목해야 할 점은, 위에 언급한 제국들은 단일 국가가 아니었다는 점이다. 수많은 섬으로 이뤄진 동남아시아 해양 지역에는 크고 작은 왕국들이 섬의 숫자만큼이나 많이 있었다. 스리위자야에서 마자파힛까지의 제국은 세력이 강한 왕국이 작은 왕국들을 연맹체 형태로 느슨하게 묶은 형태였다.

　이 지역에 이슬람 무역업자들이 나타나기 시작한 시기는 13세기다. 하지만 이슬람교는 교역에 기반한 왕실과 가문 단위에 국한되어 수용됐을 뿐 국가가 이슬람교를 받아들인 것은 아니다. 마타람, 믈라카, 반텐, 브루네이 등 이슬람 도시 국가들이 형성되기 시작한 것은 1400년대부터 였으며, 1600년대에는 기독교와 동시에 활성화했다. 이슬람제국 시대에는 이슬람 무역업자의 해양 교역이 동남아시아에 이슬람교를 전파하는데 크게 영향을 미치지 못했다. 하지만 사파비 페르시아와 오스만튀르크, 더 나아가서 무굴제국의 교역이 활발해지면서 동남아시아 지역에 이슬람이 전파되었음을 의미한다. 동남아시아의 느슨한 연합 국가 체제는 포르투갈 등 유럽 세력이 진출하자 힘없이 무너졌다. 포르투갈, 뒤이어 네덜란드에 의해 이 지역은 연쇄적으로 식민지로 전락하고 만다. 그러나 식민지화에도 불구하고, 19세기까지 종교적으로는 이슬람의 영향력이 훨씬 강하게 남아 있었다.

포르투갈의 인도 진출

진짜 인도로 가는 길

진짜 인도로 가는 길을 개척하는 데 앞장선 것은 포르투갈이었다. 바르톨로메우 디아스, 바스쿠 다가마 등이 모두 포르투갈 출신이다. 심지어 콜럼버스도 아메리카 탐험 이전에 포르투갈에서 그의 항해 및 교역 경력을 축적했다. 왜 포르투갈이었을까?

이것은 아프리카와의 교역, 특히 노예 교역을 빼고 설명할 수 없다. 노예 교역의 역사는 인류의 역사와 맥을 같이한다고 주장하는 학자들이 있다. 부족 간 전쟁이 발발하고 패배한 부족의 구성원은 모두 노예가 되어 팔려 가거나 중노동에 시달렸기 때문이다. 우리에게 익숙한 아프리카 원주민을 대상으로 한 노예 교역은 15세기 중반 포르투갈에서 본격적으로 시작되었다. 강력한 가톨릭 국가였던 포르투갈은 북아프리카 전역의 이슬람 세력을 몰아낸다는 명분을 내세워 아프리카에 주목했다.[65] 게다가 아프리카 서쪽 해상에 있던 카보베르데 군도의 사탕수수 농장 운영에도 많은 노동력이 필요했다. 카보베르데 해상 이남 아프리카에 관한 관심, 그 지역에서 얻을 수 있는 수많은 노예, 이 둘은 필연적으로 연결될 수밖에 없다.

바르톨로메우 디아스는 기네아만 근처에 요새와 교역 거점을 만드는 데 힘썼다. 콜럼버스도 서아프리카 해안을 따라 교역했고, 현재의 가나까지 진출했었다. 모두 교역이라는 이름의 노예 무역에 힘썼던 것으로 추측된다. 이들의 노예 교역은 포르투갈 국왕의 사절단과 아프리카 부족 왕들과의 평화적인 협정을 통해 이루어질 때도 있었지만 현지 왕의 허락도 없이 부족 구성원을 납치하는 경우가 많았다. 노예 교역은 15세기 중반에 폭발적으로 증가했다. 노예 교역을 위한 것이었든 아니었든 포르투갈은 다른 어느 나라보다 아프리카 서부 해안에 대한 축적된 지식과 경험이 많았다. 특히 경쟁국 스페인을 앞서기 위해 무던히도 애썼다. 국왕의 명령과 지원으로 끊임없이 아프리카 탐험을 나섰다.

바르톨로메우 디아스에게 주어진 과업은 이전의 탐험가가 확인한 콩고강 이남의 아프리카 해안을 탐사하는 것이었다. 1487년 7월, 그는 두 척의 카라벨과 한 척의 지원선으로 구성된 선대를 지휘하여 탐험에 나섰다. 우여곡절 끝에 그들은 1488년 2월에 아프리카의 최남단을 돌아 동쪽 해안까지 진입했다. 그리고 1488년 5월 돌아오는 길에 희망봉을 발견하고 포르투갈로 귀환했다.

65 앞에서 언급한 레콩키스타의 일환이다.

포르투갈의 인도양 지배

바스쿠 다가마는 바르톨로메우 디아스가 이룩한 성취를 이어가기 위해
포르투갈 국왕이 선정한 탐험가였다. 콜럼버스가 서쪽으로의 항해 끝에
인도로 가는 길을 발견했다는 소식을 들은 포르투갈에서는 마음이 급해
졌다. 이러한 사정도 한몫해 다가마의 탐험대는 당시 모집할 수 있는 최
고의 항해가들로 구성되었다. 선대도 2척의 캐락, 2척의 카라벨 등 최대
규모로 구성되었다. 1497년 7월에 출발한 선대는 디아스가 가보지 못했
던 아프리카 동부 해안을 차근차근 탐험한 뒤, 1498년 5월에 인도 서남
부 해안 도시인 캘리컷(지금의 첸나이)에 도착했다. 지금까지의 다른 어떤
탐험보다 긴 거리를 놀라울 정도로 빠른 속도로 완수했다.

포르투갈과 인도 간의 정기 항로

이때 이후로 포르투갈과 인도 사이에는 연례 정기 항로가 만들어졌다. 이것이 '포르투갈의 인디아 함대Portuguese India Armadas'다. 이후 몇 차례의 정기 항해를 거치면서 포르투갈은 아프리카와 인도의 남부 도시들, 그리고 동남아시아에 식민지를 건설하기 시작했다. 앙골라, 모잠비크, 실론, 믈라카, 마카오 등이 대표적인 식민지들이다. 이들 식민지를 근거로 포르투갈은 초기 인도와의 교역에서 주도권을 확보하였으며, 이후 수십 년 동안 포르투갈 국가 수입의 상당 부분이 이 지역과의 향신료 무역에서 나왔다. 인도에서 후추를, 실론에서 계피를, 말루쿠 제도에서 육두구 등 다른 많은 향신료를 가져와 본국과 유럽에 판매했다. 일례로 1500년~1509년 기간 동안 매년 7~8척의 배들이 3,000톤의 향신료를 들여왔는데, 세계 생산량의 1/3에 해당하는 양이었다.

또한 그들은 무력으로 오스만튀르크와 이집트, 그리고 페르시아의 주

15세기에서 16세기 포르투갈의 교역 영향권

요 상품을 탈취했다. 홍해 또는 페르시아만을 거쳐 이동하는 이들 국가의 교역 선박을 아라비아반도 입구나 인도 연안의 항로에서 습격했다. 특히 동로마제국을 멸망시킨 오스만튀르크의 교역 선박을 탈취하는 것은 기독교 세계의 공공의 적을 타격한다는 명분과 선박에 실려 있는 값비싼 화물을 탈취하는 실리, 양자를 만족시켰다.

포르투갈의 아시아 비즈니스

대항해 시대 초기인 16세기는 포르투갈의 시대였다. 포르투갈의 무역 방식은 '군주 자본주의'의 성격이었다. 이를 뒷받침하는 두 개의 축은 '카레이라Carreira 체제'와 '카르타스Cartaz 제도'였다.[66] 카레이라 체제는 한 마디로 국왕의 자산을 기반으로 한 사업이다. 국왕 소유의 선박에 국왕의 상품을 싣고 가서 거래하고 그 이익은 다시 국왕에게 귀속되는 체제이다. 이 체제는 토르데시야스 조약에 근거하여 서경 46도 동부의 새로운 땅은 모두 포르투갈 국왕의 땅이며, 국왕의 땅을 개척하기 위해 탐험대가 파견되었고, 탐험대의 비용 상당 부분을 국왕이 지불했기에, 그로부터 발생하는 수익은 당연히 국왕의 소유라는 명분이 있었다.

　카르타스는 주요 항로의 길목을 지키면서 그곳을 지나는 선박의 안전 통행을 보장한다는 명목으로 통행세를 받는 제도다. 포르투갈이 건설한 지역별 요새와 무역 거점에 군대를 배치하여 근처를 지나가는 선박의 안전한 통행을 보장해 준다는 명분이었다. 통행을 보장받은 선박은 반드

66　주경철, 『대항해시대』, 서울대학교출판문화원, 2008.

시 포르투갈의 요새나 거점에서만 화물을 싣고 내려야 했다.

동남아시아에 진출한 포르투갈은 무력을 앞세워 동남아시아 도서 지역 국왕들에게 조공을 요구했다. 중국의 조공이 중국 황제에게 변방 국가 왕이 보내는 종속과 존경의 표시인 것처럼, 포르투갈 국왕은 일명 신성로마제국으로 표현되는 가톨릭제국 황제로 인정받고 싶어 했다. 이 바람을 비록 유럽 대륙에서는 실현하지 못하더라도, 동남아시아 국왕들의 종속과 존경을 통해서 실현하고 싶었다. 그러나 포르투갈의 이러한 무역 방식은 오래 갈 수가 없었다. 카레이라 체제를 유지하기에는 국왕의 보유 자산이 너무 부족했기 때문이다. 교역의 기본 자산인 선박 건조에 비용이 매우 많이 드는 데다 국왕이 보유한 선박만으로 아시아 교역을 원활하게 추진하기에는 턱없이 부족했다. 아시아에 건설한 요새와 교역 거점을 유지, 관리하는 비용을 충당하기도 힘들었다. 결국 국왕의 고유 권한인 교역, 그리고 요새 및 거점의 유지 관리에 귀족과 상인들의 참여를 허용할 수밖에 없었다. 16세기 후반이 되면, 국왕은 자신이 가진 사업의 독점적 권한을 민간에게 판매하게 되고, 국왕의 사업은 축소되었다.

카르타스 제도 역시 지속하기 힘들었다. 인도와 동남아시아에 건설한 몇 개의 요새와 거점을 기반으로 포르투갈은 이른바 '교역 거점 제국Trade-post Empire'이 되고자 했다. 거점을 기반으로 유럽과 아시아의 교역을 포르투갈이 독점 관리하고자 한 것이다. 카르타스 제도는 이를 위한 제도였다. 그러나 인도 및 동남아시아 해역에서 진행되는 방대한 선박의 운항

---

67 그나마 이 제도가 가장 유효하게 작동한 지점은 인도양과 동남아시아를 연결하는 거점인 말레이반도의 믈라카였다. 그때나 지금이나 믈라카는 해운 활동의 매우 중요한 거점이었던 것이다.

및 교역을 몇 개의 요새와 거점으로 통제하기는 사실상 불가능했다.[67] 우연히 요새 옆을 지나가는 선박에 통행료를 요구하는 것은 오히려 군사력으로 폭력을 행사하는 해적 행위와 다를 바 없었을 뿐이다.

결국 이 제도를 통해 수입을 올린 것은 포르투갈 국왕이 아니라, 아시아 교역에 참여한 민간 귀족과 상인들이었다. 국왕은 비용을 지불하고 적은 교역 수입을 얻었지만, 민간인들은 국왕의 이름으로 개인 교역을 진행해 수입을 얻고, 통행료와 더불어 현지인들에게 다양한 뇌물을 받아 챙겼다.

교역에 참여한 민간인들이 더 많은 수익을 올린 원천은 '역내 교역'이다. 국왕의 이름으로 포르투갈에서 아시아로 온 민간 선박들은 다시 위험한 바다를 뚫고 포르투갈로 돌아가기보다는 인도양과 동남아시아에 머무르면서 역내 교역에 종사하는 경우가 허다했다. 기록에 따르면, 1500년부터 1634년까지 포르투갈에서 인도로 출발한 900척 정도의 선박 중에서 500척 정도가 돌아왔고, 100척 정도는 중간에 침몰했으며, 300척은 남아서 인도양과 동남아시아 역내 교역에 참여하여 수입을 올렸다. 리스본에 있는 왕과 아무 상관없는 포르투갈인들이 동아시아 민간 네트워크를 형성하기 시작한 것이다.

16세기 후반이 되면서 포르투갈의 아시아 교역은 점차 힘을 잃어갔다. 주요 교역품인 향신료 생산지였던 말루쿠의 포르투갈 거점을 오스만 튀르크와 현지 주민의 연합 전선이 펼친 공격으로 잃고 말았다. 스페인이 태평양을 건너와 향신료 교역에 뛰어들면서 포르투갈의 향신료 독점 무역 체제마저도 깨지기 시작했다. 게다가 아시아 이외의 아프리카, 브라질 등 다른 식민지에서도 예기치 않은 문제가 터져 아시아에만 집중할 수 없었다. 1581년 왕위 계승을 둘러싼 갈등으로 스페인과 포르투갈이 잠시 통합[68]되는 등의 정치적 격변을 거치면서 결국 포르투갈 제국은 쇠퇴의 길을 걷게 되었다.

　그렇다면 아시아에 남겨진 민간 상인들은 어떻게 되었을까? 포르투갈이 건설한 인도 및 동남아시아 요새와 거점에 남겨진 포르투갈인들은 1546년에는 약 1만 명이 넘었다. 물론 인도 서북부 구자랏 출신의 이슬람 상인들이 절대다수였지만, 인도 남부의 힌두교 상인, 유대인 등과 더불어 포르투갈인과 그 후손들도 전체의 1/4가량 되었다. 이들은 국적과 무관하게 인도와 동남아시아, 나아가 중국과 동아시아 교역에 계속 종사하면서 이 지역의 중요한 교역 네트워크 중 하나로 기능했다.

68　스페인의 펠리페 2세가 동시에 포르투갈 국왕이 되면서 두 나라는 '이베리아 연합'이 되었다. 그러나 포르투갈의 독립전쟁을 통해 1640년에 다시 분리되었다.

유럽의 상인, 네덜란드의 성장

네덜란드 동인도회사

—

포르투갈에 이어 아시아 시장에 뛰어든 나라는 네덜란드이다.[69] 네덜란
드는 암스테르담을 중심으로 13세기부터 15세기까지 북유럽 상업 도시
들이 연합한 한자동맹의 일원이었지만, 정치적으로는 스페인의 식민지
였으며, 1588년이 되어서야 독립했다. 비록 다른 나라의 식민지였지만,
한자동맹의 일원이었던 것에서 알 수 있듯이 교통이 크게 발달했고, 진
취적으로 사고하는 상인이 많았다. 이것이 네덜란드가 스페인으로부터
독립하자마자 인도와 동아시아의 경쟁에 뛰어들고 일약 세계 제일의 경
제 대국으로 부상할 수 있었던 토대였다.

인도와 아시아 진출의 가장 중요한 동력은 네덜란드 동인도회사

---

69 사실 1500년대 후반에 태평양 항로를 개척하고, 마닐라를 중심으로 중국과 동남아시아 무역에 뛰어든 스페
인이 두 번째라 할 수 있다. 하지만, 이들은 상대적으로 아메리카 대륙과의 교역에 더 집중했고, 태평양 항로
를 이용함으로써 인도양에서는 그다지 역할이 없었다는 차별성이 있다.

(VOC[70])였다. VOC가 출범하게 된 데에는 대내적 요인과 대외적 요인이 작용했다. 대내적 요인은 네덜란드에 VOC가 설립되기 이전에도 아시아 진출을 추진하던 회사들이 많았다는 점이다. 이미 한자동맹으로 아시아 교역의 중요성을 알고 있던 회사들은 개별적으로 아시아 교역의 새로운 루트를 개척하는 데 힘썼다. 그러나 군주 자본주의라 불릴 정도로 국가가 적극적으로 개입해 항로상의 거점을 이미 확보한 포르투갈이라는 국가가 있는 상태에서 다른 나라의 개별 회사들이 살아남기 힘들었다. 결국 치열한 경쟁으로 생존의 위협을 받게 된 회사들은 다른 방도를 찾아나설 수밖에 없었다.

대외적으로는 포르투갈의 카레이라 제도의 문제점이 드러났기 때문이다. 경쟁을 막기 위해 교역 주체를 단일화할 필요는 있지만. 능력에 한계가 있는 왕실이 이를 주도하는 것이 문제였다. 왕의 위엄을 내세워 이슬람, 힌두 인도인, 유대인들이 이미 만들어놓은 네트워크에 기생해 착취나 약탈을 하는 형태의 교역 방식이 한계에 달했다는 것도 드러났다.

이러한 상황에서 영국에 이어 네덜란드도 국가가 나서서 민간 개별 회사를 단일 회사로 통합하도록 유도했고, 1602년에 21년의 독점권을 가진 공인된 무역 회사로 출범한 것이 VOC이다.[71] VOC의 조직 형태는 참여한 개별 회사가 지분을 소유하고, 지분만큼의 책임과 이익 배분권을 가지며, 필요하면 자신의 지분을 네덜란드 국민 누구에게나 자유롭게 양도할 수 있었다. 이를 통해 위험을 분산하고, 회사 자산 구조에 탄력성을

---

70 네덜란드어로 'Vereenide Oostindische Compagne'의 약자이다.
71 영국이 먼저 1600년에 아시아 교역의 독점을 위한 동인도회사를 설립했고, 네덜란드는 2년 후에 그 뒤를 이었다.

끌어올린 세계 최초의 주식회사, VOC가 탄생했다. VOC는 민간이 주체라는 점, 민간의 책임과 권한은 각자의 지분에 비례한다는 점에서 이전 포르투갈의 군주 자본주의 방식과는 확연히 다르다. 하지만 VOC는 해외에서 전쟁 수행, 조약 협상, 식민지 설립 등의 권한을 가진 네덜란드의 준 국가기관이었다는 점에서는 근대의 민간 주식회사와도 큰 차이가 있다.

성공하는 자는 그들만의 특징이 있다
—

VOC의 인도와 동아시아 진출은 처음에는 쉽지 않았다. 네덜란드가 아시아에 들어왔을 때는 포르투갈이 이미 100년 이상 유럽-아시아 해상 교역을 독점하고 있었다. 이 밖에도 오스만튀르크, 페르시아, 인도, 동남아 군주국, 중국 등이 지역 내 노선과 거점을 두고 치열하게 경쟁하고 있었으므로 새로운 국가의 참여를 누구도 달가워하지 않았다. 그러나 VOC가 아시아 시장에 뛰어든 지 채 50년이 되지 않아, 기존의 포르투갈 교역 네트워크를 대체할 새로운 네트워크를 만들었고, 포르투갈도 끝내 이루지 못한 향신료 독점 무역을 이뤄냈다.

이러한 VOC 성공의 첫 번째 요인은 무력이다. 사실 VOC는 자체 전쟁 수행 권한으로 포르투갈의 거점과 요새를 무력으로 탈취하고자 했다. 하지만, 정면 공격 방식이 현실적으로 곤란하다는 것을 파악하고, 이른바 '평행 구조'를 구축하는 데 집중했다.[72] 즉, 포르투갈이 구축해 놓은 요새와 거점을 대체할 만한 요새와 거점을 인근에 구축하는 것이었다. 아

---

[72] Curtin, P.D., 『Cross-cultural Trade in World History』 Cambridge University, 1984.

시아 시장 전체 교역의 중심지 기능을 수행하는 믈라카를 대체하기 위해 지금의 바타비아(인도네시아 자카르타)를, 중국 교역의 교두보인 마카오를 대체하기 위해 대만(타이완), 인도 교역과 인도양 항로의 중요 거점인 고아, 캘리컷(첸나이)을 대체하기 위해 실론섬 일부를 거점으로 구축했다. 이처럼 거점을 신속하게 개척할 수 있었던 이유는 바로 무력이었다. 단순한 민간 사업자의 분쟁 수준이 아니라 국가 단위의 정규 군대를 이용한 파괴와 점령이 이루어졌다. 이 과정에서 수많은 원주민이 죽거나 그들의 터전을 떠나야만 했다.

다음으로, VOC는 유럽과 아시아 교역의 기존 항로를 대체할 항로도 개척했다. 포르투갈은 희망봉 다음에는 아프리카 동부 해안을 따라 올라가다 아라비아반도 인근의 아덴만, 호르무즈 해협, 그리고 인도양을 거쳐 인도, 동남아시아로 가는 항로를 사용했다. 이를 위해 아프리카 동쪽에 많은 거점을 조성했다. 네덜란드로서는 교역 과정에서 끊임없이 포르투갈과 충돌하는 문제가 발생하여 매우 성가셨다. 이 문제는 바다에서 부는 바람을 발견하면서 해결되었다. 이들은 희망봉을 돌아서 인도양에 들어서는 순간 항상 서쪽에서 동쪽으로 바람이 분다는 사실을 발견했다. 북반구가 아니라 남반구에서 부는 편서풍이다. 이 바람을 이용하면, 굳이 아프리카 연안을 거슬러 올라가지 않고도 바로 실론, 또는 동남아시아로 갈 수 있음을 확인했다. 유럽으로 돌아가는 길도 북반구의 무역풍이 아니라 남반구의 무역풍을 이용하면 포르투갈의 간섭을 최소화하면서 아프리카 남단까지 직행할 수 있었다. 귀찮은 분쟁은 줄이고 시간도 단축할 수 있는 노선을 처음 발견한 것이다.

VOC가 성공한 세 번째 이유는, 이들은 자신들이 개척한 현지 거점들을 이용해 아시아와 유럽 간 교역과 더불어 아시아 지역 내 거점 간 교역을 장려했다는 점이다. 이름하여 '현지 무역'이라고 할 수 있는데, 모국과의 교역이 아니더라도 수익이 발생한다면 굳이 현지에서의 거래를 규제하지 않았다. 포르투갈의 전성기인 16세기에도 포르투갈인에 의한 현지 무역이 있었다. 그러나 이는 민간인들이 자신의 선박을 귀환시키지 않고 추진한 비공식 무역이었다. 이러한 거래는 그 거래 자체만으로도 수익을 발생시키지만, VOC와 거래할 일이 별로 없었던 지역 및 인물들을 VOC의 거래에 참여시킴으로써 잠재적 고객을 확대하는 데 크게 기여했다.

VOC 성공 배경에는 북유럽의 흑해, 발트해에서 발전한 뛰어난 조선술도 있었다. 이들이 건설한 선박은 플뢰위트Fluyt라고 불렸는데, 당시 유럽의 표준적인 선박인 갤리온과 비교할 때, 더 조종이 쉽고, 더 많은 화물

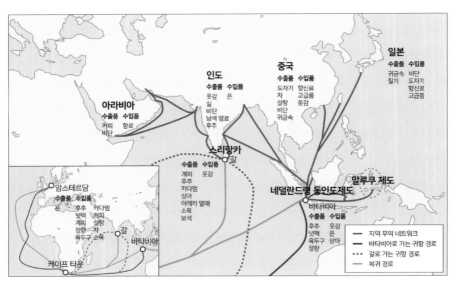

VOC의 아시아 교역 네트워크 17세기 네덜란드 동동인도회사의 교역로

플뢰외트 선박

을 나를 수 있으며, 더 적은 승무원이 필요한 선박이었다.

갤리온이 평균적으로 500톤 정도의 화물을 싣는다면, 플뢰외트는 적재 규모가 300톤 정도로 갤리온보다는 조금 적다. 그러나 플뢰외트는 전투용 선박으로 제작된 갤리온과 비교하여 대포 등 무장을 최소화하고, 그 공간에 화물을 적재했다. 또한 2~3개의 마스트에 가로돛을 달아서 적은 승무원으로도 조종할 수 있었으며, 마스트가 높아 속도가 빠르고, 물속에 들어가는 선박의 깊이가 낮아 방향 조정이 쉬웠다. 16세기부터 건조된 이 선박은 이후 아메리카 대륙과의 대서양 무역뿐만 아니라 네덜란드 동인도회사의 대표 교역 선박으로 활용되었다.

이러한 이유에 힘입어 VOC는 19세기 직전까지 아시아 무역에서 다른 나라의 경쟁업체를 능가했다. VOC가 존재하던 1602년부터 1796년까지의 통계를 살펴보면, VOC는 같은 기간 동안 총 4,785척의 선박을 이용했고, 거의 100만 명에 달하는 유럽인을 아시아에 파견했으며, 250만 톤 이상의 아시아 무역 상품과 노예를 거래했다. 이에 반해 나머지 유럽 국가들은 총 2,690척의 선박을 이용했고, 90만 명 정도의 유럽인을 아시아에 파견했으며, 취급 화물 규모도 VOC 처리 화물의 1/5에 불과했다.

기울어가는 VOC, 어쩔 수 없는 시장의 변화
—

17세기에서 18세기를 풍미하던 VOC도 18세기 중반부터는 어려움을 겪기 시작한다. VOC가 취급하던 상품 수요의 변화가 주요한 원인이었다. 17세기 VOC가 취급한 가장 중요한 상품은 후추였다. 후추는 17세기 전반기까지만 하더라도 VOC가 취급하는 상품의 50%를 차지했다. 17세기 후반에는 30%대로, 급기야 18세기 중반부터는 10% 이하로 떨어진다. 반대로 직물은 17세기 전반에는 15% 내외였으나, 17세기 중반 이후 50% 이상으로 증가하고 18세기에도 50%를 유지했다.

상품별 비중 변화의 중요한 원인은 후추 가격의 급락이다. 네덜란드와 영국의 경쟁으로 유럽에 후추가 과잉 공급되었고, 17세기 중반 이후부터 후추는 더 이상 귀족들의 사치품이 아니라 대중들의 일반 소비품으로 변화했다. 후추뿐만 아니라, 정향, 육두구 등도 마찬가지였다. 이러한 상황을 극복하려면 이들 상품 유통의 독점을 강화하는 것이 필요했다. VOC는 믈라카의 군사 거점을 중심으로 후추 거래를 통제하려고 시도했다. 하지만 후추는 워낙 광범위한 지역에서 생산되었기에 이를 효과적으로 통제하기는 곤란했다. 정향이나 육두구의 주요 생산지인 말루쿠 제도에 있는 정향나무를 강제적으로 제거하기도 했다. 하지만 이는 현지인들의 거센 반발과 정향의 공급 감소에 따른 가격의 불안정성을 높일 뿐이었다.[73]

직물의 주요 생산지는 인도였다. VOC가 광대한 인도의 직물 생산을 통제하는 것은 현실적으로 불가능했다. 그러니 직물이 차지하는 전체 비중은 높아도, 교역을 통한 수익은 매우 낮을 수밖에 없었다. 더구나 당시 인도를 지배하던 무굴제국 황제는 직물 교역 확대에 심혈을 기울였다. 중간 거래자인 VOC가 직접 생산자인 무굴제국을 이길 수는 없었다. 심지어 무굴제국 황제는 아랍 및 페르시아와의 직물 교역은 황제 직속 선박을 이용하도록 강제했다. 비중은 높지만, VOC가 수익 기반을 확보하는 일은 점점 더 어려울 수밖에 없었다.

수익 기반의 악화, 경쟁의 심화, 특히 영국 동인도회사의 활약 확대 등으로 VOC의 경쟁력은 약화했다. 1780년 식민지에서의 교역 경쟁이 원인이 되어 발생한 영국-네덜란드 전쟁에서 네덜란드가 패배하면서 더욱 빠르게 경쟁력을 잃었다. 이는 네덜란드 제국의 쇠퇴로 이어질 수밖에 없었다.

73 제1장에서 우리는 지금의 인도네시아 지역이 네덜란드가 진출한 16세기에도 이슬람 국가였음을 확인했다. 지금의 인도네시아도 이슬람 국가이다. 포르투갈, 네덜란드 등 무력을 동원한 기독교 국가들의 약탈과 정복에도 이들 나라가 이슬람 전통을 이어간 힘은 무엇인지가 궁금하다. 우리가 배운 지식 너머의 다른 힘이 작용하고 있음이 틀림없다.

해가 지지 않는 나라, 영국의 인도 지배

영국 동인도회사

영국 동인도회사EIC, East India Company는 VOC보다 2년 먼저 생겨난 세계 최초의 동인도회사이다. EIC의 조직 형태는 주식회사 형태였던 VOC와는 달리 매번 항해할 때마다 자금을 모집하고, 배가 돌아오면 청산하는 벤처캐피탈venture capital 형태였다. 자산을 유지하면서 사업을 수행하는 VOC와는 성격이 달랐다.

EIC의 발족에는 스페인의 무적함대를 격파한 드레이크F. Drake의 세계일주가 크게 영향을 미쳤다. 드레이크는 1577년~1580년 마젤란이 항해한 항로를 따라 태평양을 건너 말루쿠 제도를 방문했다. 귀국한 그는, 그동안 영국에는 잘 알려지지 않았던 동남아시아와 인도 일대의 중요성, 그리고 이 지역에 대한 투자가 가져올 기대수익 등을 강조했다. 이를 근거로 영국 내 다양한 인사들이 모여 엘리자베스 1세 여왕에게 동인도회사 설립을 청원했다. 여왕은 1600년, 이들에게 향후 15년 동안 희망봉 동쪽(아프리카 남단), 마젤란 해협(남아메리카 남단) 서쪽의 지역에 대한 독점 교역권을 부여하는 특허장을 발부했다. 즉, 인도양에서 태평양에 이르는 광대한 지역에 대한 교역 독점권을 부여한 것이다.

초창기 EIC는 VOC에 비해 경쟁력이 매우 떨어졌다. 자본 규모도 1/10에 불과했고, 단기투자하고 청산하는 방식이었기에 사업의 안정성도 매우 취약했다. 하지만 이후 3~4회 항해를 묶어 사업을 추진하는 방식으로 전환하면서 아시아에 열두 곳의 거점을 설치할 수 있었다. 하지만 동남아시아 시장에서 VOC의 견제 및 갈등으로 인해 향신료 시장에는 제대로 진입하지 못했고, 결국 인도로 눈을 돌리게 되었다.

EIC vs VOC

—

EIC가 본격적으로 궤도에 오른 것은 17세기 중엽 회사 조직을 VOC처럼 완전 주식회사 형태로 전환한 다음이다. 이 시기를 전후하여 EIC는 인도에서 면직물의 일종인 캘리코(옥양목)를 수입하는 사업을 추진했다. EIC는 수랏(1619), 마드라스(1639), 뭄바이(1668), 콜카타(1690) 등에 거점을 설치하고, 23개의 공장을 설립했다. 또한 인도 무굴제국의 왕도 이러한 EIC에 호의적인 태도를 보여, 1634년에 벵갈 지역을 내주고, 1717년부터는 벵갈에 있는 영국 공장들에 대해서 관세를 유예해 주었다. 이를 바탕으로 EIC는 면직물, 비단, 염색, 차 등으로 사업을 확대했다.

17세기는 EIC가 VOC와 치열하게 경쟁하는 시기로, 당시 VOC가 앞서가고 있었다. 다만, 인도 직물 수출에서는 EIC가 VOC를 앞질렀고, 인도에서는 VOC보다 우위를 점하기 시작했다. EIC가 전체적으로 VOC보

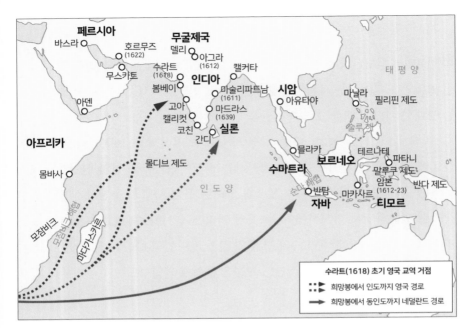

EIC의 아시아 교역 네트워크 전환

다 우위에 서게 된 시점은 1730년대 경이다. EIC가 VOC보다 우위에 서게 만든 가장 중요한 상품은 역시 면직물이다. EIC의 인도산 면직물 수입 추이는 1660년대 평균 19만 9,000필, 1670년대 57만 8,000필, 1680년대 70만 7,000필에 달할 정도로 급속히 성장했다. 이러한 성장은 EIC가 공장을 설립하여 면직물을 생산하지 않더라도 인도에 자체적으로 면직물 생산 체계가 정비되어 있었기에 가능했다. EIC는 그저 자체 선박을 이용해 면직물들을 영국, 나아가 유럽에 들여오는 것만으로도 큰 수익을 올릴 수 있었다.[74]

---

[74] 이로 인해 영국에서는 1698년 기존 EIC 외에 신동인도회사를 설립하고 EIC에 주어진 특권을 취소했다. 하지만 두 회사는 1709년에 다시 하나의 회사로 통합하여, 인도에 대한 지배 권력을 강화해 갔다.

이러한 면직물의 무차별적 수입은 영국 내 섬유 산업, 특히 당시까지 유럽인들의 주요 직물이었던 린넨 산업에 큰 타격을 주었다. 단순히 타격을 준 정도가 아니라, 산업혁명이 일어나는 계기가 되었다. 산업혁명으로 영국 내 면직물 생산은 급격히 증가했다. 나중에는 거꾸로 영국의 면직물이 인도에 수출되어 인도 면직물 산업에 심대한 타격을 주기도 했다.

교역에서 정복으로

—

인도에서 영국 면직물 산업이 성공하면서 뒤늦게 프랑스도 인도 진출을 시도했다. 두 나라는 인도 곳곳에서 전투를 벌였다. 이 전투에서 승리한 EIC는 인도의 징세, 행정권을 확보하여 하나의 통치기구로 바뀌나가기 시작했다. 당연히 EIC는 인도에서 이전 교역에서보다 훨씬 많은 수익을 올렸다.

하지만 EIC의 높은 수익, 방만한 경영, 그에 따른 경영 불안정 등이 반복되자 1773년 영국 정부는 인도에서 행정적 권한을 행사할 수 있는 별도의 기구를 설치했다. EIC는 본국의 식민지 사업 하청조직으로 전락했고, 불안정한 EIC 조직은 오래가지 못했다. 1858년 '인도통치법'이 시행되면서 EIC는 종식되었고, 1877년 인도는 영국령으로 편입되는 과정을 겪게 된다. 이러한 정복은 인도뿐만 아니라, VOC의 통제에 있던 동남아시아 자바섬에서도 비록 그 과정

산업혁명과 영국의 면직물 산업의 성장

은 달랐으나, 이루어졌다. 바닷길을 이용한 교역 확대는 결국 지배자와 피지배자로 나뉘는 정치적 승패로 귀결된 것이다.

육지를 뚫어 물길을 만든다

지금까지 바다의 길을 개척한 사례를 다루었다면 아예 육지를 뚫어 길을 만든 사례에 대해 조금 더 알아보자. 이는 이렇게 건설된 바다의 길이 세계의 무역에 커다란 영향을 끼쳤고 지금도 매우 유효한 길로 이용되고 있기 때문이다.

수에즈 운하 Suez Canal

수에즈 운하는 이집트에 있는 인공 해수면 수로로 지중해와 홍해를 연결하고 아시아와 아프리카의 경계를 만드는 물길이다. 총연장은 193.3km에 달하니 대략 우리나라 서울에서 전주까지의 거리이다. 운항 가능한 선박의 최대 폭은 77.5m, 수심은 20.1m로 현존하는 선박 중에서 이 운하를 통과하지 못하는 선박은 거의 없다.

이 지역에는 이미 고대 이집트 시대에 나일강과 홍해를 연결하는 수로가 건설되어 사용되었고, 오스만튀르크에 의해 육로 비단길이 막혔던

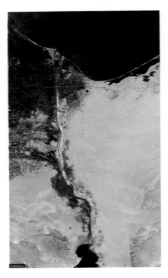

수에즈 운하

15세기에도 운하 건설이 검토된 적이 있었다. 근대에 들어서 운하 건설을 처음으로 계획하여 실행한 사람은 프랑스 외교관이었던 레셉스 F. Lesseps였다. 이 운하의 건설 기간은 1859년부터 1869년으로 10년의 시간이 소요되어 1869년 11월 17일에 공식적으로 개통되었다. 이 운하는 아라비아해에서 런던까지의 수송 거리를 약 8,900km 단축하여, 전체 운항 시간을 8일(시속 24노트)에서 10일(시속 20노트) 정도 절감하게 해준다.

이 운하의 소유권은 명백하게 이집트 정부였지만, 1956년까지는 영국과 프랑스 등 유럽 주주들이 운영 권한을 가지고 있었으며, 1956년 나세르 이집트 대통령이 국유화를 선언함으로써 현재는 이집트가 운영권을 가지고 있다. 원래는 단일 수로였으나, 2014년부터 일부 구간(35km)에 대해 운하 확장 공사를 시행해 일 선박 통과량을 49척에서 97척으로 확대했다. 또한 2016년에는 운하 북측에 측수로를 건설하여 컨테이너 선박이 정박할 수 있는 터미널을 운영하고 있다.

2021년 현재 연 20,600척의 선박이 이 운하를 통과하여, 하루 평균 56척이 이 운하를 이용했다. 하지만, 최근에는 아랍 지역의 정세 불안으로 운하 사용이 제한됨에 따라 바스쿠 다가마에 의해 처음 개발된 아프리카 남단 항로가 대체 항로로 활용되기도 한다.

파나마 운하 Panama Canal

—

파나마 운하는 중앙아메리카 파나마에 있는 인공 수로로, 대서양과 태평양을 연결하는 물길이다. 총연장은 82km이며 수에즈 운하의 절반에 못미친다. 하지만 이 운하를 이용함으로써 남아메리카를 우회하는 노선보다 15,000km를 단축할 수 있다. 프랑스가 최초로 운하 건설을 시도했다. 1881년에 공사를 시작했지만, 기술적인 문제, 공사의 난도가 높다는 문제 등으로 중단되었다. 이후 미국이 1904년에 이 프로젝트를 인수하여 1914년에 운하를 건설했다. 이후 미국이 운영해 오다 1974년 두 나라 간의 협약을 통해 운영 권한은 파나마 정부로 이관되었다.

처음 건설되었을 때, 갑문의 폭이 33.5m에 불과해 많은 선박이 통과할 수 없었고, 2007년부터 2016년까지 확장 공사를 진행했다. 파나마 운하의 통과 여부를 기준으로 선박을 구분했는데, 초기 운하를 통과 가능한 선박을 파나맥스Panamax급 선박[75], 확장 공사가 진행된 다음에 통과 가능한 선박을 네오 파나맥스Neo-Panamax급이라고 부른다. 운항 가능한 선박의 최대 폭은 49m, 수심은 15.2m로 일부 대형 선박은 운하를 사용할 수 없어 남아메리카를 우회해야 대서양과 태평양이 연결된다는 단점이 있다. 또한 수에즈 운하처럼 해수면과 같은 수위를 유지할 수 없기에 운하 내에 3개의 수위 조절 갑문이 설치되어 있어 선박의 통과 시간이 길어지는 문제도 있다.

---

[75] 컨테이너 선박 기준으로 최대 4,400 TEU(Twenty-foot Equivalent Unit, 컨테이너 1개당 길이 20피트) 규모의 선박이다.

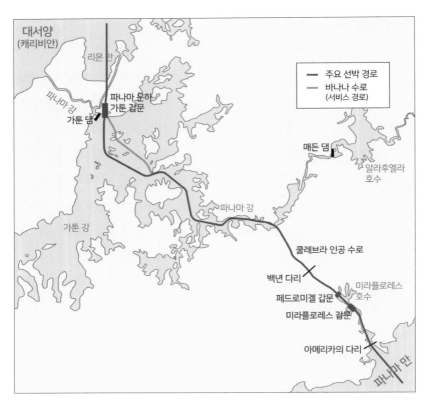

리몬 만

대서양
(캐리비안)

주요 선박 경로
바나나 수로
(서비스 경로)

파나마 강

파나마 운하
가툰 갑문

가툰 댐

매든 댐

알라후엘라
호수

가툰 강

파나마 강

쿨레브라 인공 수로

백년 다리

미라플로레스
호수

페드로미겔 갑문

미라플로레스 갑문

아메리카의 다리

파나마 만

파나마 운하 개요

    운하는 수면보다 높은 산악 지역을 절개해야 해서 공사가 매우 힘들었고, 자재 운반도 매우 어려웠다. 결국 미국은 1850년부터 1855년까지 먼저 철도(파나마 철도)를 건설하여 태평양과 대서양 사이의 화물 수송을 대체해야 했다. 이후 운하 역시 파나마 철도와 평행하게 건설하여 운하 공사를 위한 인력 및 자재의 수송에 도움을 받았다.

    현재까지 파나마 운하를 이용하는 선박은 100만 척에 육박하고 있으나, 통과 시간이 12시간에 달한다. 이 때문에 니카라과에서 파나마 운하를 대체할 운하 건설 방안이 논의되고 있다.

산업혁명이 만든 새로운 길들
: 철도와 하늘길

제3부는 시간상으로 1800년대 중반 이후 2000년대까지, 200년이 채 안 되는 동안 세계의 대륙들을 하나로, 더 나아가 세계를 하나로 연결하는 길을 소개한다. 기존의 육지길과 바닷길은 그대로 발전하면서, 지금까지 보지도 듣지도 못했던 길이 만들어져 세상이 혁신적으로 변화한 시기이다. 이 길들을 정확히 이해하기 위해서 18세기 후반부터 진행된 산업혁명을 이해해야 한다. 그리고 변화하는 세상에 대한 각 국가의 서로 다른 대응을 정확하게 파악해야 한다.

동아시아 국가들은 유럽을 중심으로 진행된 산업혁명을 제대로 인식하지 못한 채 19세기를 지나왔다. 특히 청나라의 중국과 한반도의 조선은 산업혁명을 통해 발전한 유럽 사회를 침략과 간섭이라는 형태로 간접 체험했을 뿐이다. 이들 국가는 결국 제2차 세계대전이 끝날 때까지 다른 나라의 핍박에 시달리며, 변화한 기술과 산업을 수동적으로 수용했다. 다만, 일본은 세상의 변화에 일찍 눈을 떠 400년 동안 유지했던 사무라이의 시대를 정리하고, 새로운 문물을 적극적으로 받아들였다. 그리고 유럽과 아메리카 국가에 대한 동아시아의 파트너이자 경쟁자로 나섰다.

유럽은 산업혁명의 발상지로서, 영국을 필두로 프랑스, 독일, 이탈리아 등이 급격한 경제 발전을 이루고, 이를 바탕으로 해외 식민지 확보에 나섰다. 상대적으로 발전이 지연된 러시아는 일찍 사회주의 혁명을 경험한 후, 독자적인 발전을 모색했다. 그러나 이 국가들은 해외 식민지 경쟁 속에서 서로 갈등과 경쟁을 반복하다 두 번의 세계대전을 촉발해 엄청난 피해를 보았다.

바닷길이 확대되던 시대에 역사의 전면에 등장한 아메리카 대륙에서는 미국이 산업혁명의 성과를 받아들이면서 아메리카 대륙의 맹주로 등장했다. 중앙·남아메리카의 국가들은 19세기 초반에 독립했지만, 유럽 국가들의 여전한 영향력 아래 기존 사회 경제 구조에서 벗어나지 못했다.

역시 바닷길이 확대되던 시대에 유럽 국가들의 관심의 대상이었던 인도와 동남아시아는 유럽 국가들의 식민지 확보 경쟁의 대상이 되어 제2차 세계대전이 끝난 시점에야 다시 독립했다.

제2차 세계대전이 끝난 후, 세계는 자본주의 진영과 사회주의 진영으로 나뉘어 심각한 냉전 상태에 돌입했다. 1990년대에 들어서야 그 정치적, 경제적 갈등 구조를 극복했다.

제1장

육지를 연결하는
새로운 길

철도의 탄생

'궤도'라는 길
—

철도! 문자 그대로 해석하면 '쇠로 만든 길'이다. 그럴 법하다. 길 위에 쇠로 된 궤도를 만들고, 그 위를 달리는 차량도 육중한 쇠로 만든 것이다. 그러니 누구도 의심할 것 없이 철도는 쇠로 만든 길이다.

조금 더 깊이 생각해 보자. 철도라는 말의 영어 표현은 'railway', 또는 'railroad'이다. 유럽에서는 주로 'railway'라 하고, 미국에서는 'railroad'라 한다. 길에 대한 철학적 차이가 은근히 보인다. 우리는 둘 다 길이라고 해석하지만, way는 어디에서 어디로 가는 이동 방향성을 담고 있다면, road는 사람이나 물건의 이동 기반이라는 물리적 속성을 드러내는 표현이다.

어쨌거나 둘 다 'rail'을 포함하고 있다. 그런데 사전에서 rail을 찾아보면, 어디에도 쇠와 연관된 해석은 없다. 영한사전에는 '난간', '걸이' 등으로, 영영사전에는 '어떤 물건이 떨어지지 않게 특정 공간의 가장자리에 만들어 놓은 수평 난간', 또는 '어떤 물건을 걸어놓을 수 있는 수평 난간'으로 설명한다. 요컨대 집 벽에 붙어 있는 창틀도 rail이고, 옷을 걸어놓는 선반도 rail이고, 해변이나 높은 산 능선에 설치해 놓은 난간도 rail이다. 쇠로 만들지 않은 창틀도 많고, 쇠로 된 선반은 찾아보기 어렵다. 기껏해야 바닷가나 산 정상에 가야 쇠로 된 난간을 볼 수 있을 따름이다.

rail이 일반적으로 난간이라는 뜻이니, railway든 railroad든 그 뜻은 '난간 형태로 되어 있는 길'이 될 것이다. 정확한 사전적 단어로는 '궤도軌道'이다. '궤軌'라는 한자어의 뜻이 '바퀴 자국'이니 정해진 바퀴 자국이 연결되는 길이다. 결국 종합하면 '바퀴에 맞춰 난간이 만들어져서 이를 따라가는 길' 정도가 되겠다. 결국 궤도의 한 형태인데, 그 궤도가 쇠로 만들어졌으면 철도가 되는 것이 아닐까. 실제로 역사에서 철도의 탄생 이전에 궤도의 역사가 있고, 그것이 진화하면서 궤도의 한 형태로 철도가 만들어진다.

철도 이전의 궤도

궤도의 최초의 흔적은 지금으로부터 무려 6,000년의 세월을 거슬러 가야 한다. 청동기 시대에 영국의 서머싯Somerset에서 습지를 가로질러 건너가기 위해 나무로 된 다리를 만들었는데, 이것이 지금까지 발견된 가장 오래된 궤도라고 전해 온다.[1]

---

[1]   Richard Brunning, 「Neolithic and bronze-age Somerset: a wetland perspective」 Somerset Historic Environment Publications, 2000.

보다 선명한 난간의 형태가 보이는 궤도는, 그리스 코린트 근처의 코린트 지협에 놓여 있는 디올코스Diolkos라 불리는 길로 기원전 600년부터 사용된 길이다. 이 길은 펠로폰네소스반도의 양쪽에 있는 이오니아해와 에게해를 연

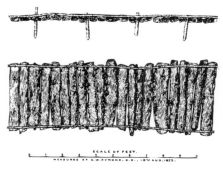

지금까지 발견된 가장 오래된 궤도

결하는 최단 거리의 육로이다. 두 바다를 이동하기 위해 연안을 따라 항해하는 멀고 위험한 길을 단축하기 위해서, 배를 육지로 약 6km 정도 이동하도록 만들어진 길이다. 지금의 궤도와는 달리 바위를 이용해 폭 1.6m 정도의 오목한 궤도를 만들어서, 배를 수레에 실어 이동한 것으로 추측한다. 당시 기록들에 따르면, 이 길은 전쟁 중에 군사용 선박을 양쪽 바다로 신속하게 이동하기 위해 사용되었지만, 상업용 목적으로도 쓰였

코린토스 지협과 현재 남아 있는 디올코스 흔적

다고 추정된다.

　이후 많은 지역에서 궤도로 추정할 수 있는 길들이 발견되었다. 이 중에서, 과거에 만들어져서 현재도 사용하고 있는 궤도로 대표적인 것은 오스트리아 잘츠부르크에 있다. 잘츠부르크의 남쪽에는 알프스산맥을 한눈에 조망할 수 있는 호헨잘츠부르크 성채가 높이 솟아 있는데, 알프스에서 내려오는 산적들을 방어하기 위한 성채로 추측된다. 호헨잘츠부르크가 군사용 성채라면 각종 물자나 사람을 수시로 잘츠부르크 시내에서 공급해야 했을 것이다. 이를 위한 라이스추크^{Reisszug 2}라 불리는 강삭철도(푸니쿨라)가 설치되어 있다. 라이스추크가 최초로 만들어진 1500년 전후 즈음에는 이 철도를 운행하기 위해 나무로 된 궤도를 만들고, 마로 만든 밧줄을 연결하여, 사람이나 동물의 힘으로 수레를 끌어 올리고 내

호헨잘츠부르크 성채와 라이스추크의 현재 모습

2　'견인 기차'라고 해석할 수 있다

렸다. 지금도 이 철도는 그대로 남아 있어, 관광객을 수송하는데 사용하고 있다. 다만, 궤도는 철로, 동력은 전기로 바뀌었을 뿐이다.

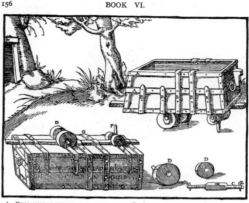

A—RECTANGULAR IRON BANDS ON TRUCK.   B—ITS IRON STRAPS.   C—IRON AXLE.
D—WOODEN ROLLERS.   E—SMALL IRON KEYS.   F—LARGE BLUNT IRON PIN.
            G—SAME TRUCK UPSIDE DOWN.

광산에서 사용된 훈트 수레의 형태

이러한 특수한 형태의 궤도 말고, 본격적으로 화물을 수송하기 위한 궤도는 16세기 후반 즈음 독일의 광산 지대에서 많이 사용되었다. 광산에서 캐낸 철광석, 석탄을 인근 하역장, 또는 강이나 바다 어귀의 항구까지 실어 나르기 위해 나무로 된 수레와 역시 나무로 만든 궤도가 이용되었다.

이때 수레바퀴가 궤도 위를 지나가도록 바퀴 사이에 쇠로 된 핀을 꽂아 이 핀이 궤도 중간에 있는 홈을 따라서 움직이도록 했다. 그런데 이 핀이 홈에서 끌리면서 나는 소리 때문에 이 수레를 '훈트hund'라 불렀는데, 이는 독일어로 개라는 뜻이다. 나무 궤도와 나무 화차는 16세기부터 18세기까지 광범위하게 사용되었다. 처음에는 사람의 힘을 동력으로 사용하다, 나중에는 말이 끄는 마차 형태로 물건을 수송하기도 했다.

'L'자형 궤도와 테두리 있는 바퀴

철을 사용한 궤도의 탄생

쇠로 만든 궤도인 철도는 18세기 후반부터 나타났다. 나무로 만든 궤도는
화물이 무거우면 쉽게 부서졌는데, 이 문제를 해결하기 위해 나무 궤도 위
에 철로 된 판을 깐 형태의 궤도가 1760년대에 나타났다. 증기기관의 발
명으로 철 생산이 증가했기에 가능했다. 곧이어 나무 궤도 위에 까는 철
판을 'L'자형으로 구부려, 차량의 바퀴가 궤도에서 이탈하는 것을 방지하
는 방식plateway도 개발되었다. 비슷한 시기에 바퀴에 테두리를 붙여 궤도
이탈을 막는 방식flanged wheel도 동시에 개발되었다. 이는 모두 수레 가운데
에 핀을 꽂아, 그 핀이 홈을 따라 이동하게 한 훈트 수레 방식을 개선한
것이다. 이 두 방식은 19세기 초반까지 병행되어 사용되었지만, 바퀴에
테두리를 붙인 방식이 더 효율적이어서 오늘날까지 사용되고 있다.

차량의 바퀴가 궤도를 이탈하지 않도록 바퀴와 궤도에 모두 철을 사
용하는 방식이 일반화되기 시작했다. 특히 강철 제련 기술이 발전하면서
무른 쇠로 인한 궤도 형태의 변형, 바퀴 손상 등의 문제도 비슷한 시기에

해결되었다. 독일에서는 이를 'Eisenbahn', 즉 '철로 된 궤도(또는 길)'로 부르기 시작했다. 문자 그대로 '철도'의 시대가 도래한 것이다.

우리는 철도 위를 달리는 교통수단을 기차汽車라고 부른다. 이것은 무슨 뜻일까? 한자를 그대로 뜻풀이한다면 '물이 끓어 생기는 김으로 움직이는 차량' 즉, 증기기관에 의해 움직이는 차량이다. 다른 동력을 쓰는 기관차가 생겨나기 이전 증기기관차 시대에 차량을 기차라고 불렀지만, 이제 이 용어는 '기관차에 여객차나 화물차를 연결하여 궤도 위를 운행하는 차량'의 뜻을 가진 일반명사가 되었다.

증기기관차, 철도의 전성시대를 열다

증기기관차의 발명

1769년 제임스 와트가 증기기관을 발명하면서 영국을 필두로 산업혁명의 시대가 열렸다. 증기기관의 발명이 철도 발전에 매우 중요한 계기가 된 것은 다음의 두 가지 이유 때문이다.

첫 번째는 앞에서 언급한 강철의 대량 생산이다. 철도 이전의 궤도와 차량은 광산에서 채굴된 무거운 철광석과 석탄 등을 실어 나르기 위한 용도였으며 대부분 목재로 만든 것이었다. 하지만, 나무로 된 수레바퀴나 궤도는 오래 갈 수는 없었다. 수레에 실린 화물의 무게 때문에 뒤틀리고 깨지는 것이 다반사였다. 당연히 더 강한 재료로 수레바퀴와 궤도를 만드는 방법을 고안할 수밖에 없었다. 자연스럽게 철을 이용한 바퀴와 궤도로 생각이 모였다. 하지만 쓸 수 있는 철이 충분하지 않았다. 이 고민을 해결해 준 것이 증기기관이다. 증기기관이 발명되고 나서 광산에서 채굴한 철광석에서 철을 추출하는 속도가 늘어났고, 증기기관 용광로를 이용

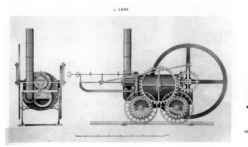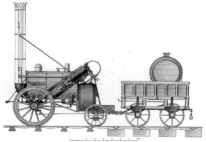

트레비식의 증기기관차(좌)와 스티븐슨의 증기기관차 '로켓'(우)

하여 저렴하게 많은 강철을 생산할 수 있었다. 증기기관이 철도 시대를 앞당긴 것이다.

두 번째는 바로 증기기관차의 발명이다. 많은 사람이 말 대신 증기기관을 이용해 화물을 실은 수레를 끄는 방법을 고민했다. 영국의 기술자인 트레비식R. Trevithick이 그 선구자였다. 그는 1804년에 최초의 증기기관차를 만들어냈지만, 그의 기관차는 기존의 'L'자형 궤도에 올려놓기에는 너무 무거웠고, 그저 전시용 기관차에 머물고 말았다.

트레비식의 기술에 영감을 받아 실제 철도 구간에서 사용이 가능한 증기기관차를 만들어낸 기술자는 스티븐슨G. Stephenson이었다. 그는 '로코모션Locomotion'이라는 이름의 증기기관차를 만들어서, 1825년 잉글랜드 동북부 지역 광산 지대인 달링턴Darlington에서 티스강Tees River 옆의 도시였던 스톡턴Stockton까지 14km의 거리를 평균 시속 13km로 달렸다.[3]

---

3 시속 13km로 14km 거리의 구간을 달렸으므로 한 시간 남짓 걸렸을 것이라고 추측할 수 있지만, 실제 운행 시간은 2시간이었다. 그 이유는 객차 하나에서 바퀴가 빠져서 한 번 멈추었고, 기관차가 고장이 나서 수리하느라 한 번 더 멈추었기 때문이다.

리버풀-맨체스터 구간 철도

　기관차에는 21량의 석탄 화차가 연결되었고, 그중 6량에는 석탄이 가득 실려 있었고, 객차로 개조된 나머지 화차에는 600명에 달하는 승객이 탑승하고 있었다. 역사는 이를 최초의 증기기관 철도 운행으로 기록하고 있다.

　그러나, 이후 철도가 운행된 이 구간에서는 증기기관차와 더불어 반대 방향으로는 마차가 함께 운행되었기 때문에 온전한 증기기관 철도 노선으로 인정받지 못했다. 순수하게 증기기관차로만 운행한 구간은 1830년에 최초 운행이 시작된 리버풀Liberpool–맨체스터Manchester 구간이다. 이 구간을 달린 증기기관차는 스티븐슨이 제작한 '로켓Rocket'이었다.

　항구 도시인 리버풀과 방적 공장 지대였던 맨체스터를 연결하는 50km의 구간을 로켓호는 시속 25km의 속도로 2시간 만에 주파했다. 이 노선은 최초의 복선 철도였으며, 지금까지 사용하는 철도 신호 체계를 최초로 사용했고, 우편 배달을 시행한 최초의 노선이었으며, 증기기관차에 의한 최초의 대중교통 노선이었다.[4]

증기기관을 동력으로 하는 철도의 운행은 영국에서 출발하여 순식간에 독일, 미국 등의 나라에서 동시다발적으로 확산하기 시작했다. 이후 엄청난 속도로 발전하여 19세기부터 20세기 초반까지의 기간은 철도의 전성시대라 불렸다.

왜 철도 전성시대인가?

증기기관차 철도를 이용한 육상 수송은 19세기 승객 및 화물 수송 체계를 근본적으로 바꾸었다. 앞에서 설명한 스톡턴-달링턴 철도는 운하를 통해 1만 톤 정도 수송하던 연간 석탄 수송량을 50만 톤으로 늘려놓았다. 철도는 마차, 운하 등과는 비교할 수 없을 정도로 빠른 속도로 대규모의 승객과 화물을 수송하기 시작했다.

이는 당시 산업혁명에 의한 산업 구조의 변동과 정확하게 맞물려 서로 상승 작용을 일으키면서 진행되었다. 산업혁명의 중요한 특징 중의 하나는 대량 생산이다. 대량 생산은 필연적으로 자원과 상품의 장거리 이동이 필수적이다. 이 수송 수요를 담당할 수 있는 대량, 장거리, 쾌속 수송 수단이 육상에서는 바로 철도였다. 산업혁명으로 만들어진 증기기관이 철도를 발전시켰고, 철도의 발전이 다시 산업혁명을 진전시키는 중

---

4   또한 이 노선은 개통식날, 최초로 철도 사고가 발생한 노선이기도 하다. 개통식에 참여하여 철도에 시승한 리버풀 의회의 허스키슨(W. Huskisson) 의원이 중간 기착점에서 반대편에서 오는 열차에 치여 사망하는 사고가 있었다.

요한 기폭제로 작용한 것이다.

철도 이전의 주력 수송 수단인 마차의 속도는 시속 6~15km 정도였다고 한다. 이는 최초의 순수 증기철도인 맨체스터-리버풀 구간 철도 속도의 25~60%에 불과하다. 이후로도 철도의 속도는 계속 빨라졌다. 19세기 후반 상업용 철도의 속도는 시속 70km를 넘어섰다. 그리고 20세기 초반에는 시속 120km 내외의 철도가 상용화되면서 승객 및 화물 수송은 점점 더 철도에 의존하게 되었다.

수송 거리도 점점 더 늘어났다. 초창기 50km 내외의 국지적 노선에만 운영되던 철도는, 특히 국가가 전략적으로 철도망 계획을 수립하여 실행하고 있던 독일에서 수송 거리가 비약적으로 증가하기 시작했다. 독일은 이미 1837년에 라이프치히에서 드레스덴까지의 120km의 철도를 상용화했다. 1840년에는 만하임에서 하이델베르크까지 총거리 285km의 노선에 철도를 운행하기 시작했다. 그리고 1846년에는 지금의 폴란드 도시인 브로츠와프에서 베를린까지 300km가 넘는 노선의 철도가 운행되었다. 수송 거리가 길어질수록 철도의 경쟁력은 훨씬 더 높아진다. 승용차나 트럭이 주요 육상 교통수단인 지금도 수송 거리가 250km를 넘어서면 철도의 경쟁력이 더 높다는 점을 고려할 때, 당시 철도는 마차에 의한 수송을 거리 측면에서도 압도했음을 알 수 있다.

단위 운행 당 수송 능력은 어땠을까? 처음으로 운행된 스톡턴-달링턴 철도는 21량의 화차 및 객차를 달고 달렸다. 화차 하나를 마차 하나로 계산해도 초기 철도의 수송 규모는 마차 수송 규모의 20배에 달한다. 하지만 과거에 이용되던 마차의 최대적재량은 3~5톤으로 추산되는 반면, 철도 화차의 효율적 적재량은 25톤 내외이다. 마차의 적재량을 최대치로

잡아도, 20량의 화차를 끄는 철도의 1회 수송량은 마차 수송량의 100배에 달하는 수송 능력이 있다고 할 수 있다. 물론 이것은 연결되는 화차의 숫자에 따라 달라질 수 있다.

그런데 왜 증기자동차는 개발되지 않았을까? 시도가 없지는 않았다. 프랑스 기술자인 퀴뇨^{N. J. Cugnot}가 증기자동차를 만든 적이 있었다.[5] 그러나 시험 주행에서 시속 4km로 달리다 벽에 부딪혀 전복하고 말았다. 증기기관과 그것을 작동하게 할 석탄과 물까지 소형의 자동차에 싣는 데는 무리가 있었다. 당시의 도로 사정으로는 증기기관의 무게를 궤도도 없는 맨땅이 견디기 힘들었다. 게다가 수시로 물을 보충해야 하는데, 정기적인 정차역이 없는 상황에서는 불가능했다.

결국 철도가 유일한 대안이었다. 19세기를 관통하면서 유럽과 아메리카, 심지어 식민지 인도와 아시아에 폭발적으로 철도 노선이 건설되고, 세상의 모든 것이 철도로 운송되는 시대가 도래했다. 철도가 운행된 지 100년이 채 되지 않는 20세기 초반에 이르면 세계 철도 연장은 오늘날 철도 연장과 비슷한 수준에 이른다. 19세기는 그야말로 철도가 폭발하던 시기였다.

---

5   크리스티안 윌마(배현 역), 『철도의 세계사』 다시 봄, 2019.

철도 기관차의 진화

20세기 기관차의 대명사, 디젤기관차

19세기 철도 수송의 동력으로 거의 100년 가까이 전성기를 누린 증기기관차는 20세기 들어서 그 자리를 디젤기관차에 내주게 된다. 디젤기관차는 이후 많은 나라에서 전기기관차, 혹은 전기 기차로 급격히 대체되지만, 1930년대부터 1970년대까지 최소한 50여 년 동안 철도 기관차의 대명사였다.

디젤기관차는 내연기관의 발명으로 등장했다. 내연기관이란, 증기기관 등의 외연기관과 달리, 일정한 연소 장치 안에서 연료와 에너지 전달 물질이 동시에 연소하여 에너지를 발생시키고, 이 에너지를 동력으로 전환하는 장치를 말한다. 내연기관은 증기기관차가 활발히 사용되고 있던 1860년대에 최초로 개발되었으며, 1906년에 루돌프 디젤[R. Diesel]이 이 내연기관 기술을 이용하여, 본격적으로 디젤기관차를 생산해내기 시작했다.[6]

디젤기관차는 1912년 스위스 빈터투어Winterthur와 로만스혼Romanshorn 사이 약 50여 km 정도의 구간에서 처음으로 운행되었다. 최고 시속 100km로 달린 이 기관차는 시범 운행 과정에서 발생한 여러 가지 문제 때문에 운행이 중단되었고, 1914년 1차 세계대전으로 인해 추가적인 운행도 멈추고 말았다. 제1차 세계대전이 끝난 후 디젤기관차[7]는 점차 세계 곳곳에서 사용되기 시작했다. 유럽, 미국, 그리고 아시아 등 여러 나라에서는 디젤기관차를 자체 제작하여 기존 철도 노선에 투입했다. 특히 디젤기관차가 가장 활발하게 활용된 나라는 미국과 캐나다 등 북아메리카였다. 1930년대부터 다양한 형태의 디젤기관차를 개발해 여러 노선에 투입했다. 그리고 1935년부터 1960년, 특히 1951년부터 1960년 동안 미국에서 증기기관차는 완벽하게 사라지고, 디젤기관차가 그 자리를 차지했다. 현재에도 미국 화물 수송의 84%, 승객 수송의 86%는 디젤열차를 활용하고 있다.

유럽에서도 1933년 독일 베를린과 함부르크 구간에서 디젤기관차가 시속 124km로 운행한 시점부터 디젤기관차가 증기기관차를 대체하기 시작했다. 독일의 경우, 1939년까지 대부분 주요 도시들이 디젤기관차로 연결되었고 그 속도도 시속 134km로 빨라졌다. 비록 전기기관차가 급격히 증가했지만, 현재도 유럽 전체 철도, 특히 화물 철도를 중심으로 디젤기관차의 비중은 50%에 달한다. 그 이유는 증기기관차에 비해 디젤기관차가 다음과 같은 장점이 있었기 때문이었다.

6　디젤기관차라는 명칭은 루돌프 디젤의 이름에서 따온 것이다.

7　이때부터 디젤기관차는 정확하게 표현하면 '디젤-전기기관차'(Diesel-electric locomotive)이다. 즉 기관차에서 디젤을 이용해 전력을 생산하고, 이 전력을 동력으로 하여 열차를 움직인 것이다.

첫째, 디젤기관차는 증기기관차보다 한 번에 갈 수 있는 거리가 훨씬 길었다. 디젤의 1회 운행 당 운송 가능 거리는 3,200km에 달한다. 하지만 증기기관차는 몇 시간만 운행해도 정비가 필요해서 멈춰야 했다. 둘째, 증기기관차에 비해 디젤기관차는 연료 효율성이 4배 이상 높았다. 또한 운행을 위해 투입해야 하는 인력도 디젤기관차가 훨씬 적었다. 셋째, 디젤기관차는 훨씬 빠른 속도로 운행하면서도 트랙 손상은 훨씬 적었다.

하지만 디젤기관차의 전성기는 1960년대까지였다. 이후 많은 기관차가 전기기관차로 대체되었다. 대체된 이유는 디젤기관차가 실상은 디젤기관을 이용해 전력을 생산하는 차량이었고, 차량 이동의 실제 동력은 전기였으며, 유가 변동에 따른 디젤유 비용이 증가했기 때문이다.

전기기관차, 철도 동력 공급의 대안이 되다

—

증기기관차의 발명이 19세기 유럽과 북미 대륙의 교통 체계를 뿌리부터 변화시키기 시작할 즈음, 증기기관차를 대신할 또 다른 기술이 개발되었다. 놀랍게도 전기기관차였다. 철도, 또는 교통수단의 발전 과정에 조금이라도 관심이 있다면, 이들 교통수단의 동력 장치가 증기기관에서 디젤(혹은 가솔린)을 이용한 내연기관으로, 그리고 다시 전기기관으로 진화했을 것으로 추측하게 된다. 맞는 말이다. 하지만, 실제로는 증기기관차가 실용화되고 10년쯤 지났을 무렵 다른 형태의 기관차보다 먼저 전기기관차가 개발되었다.

전기기관차는 1837년, 영국의 화학자인 로버트 데이비드슨[R.Davidson]에 의해 최초의 시제품이 만들어졌고, 1841년에 보다 규모가 큰 제품이 만들어졌다. 이 전기기관차는 중량이 7톤에 달했으며, 시연회에서 시속 6km의 속도로 6톤 중량의 화물을 실어 날랐다. 하지만, 당시 차량에 장착한 배터리 용량의 문제로 전력 공급이 제한적이어서 실용화되지는 못했다.[8] 실용화된 최초의 승객용 전기열차는 이로부터 40년 정도가 지난 1879년, 독일의 베르너 지멘스W. von Siemens에 의해 만들어졌다. 이 전기열차는 기관차와 3량의 객차로 구성되어 시속 13km의 속도로 달렸으며, 4개월의 시범 운전 기간 동안 약 9만 명의 승객을 수송했다. 전력 공급 방식은 지금과 같이 차량 상부의 전선을 이용하는 방식이 아니라, 운행 궤도 중간이나 옆에 별도의 전력공급용 궤도를 추가하는 제3궤도 방식이었다.

일반적으로 기차를 비롯한 전기 차량에 전력을 공급하는 방식은 크게 두 가지로 나뉜다. 첫째는 상부전선overhead line 방식으로서, 차량의 상부에 전력을 공급하는 전선을 설치하고, 차량에 설치된 팬터그래프나 트롤리가 그 전선에 접촉함으로써 전력을 공급하는 방식이다. 팬터그래프의 경우, 고압의 전력을 상대적으로 무겁고 긴 차량에 공급할 때 유리한 방식으로서, 우리나라 고속철도나 지하철에서는 대부분 이런 방식을 쓴다. 둘째는 제3궤도 방식으로서, 기존 궤도의 가운데나 옆에 전력 공급 궤도를 추가로 건설하여 전력을 공급하는 방식이다. 상부전선 방식에 비해 시설의 설치와 관리가 쉽고 저렴하다는 장점이 있어, 우리나라 일부 경전철, 영국 지역 간 철도의 1/3 정도가 이 방식을 이용하고 있다.

---

8 지금도 전기차의 상용화에 중요한 문제 중의 하나가 배터리 용량 문제이다. 고민의 수준은 다르지만, 같은 문제가 거의 200년째 똑같이 제기되고 있는 것이다.

상부전선방식(좌)과 제3궤도방식(우)

전기기관차가 실용화된 최초의 형태는 전차였다. 지멘스가 만들어낸 전기기관차는 개량을 걸쳐 1882년에 베를린 서남부의 리히터펠데Lichterfelde에서 전차 형태로 운행을 시작했다. 또한, 1883년 오스트리아 빈에서는 차량의 상부전선으로부터 전력을 공급받는 최초의 전차가 운행되기도 했다.

전차에 이용되던 전기기관차는 이후 도시 지역의 터널이나 지하에서 그 유용성이 입증되었다. 증기기관차는 매연을 뿜어내기 때문에 터널 또는 지하에서는 운행하기가 곤란했기 때문이다. 철도의 발전과 더불어 도시 내 수송을 위해 건설된 지하철에 전기기관차를 도입하기 시작했다. 지하철에 전기기관차가 최초로 도입된 것은 영국 런던 남부의 지하철로, 1890년에 최초로 운행을 시작했다.[9] 런던을 기종점으로 하는 지역 간 철도의 종착역인 패딩턴, 유스턴, 킹스크로스 역[10]을 연계하기 위해 패딩턴에서 해링턴까지 6km 구간에 개설된 이 지하철은 1863년에 개통되어

---

9 이 지하철이 최초로 개통된 것은 이보다 27년 전인 1863년이다. 이때부터 증기기관차를 이용하여 운행되다 지하에서의 매연 문제가 심각해지면서 1890년에 전기기관차로 전환했다.

10 현재도 이 역들은 런던과 영국의 다른 지역을 연결하는 지역 간 철도의 종착역으로 활발하게 이용되고 있다.

약 30년 동안 증기기관차를 이용하여 운행되었다. 개통 후 2년 만에 연간 1천만 명이 넘는 승객이 이용한 이 지하철 노선은 증기기관에서 뿜어 나오는 매연으로 원성을 사다가, 1890년 전기기관차를 도입해 현재도

지멘스가 발명한 최초의 실용화된 전차, 'Elektormote'

런던 지하철 네트워크의 중요한 구간으로 활용되고 있다.

한편 전기기관차가 일반 지역 간 철도에서 활용된 것은 1895년, 미국 철도의 출발점으로 알려진 볼티모어-오하이오의 볼티모어 순환 구간부터다. 볼티모어 순환 구간은 볼티모어-오하이오 노선을 북쪽의 필라델피아와 뉴욕까지 연결하기 위해 건설된 구간으로 많은 터널로 구성되어 있어서 증기기관의 매연을 피할 방법을 찾아야만 했다.

하지만 지역 간 철도에서 전기기관차는 생각보다 빠르게 확산하지 못했다. 20세기 초반에 개발된 디젤기관차가 급격히 보급되면서 전기기관차보다 우위를 차지했다. 디젤기관차는 전기기관차와 마찬가지로 증기기관차에서 나오는 매연을 줄이는 장점이 있었다. 게다가 전기기관차보다 건설 비용도 적게 들었고, 동력을 공급하는 기반 시설 관리도 상대적으로 수월했다. 따라서 유럽에서 초창기 전기기관차는 석탄 공급이 어려운 산악지역에서 증기기관차를 대신하는 수준이었다. 미국에서도 동부의 대도시 밀집 지역에서 통근, 통학을 위한 중·단거리 열차에만 전기기관차가 활용되었다.

전기기관차가 지역 간 철도에서 본격적으로 증기기관차, 나아가 디젤기관차를 대체하기 시작한 것은 1960년대 유럽에서부터였다. 기술 발전 덕분에 보다 에너지 효율이 좋은 동력 발생 장치가 개발되었고, 속도도 1930년대에 시속 150km에서 1950년대에는 시속 200km로 급격히 증가했다. 이로써 단순한 매연 저감 뿐만 아니라 신속한 수송을 위해서 전기철도가 더욱 많이 활용되기 시작했다.

또한 1980년대 이후 전기철도에 획기적인 기술 변화가 나타난다. 과거보다 훨씬 가볍고 크기도 작으며, 전자식 제어시스템을 활용한 강력한 모터가 개발되면서, 별도의 기관차에서 전력으로 동력을 발생시키는 것이 아니라, 개별 객차, 화차의 하부에 동력 발생 장치를 부착시키는 방법이 발명되었다. 이른바 멀티 유닛^{Multi Unit} 방식이다. 모든 객차 및 화차는 차량 하부에 있는 모터를 이용해 스스로 이동할 수 있게 되었다. 그래서 별도의 기관차들이 필요 없어졌다. 그 결과, 현재는 전기 '기관차'가 아닌 전기철도가 철도 수송 동력의 대세로 자리 잡고 있다. 전기 동력을 기반으로 한 고속철도의 등장은 전기철도의 발전을 가속하는 촉진제가 되었다.

고속철도의 시대
—

철도는 19세기 산업혁명과 맞물려 중요한 교통수단으로 부각 되었다. 그러나 1900년대 들어서 단거리에서는 승용차, 트럭 등에 밀리고, 장거리에서는 항공기의 등장으로 위협을 받게 되었다. 그러자 철도가 가진 장점을 극대화하여 생존하려는 노력이 진행되었다. 그 방향은 속도의 증가였다.

사실 철도의 속도 경쟁은 이미 오래 전부터 시작되었다. 1825년 최초의 철도인 스톡턴-달링턴 철도가 시속 13km, 리버풀-맨체스터 철도가 시속 25km를 기록한 이래, 기차의 속도는 꾸준히 증가해 왔고, 기술자별로, 국가별로 최고 속도를 향한 치열한 경쟁이 진행되어왔다. 증기기관에서 가장 속도가 가장 빠른 열차는 1938년 런던-에든버러 구간으로 평균 시속 202.6km였다. 불과 100년 사이에 초기 속도보다 8배나 빠른 기관차가 나온 것이다. 가장 빠른 디젤기관차는 1993년 러시아의 상트페테르부르크-모스크바 구간에서 운행한 철도로서, 그 속도는 시속 271km였다. 더욱 놀라운 사실은 디젤기관차가 막 보급되던 1930년대에 기술적으로는 이미 시속 200km를 넘어섰다는 것이다.

고속철도라 부르는 철도 중 제일 먼저 상용화된 것은 일본의 신칸센으로서, 이 열차는 1964년에 도쿄와 오사카 사이의 구간에서 최고 속도 210km, 평균 속도 162.8km로 주행했다. 고속철 중 두 번째로 상용화된 프랑스의 TGV는 1981년 파리-리용 구간에서 최고 속도 260km를 기록했다. 세 번째 상용 고속철인 독일의 ICE는 1991년 하노버-뷔르츠부르크 구간에서 최고속도 280km를 기록했다. 이후, 이탈리아, 스페인, 한국, 대만, 중국 등의 나라에서 고속철도를 상용화하였으

신칸센 열차의 첫 번째 세대인 0계 신칸센

며, 현재까지 상용화된 고속철도의 최고 속도는 중국의 320km이다.

고속철도는 지금까지 승객 수송이 주요 목적이었다. 그 결과 고속철도가 운행하는 구간 대부분에서 항공 수요가 감소했다. 또한 200km 이상의 고속철도 주행 구간에서는 승용차 등 도로교통 수요도 흡수했다.[11] 중국은 2021년부터 고속화물열차를 운행하기 시작했다. 이 열차는 곧 고속철이 운행되는 곳에서 널리 이용될 것으로 예상된다. 이를 통해 철도가 다시 과거의 경쟁력을 회복할지에 관심이 쏠리고 있다.

[11] 우리나라도 서울에서 고속철도가 운행되는 각 광역시까지의 수송분담률을 살펴보면, 고속철도가 항공 승객의 상당 부분을 흡수했고, 장거리 지역에서는 도로 수송도 흡수하고 있음을 알 수 있다.

대륙별 철도 발전의 역사

영국 철도의 변천 과정

이미 언급한 바와 같이 철도가 아닌 궤도 수송의 역사는 우리가 상상하는 것보다 훨씬 더 오래되었다. 주로 석탄을 수송했던 영국과 독일의 광산 지대에서는 15세기부터 말이 나무 궤도 위에 바퀴 달린 수레나 통을 끌어 화물을 수송하기 시작했다. 하지만, 이것은 광산 지대에서 인근의 강이나 운하까지 15km 이내의 짧은 거리의 수송이었을 뿐, 먼 지역 간 수송은 대개 배를 이용했다. 철로 만들어진 궤도와 증기기관을 동력으로 이용하는 철도의 발명은 과거의 이러한 수송 방식을 송두리째 바꿔버린 혁명적 전환이었다.

최초의 증기기관 철도가 운행된 영국은 철도 운행을 시작한 지 10년이 지난 1840년에 전국 네트워크가 완성될 만큼 급성장했다. 스톡턴-달링턴 철도 노선이 건설된 1825년부터 5년 동안 25개의 새로운 철도 건설과 운영이 영국 의회에서 승인되었다.[12] 최초의 증기기관차가 달린 철도 노선인 맨체스터-리버풀 노선은 그중 하나였다. 초창기 영국 철도는 대부분 민간이 투자했으며, 화물 수송을 목적으로 짧은 구간에 건설되었다. 이는 이전의 광산 지역 궤도 수송을 대체하려는 데 목적이 있었다. 하지만, 이 철도들은 곧바로 승객 수송으로 목적이 바뀌었고, 장거리 구간에도 건설되기 시작했다. 심지어 같은 구간에 2~3개의 노선이 만들어져 서로 경쟁하기도 했다.[13] 그 결과, 1830년 말 200km에 불과했던 철도 연장은 40년이 지난 1871년에는 20,000km까지 늘어났고, 영국 주요 도시와 산업 지대를 연결하는 대규모 네트워크가 형성되기에 이르렀다. 1882년의 통계에 따르면, 철도 연장 29,500km, 승객 수송 7억 5200만 명, 화물 수송 2억 5600만 명 수준이었다.[14]

그러나 1850년대를 지나면서 민간에 의한 철도 건설과 운영은 과도한 경쟁과 과잉 투자를 야기한다는 문제가 제기되었다. 1870년쯤이 되면 철도의 건설과 운영은 더 이상 수익이 나는 사업이 아니었다. 많은 회사가 도산하고, 단거리 노선을 중심으로 한 일부 회사들은 대형 철도 회사에 합병되는 과정을 겪었다. 정부가 철도 산업에 개입할 수밖에 없는 상황이 전개된 것이다. 1840년대부터 이미 철도 산업의 국유화 필요성이 제기되었고, 마침내 제1차 세계대전이 종료된 직후인 1923년 철도 사업은 민간과 공공이 공동 투자한 4개의 공기업으로 통합되었다.[15] 당시 4개

---

12   초창기 영국의 철도는 철저하게 민간 자본의 투자를 통해 건설되어, 민간에 의해 운영되었다. 다만, 건설과 운영은 의회의 승인 사항이었고, 건설된 노선별로 별도의 법으로 승인을 받았다.

13   인구가 많고 산업이 집중된 런던을 기종점으로 하는 철도 노선의 집중 건설로 인해, 1875년에 런던은 우리 서울역만큼이나 큰 대형 철도역이 최대 15개에 달했다. 현재도 영국 런던에서 운영되고 있는 기종점 철도역은 13개에 달한다.

14   Mulhall, M. G., 『Mulhall's Dictionary of Statistics』 Routledge and Sons, 1884.

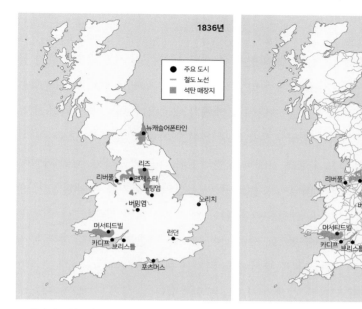

19세기 영국 철도망의 변천 과정

의 대형 철도 회사가 운영하던 철도의 노선 연장은 31,336km였으며, 수송한 승객은 연간 13억 명, 화물은 5억 2천만 톤에 달했다.[16] 2023년 말 기준 우리나라의 지역 간 철도이용승객이 연간 1억 6300만 명 내외, 화물 수송량이 2130만 톤 수준이라는 점을 고려하면, 당시 철도의 수송 규모가 어느 정도였는지는 짐작할 수 있다.

---

15 The Great Western Railway(GWR), The London and North Eastern Railway(LNER), The London, Midland and Scottish Railway(LMS), The Southern Railway company(SR) 이렇게 4개의 공기업을 런던을 중심으로 지역별로 분할한 것이다. 이러한 지역적 분할 형태의 운영은 이후 국영기업체제, 1990년대 재민영화 이후에도 그 형태를 그대로 유지했다.

16 영국의 철도 연장은 2017년 기준으로 15,847km으로서, 1923년 철도 연장의 거의 절반 수준으로 줄어들었다.

1900년대 초 최고점을 찍은 영국 철도 산업은 이 시기를 전후하여 심각한 재무적 위기를 맞게 된다. 소규모 승객과 화물을 탄력적으로 수송할 수 있는 새로운 수송 수단이 등장했기 때문이다. 바로 승용차와 트럭이다. 짧은 거리에서 압도적인 경쟁 우위를 가지고 있는 두 교통수단이 등장하면서 도로 수송이 급격하게 발전했다. 이들의 등장은 시설 과잉에 따른 비용 부담에 허덕이고 있었던 철도 산업을 위기로 몰아넣었다. 게다가 정부는 새로운 교통수단을 위한 도로 건설에만 집중하고, 이미 국가 경제의 중요 수송망으로 자리 잡은 철도는 노선 축소, 운임 하락 통제 등 규제에 치우친 정책을 펼쳐 철도 위기를 한층 가속시켰다. 4개 공기업 지분을 가지고 있던 민간 투자자들은 반발했다. 설상가상 제2차 세계대전으로 인해 런던 등 대도시 철도는 독일의 공습에 심각한 타격을 입기까지 했다.

결국 철도는 국영화하는 방향으로 나아갔다. 1948년이 시작됨과 동

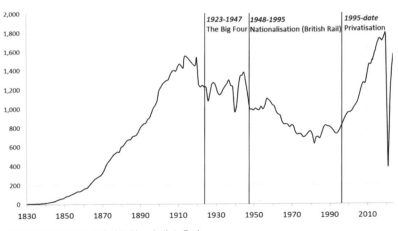

1830년대 이후 최근가지 영국 철도 승객 수 추이

시에 기존 4개 주요 철도 회사들은 'British Railways'라는 단일 국영 기업으로 통합되었다. 그렇다고 하더라도 이미 경쟁에서 뒤진 철도가 도로보다 우위를 점할 수는 없었고, 수송 규모도 수익도 하락의 길에 들어섰다. 1960년대부터 수익이 나지 않는 지선들과 중복 노선들을 정리할 수밖에 없었다. 특히 이는 석탄과 철강을 수송하던 화물 중심 노선에 집중되었다. 이때 사라진 철도 연장은 전체의 1/3에 달했다.

독일 철도의 변천 과정

—

이미 15세기부터 궤도 수송을 시작한 독일에서는 증기기관을 이용한 철도 건설이 상대적으로 더뎠다. 내부의 기술 개발 노력이 없지 않았지만, 독일 최초의 증기기관 철도는 1835년, 민간에 의해 설치되었다. 독일 남부의 뉘른베르크에서 인근의 퓌르트까지 6km 구간이 건설되었고, 그나마도 기관차는 영국에서 수입했다.

철도 건설이 더디게 된 치명적인 이유는 당시 독일은 전국이 30여 개의 소규모 주 단위로 분열되어 있었기 때문이다. 이런 상황에서 토지 소유권의 문제가 쉽게 해결되지 않으면서 각 주의 경계를 넘어서는 지역 간 철도 건설이 어려움을 겪었다. 또한 당시 귀족들은 산업혁명으로 늘어난 화물을 운하를 이용해 수송하는 것을 선호했고, 철도의 필요성을 느끼지 못했다.

그러다 1834년, 주들 간에 관세동맹Zollverein 17이 결성되자, 동맹끼리 자유로운 물자 수송을 위해 주 경계를 넘나드는 교통 기반 시설이 필요해졌다. 이에 철도 등 기반 시설 건설을 위한 주 단위 국영 기업이 설립되어, 각 주의 철도 노선은 각 주의 책임하에 건설하는 방식으로 철도 노선 건설이 시작되었다.[18] 당시 유명한 경제학자인 프리드리히 리스트[F. List]가 철도 건설의 필요성을 설파하고 전국 철도 네트워크를 구상하여 제시했다. 독일은 이에 근거해 철도 건설에 박차를 가했다. 이로써 1840년대 독

Das deutsche Eisenbahn-System.

프리드리히 리스트가 제시한 독일 철도망 개념도

---

17 현재 독일의 여러 주들과 일부 인근 국가들 관세 및 일반 경제 정책을 협의하기 위해 만든 제휴 관계를 말한다. 1834년에 프로이센의 주도로 창설되었으며, 동맹 내 지역의 경제적 통합을 위한 것이었으며, 1871년 독일연방 통일의 출발점으로 이해할 수 있다.

18 물론 민간에 의한 철도 건설도 활발하게 진행되었다. 하지만 그렇게 건설된 민간 철도들도 독일 통일 이후에는 모두 공공의 소유로 이전되었다.

일은 다른 나라와 달리, 전국적인 철도망을 구상하여 국가 주도로 철도를 건설하기 시작했다.

이후 독일의 철도 노선은 급격히 확장되었다. 1845년까지 약 2,000km의 철도가 건설되었고, 그로부터 10년이 지난 시점에는 그 연장이 8,000km로 늘었다. 1871년 독일이 통일되면서 군사적 목적과 더불어 산업화를 지원하기 위한 국가 철도 시스템 건설을 중요한 국가적 목표로 설정했다. 그리고 마침내 1882년에는 철도 연장 35,500km에, 승객 2억 1000만 명, 화물 1억 5700만 톤을 수송하게 되었다. 독일은 명실공히 영국을 제외한 유럽 제일의 철도 강국[19]이 되었으며, 1900년대 초반에는 전체 철도 연장이 56,000km에 달할 정도였다.

독일은 다른 나라에 비해 화물 수송의 비중이 매우 높은 산업 철도를 건설하고 발전시키는 것을 주요한 목표로 삼았다. 철도 사업을 국가가 주도한 중요한 이유 중의 하나도 화물 서비스 운임을 낮추기 위해서였다. 그런데도 독일 철도는 다른 나라의 민영 철도가 겪었던 재무상의 곤란을 겪지 않았다. 오히려 철도 수입이 각 주의 중요한 수입원이 되었다. 제1차 세계대전이 끝난 직후인 1920년 독일 철도는 모두 독일제국철도Deutsche Reichsbahn로 통합되었고, 1924년 다시 독일국가철도주식회사Deutsche Reichsbahn-Gesellschaft로 민영화되었다.[20] 이후 증기기관차와 화물 차량을 표준화함으로써 기관차, 화차의 호환성을 높여 탄력적으로 운영했다. 또한 기술 발전을 통해 1936년에는 시속 200km가 넘는 증기기관차를 세계

---

19 Mulhall, M. G., 『Mulhall's Dictionary of Statistics』 Routledge and Sons, 1884.

20 두 번의 변화는 제1차 세계대전으로 심각한 파괴된 철도 시설 및 차량을 복구하기 위한 노력과 전후 배상금을 지불하기 위한 것이었다.

최초로 개발했다.

　제2차 세계대전으로 독일의 철도망은 심각하게 파괴되었다. 이후 동독과 서독으로 분리된 상태에서 동독은 독일제국철도를 이어받아 다시 국영으로 전환했고, 서독은 국영으로 독일연방철도회사^{Deutsche Bundesbahn}를 신설하여 철도망을 복구하고, 철도를 통한 수송 능력을 확대하려고 노력했다. 그 결과 총 40,000km에 달하는 전국 철도망을 가지게 되었다.

프랑스 철도의 변천 과정
—

영국과 독일이 초기부터 철도 건설에 힘쓴 것과 달리, 프랑스는 철도 건설에 소극적이었다. 프랑스는 영국, 독일에 비해 상대적으로 농업 비중이 높아서 산업혁명을 기반으로 한 철도 화물 수송 수요가 많지 않았기 때문이다. 게다가 귀족들의 상당수가 운하 운영에 관여하고 있어서 철도 건설을 반대한 이유도 크다. 1828년, 생테티엔과 루아르강 사이에 건설된 총연장 57km의 노선이 최초의 프랑스 철도다. 하지만 이 철도는 대부분 구간이 증기기관차가 아닌 말이 견인했다. 승객 수송은 1835년에야 시작되었다. 프랑스는 전적으로 민간에게 철도 건설을 맡긴 영국의 방식도, 국가가 나서서 계획을 세우고 건설을 주도했던 독일의 방식을 취하지도 않았다. 민간의 철도 건설 계획을 국가가 나서서 반대했고, 그렇다고 국가가 철도를 건설하지도 않았다. 그 결과, 1840년 영국 철도 연장이 3,200km를 넘어설 때, 프랑스의 철도 연장은 560km에 불과했다.[21]

　프랑스가 철도 건설에 능동적으로 나선 것은 1842년 국가와 민간이 철도 건설 방식에 대해 합의한 시점부터다. 이 시점부터 국가가 철도 건설을 위한 토지와 다리, 터널 및 노반 등의 건설 비용을 제공하고, 민간에서 트랙, 장비, 건물, 기관차, 객차 및 화차를 투입하여 운영하는 형태가 정착했다. 대신에 건설된 철도의 소유권은 국가가 가지고, 민간은 36년간의 운영권을 가졌다.[22] 이후 철도의 건설은 부분적으로 활성화되어 1848년에는 약 3,600km의 철도가 운영되었다.

나폴레옹 3세가 황제로 등극한 제2제국이 시작된 1850년대 이후부터 철도 건설은 활발해졌다. 나폴레옹 3세는 기존 30여 개의 철도 회사가 노선들을 아주 작게 쪼개어 운영하던 것을 6개의 간선 철도 회사로 통합하여 한 개의 간선 노선은 한 개의 회사가 운영하도록 했다.[23] 이와 더불어 파리를 중심으로 방사형 철도 건설을 본격적으로 진행하면서, 국가가 6개 간선 철도 회사의 투자를 보증했다. 10년 후 1870년 프랑스의 간선 철도 건설은 완성되었다. 1867년에 6개의 간선 철도 회사는 16,000km의 철도망을 관리했고, 전국적으로는 23,000km의 철도망이 정비되었다.

이로써 1845년 1억 톤.km[24]에 불과하던 철도 화물 수송은 1850년에 4억 2천만 톤.km, 1855년에 15억 3천만 톤.km, 1860년에는 31억 4천만 톤.km로 급격히 증가했다. 하지만 절대적인 수송량은 영국과 독일에 비해 상대적으로 적었다. 앞에서 영국과 독일의 수송 실적을 참고한 같은

---

21 크리스티안 월마(배현 역), 『철도의 세계사』, 다시 봄, 2019.

22 나폴레옹 3세에 의해 99년으로 연장되었다.

23 지금 프랑스 파리의 북역, 동역, 리용역 등은 당시 6개 철도 회사의 파리 거점역이었다. 우리가 잘 아는 오르세 박물관도 당시에는 6개 철도 회사의 하나인 파리-오를레앙 철도 회사의 거점역이었으나, 나중에 박물관으로 바뀐 것이다.

24 철도·항공기 등에 의한 화물 수송량을 나타내는 단위이다. 1톤의 화물을 1km 수송했을 경우, 1톤. km라고 한다.

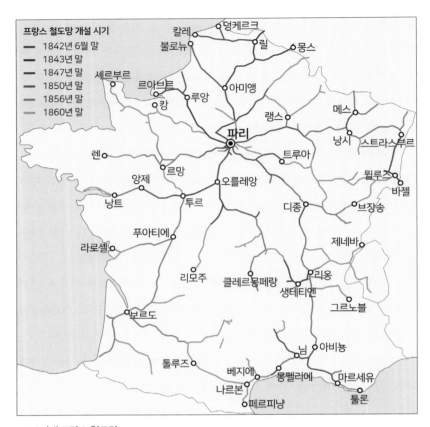

프랑스 철도망 개설 시기
— 1842년 6월 말
— 1843년 말
— 1847년 말
— 1850년 말
— 1856년 말
— 1860년 말

1860년대 프랑스 철도망

문헌에 기초하면, 1882년 프랑스의 철도 연장은 29,000km, 승객 수송량
은 1억 8000만 명, 화물 수송량은 9000만 톤에 불과했다.[25]

　비록 철도 건설이 경제적 목적이 아니라 정치적 의도로 시작되었지
만, 철도 건설은 이후 계속 증가해 1900년대 초 전국적으로 60,000km의

25　Mulhall, M. G., 『Mulhall's Dictionary of Statistics』, Routledge and Sons, 1884.

철도망이 건설되었다. 국토 면적 대비 유럽에서 가장 촘촘한 철도 네트워크였으며, 절대적인 길이도 가장 길었다. 하지만 프랑스도 다른 나라들과 마찬가지로 1920년대부터 심각한 수요 부족을 겪으면서 재무 구조가 나빠지기 시작했다. 도로라는 강력한 경쟁수단이 등장한 것이 가장 큰 원인이었다. 그런데 프랑스에는 다른 나라에는 없는 문제도 있었다. 바로 당시 프랑스 철도 연장의 1/3 가량이 협궤 철도였다는 것이다.

보통 철도의 궤도는 어느 나라나 다 똑같을 것으로 생각한다. 하지만, 철도의 궤도와 궤도 사이의 폭, 즉 궤간^{gauge}은 나라마다 다르다. 많은 나라에서는 궤간이 1,435mm인 표준궤[26]를 사용하지만, 일본은 그보다 폭이 좁은 협궤(1,067mm), 러시아는 폭이 넓은 광궤(1,520mm)를 사용한다. 스페인과 포르투갈은 광궤보다도 더 폭이 넓은 초광궤(1,668mm)를 사용한다.[27] 궤간이 이렇게 달랐던 데는 이웃하는 나라의 철도가 자국 궤도를 이용하여 쉽게 넘어오지 못하게 하려는 정치적 목적이 숨어 있었다.

그런데 프랑스는 정치적 목적보다는 짧은 시간에 많은 철도를 건설하려다 보니, 보다 비용이 저렴한 철도 건설 방식을 찾았고, 표준궤보다 소요되는 토지나 다른 재료가 상대적으로 적은 협궤 철도를 선택했던 것이다. 협궤 철도는 표준궤 등에 비해 수송 속도나 최대 수

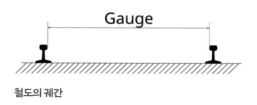

철도의 궤간

---

26 세계 최초의 증기철도인 리버풀-맨체스터 구간에서 최초로 사용하여 전 세계로 퍼져나간 궤간이다.
27 표준궤의 길이가 그렇게 결정된 것은 초기 철도가 운영될 당시 마차와 기관차가 같이 다녔기 때문에 마차의 폭에 맞춘 것이다.

송 능력이 떨어질 수밖에 없었다. 협궤 철도의 이러한 문제점은 도로 등
장 이후 프랑스에서는 매우 치명적으로 작용했다. 도로와의 경쟁에서 일
반 철도에 비해 훨씬 취약했고, 협궤 철도를 가진 많은 철도 회사가 도산
하고 노선은 폐쇄되었다. 1900년대 초반 6만 km에 달하던 프랑스 철도
연장은 1960년대에 들어서면서 4만 km로 줄어들었다.

　문제 해결을 위해 프랑스는 1938년에 다른 나라보다 일찍 모든 철도
를 국영화하여 SNCF^{Société Nationale des Chemins de fer Francais}라는 국영 철도 회사
를 설립했다. 애초에 철도 소유권은 국가가 갖고, 민간 회사들은 일정 기
간 운영권만 가진 구조였기에 변화는 어렵지 않게 이루어졌다. SNCF는
1990년대 후반까지 프랑스 철도를 소유하고 운영하는 유일한 철도 회사
다. 철도 경쟁력이 약화함에 따라 일부 노선을 폐지하고, 정부 보조로 적
자를 메우는 양상은 영국, 독일 등 다른 나라와 마찬가지였다. 현재 프랑
스 철도는 그 연장이 2만 7천 km로 축소되어 운영되고 있다.

철도와 함께 하는 서부 개척
: 미국의 철도 발전
—

유럽에 철도가 건설되고 운행되던 비슷한 시기에 미국에서도 철도 운행
이 시작되었고, 성장 속도는 가히 폭발적이었다. 철도는 초기에는 동부
지역 산업혁명의 기폭제로, 나중에는 서부 개척의 선도자로서 중요한 역
할을 했다.

　미국에서 제일 먼저 운행된 철도는 볼티모어-오하이오 철도이다.
1827년 건설이 시작되어, 영국의 리버풀-맨체스터 철도와 같은 시기인

1830년에 운행이 개시된 승객·화물 겸용 노선이다. 하지만, 1830년에는 볼티모어 항구에서 40여 km 떨어진 엘리코트까지만 철도가 건설되었고, 실제로 볼티모어와 오하이오가 연결된 시점은 1852년이다. 더구나 최초의 열차는 증기기관차가 아니라 말이 끄는 열차였다. 이런 점에서 최초의 미국 철도가 영국 리버풀-맨체스터 철도와 같은 시기에 개통됐다고 말하기는 어렵다.[28]

또한 볼티모어-오하이오 철도를 통해 미국인이 개발한 최초의 증기기관차 '톰 섬 Tom Thumb'이 1829년에 탄생했지만, 이 기관차는 상업용으로는 사용되지 않고 시범 운행에 그쳤다. 초기에 상업 운행된 증기기관차들은 대부분 영국에서 수입된 것들이었다. 이러한 사실에도 볼티모어-오하이오 철도가 미국 철도 역사의 출발점이라는 의미는 퇴색되지 않는다. 이 노선이 애팔래치아산맥을 넘어 서쪽으로 가는 최초의 철도였고, 승객을 수송한 최초의 일반 철도였으며, 이 노선을 기점으로 미국에서도 철도 건설이 가히 폭발적으로 늘어났기 때문이다. 볼티모어-오하이오 노선이 운행을 시작한 지 불과 20년 만인 1850년에 미국 철도 연장은 14,000km로 확대되었다.[29]

초창기 미국 철도는 북부가 아닌 남부에 먼저 건설되었다. 남부에 건설된 철도는, 초기의 영국처럼 면화 플랜테이션 지역에서 인근의 바다나 강 항구까지의 짧은 구간의 화물을 수송하는 것에 중점을 두었다. 이에

---

28 영국 스톡턴-달링턴 철도가 최초의 철도가 아니라고 의심하는 이유는 회송 과정에서 말을 이용했기 때문이고, 리버풀-맨체스터 철도를 최초의 철도라고 하는 이유도 전 구간을 증기기관을 이용했기 때문이다. 이런 관점에서 보면, 볼티모어-오하이오 철도는 최초의 증기기관 철도는 아니다.

29 연장만 늘어난 것이 아니라, 열차 운행 방식도 발전했다. 철도 내의 식당칸, 침대칸 등이 만들어진 것도 미국이 최초다. 장거리 수송에 따른 필요성이 철도 운송의 새로운 문화를 만들어낸 것이다.

반해 북부 공업 지대에서는 산업이 집중된 대도시를 상호 연결하여 화물과 승객을 함께 수송하는 형태로 건설되었고, 철도망은 하나의 광역 네트워크를 형성했다.[30] 이 네트워크는 점점 더 서부 지역으로 확대되는 형태로 발전했다.

1865년 남북전쟁을 전후하여 미국 철도는 또 한 번의 커다란 발전 계기를 맞았다. 1869년에 미국 동부 대서양 연안과 서부 태평양 연안을 연결하는 대륙 횡단 철도가 건설된 것이다. 1863년에 건설을 시작하여 6년만에 완공된 이 철도는 총 3,075km의 길이로, 북부 철도 네트워크의 서쪽 끝이었던 5대호 연안의 아이오와주에서 출발하여 샌프란시스코만까지 연결하는 노선이었다. 이 철도의 건설에는 3개 회사가 참여했다. 웨스턴퍼시픽 철도 회사는 샌프란시스코만에서 캘리포니아의 새크라멘토까지 212km의 상대적으로 짧은 구간을 건설했고, 센트럴퍼시픽 철도 회사 CPRR[31]는 새크라멘토에서 동쪽으로 1,110km를 건설했고, 유니언퍼시픽 철도 회사UPRR는 오마하에서 서쪽으로 1,746km를 건설했다. 두 회사는 1869년 5월 10일 마침내 유타주의 프로몬토리 서미트Promontory Summit에서 각각 건설하던 길을 연결함으로써 대륙 횡단 철도를 완성했다. 당시 미국의 중서부 지역은 거의 개발이 되지 않은 지역이었기에 철도를 건설하더라도 수요가 있을 리 없었다. 그런데도 이 철도는 6년이라는 기간 동안 두 민간 회사에 의해 굉장히 빠른 속도로 건설되었다. 두 회사는 어떤 동기로 이 사업에 적극적으로 참여하였을까?

---

30 이와 같은 철도 건설 방식이 이후 미국 남북전쟁의 성패에 큰 영향을 미쳤다. 북부 지역은 철도 네트워크에 기반한 군대와 물자의 공급이 원활했던 반면 남부 지역은 이들의 공급에 심각한 문제를 안게 되었다.

31 이 회사의 대표이사는 유명한 스탠포드 대학교의 설립자인 릴런드 스탠포드(L. Stanford)였다.

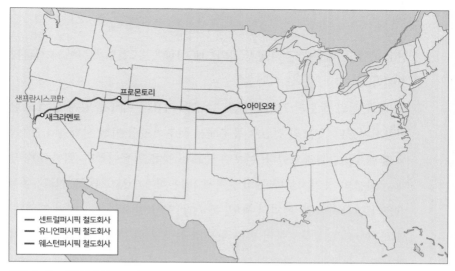

샌프란시스코만 프로몬토리 아이오와
새크라멘토

— 센트럴퍼시픽 철도회사
— 유니언퍼시픽 철도회사
— 웨스턴퍼시픽 철도회사

최초의 미국 대륙 횡단 철도 노선도

기본적으로 미국 철도는 민간 기업이 건설하고 운영했으며, 정부 역할은 크지 않았다. 영국의 철도 기술과 운영 방식이 전수되고, 자본이 미국에 집중적으로 투입되기도 했지만, 절묘한 시점에 크게 발전하기 시작한 월스트리트 금융 시장의 민간 자금이 원활하게 조달되었다. 하지만 대륙 횡단 철도만큼은 민간의 제안과 더불어 연방 정부가 중요한 역할을 했다. 연방 정부 의회가 노선을 결정했을 뿐만 아니라, 30년 기한의 정부 채권을 발행하여 철도 연장에 비례한 상당한 규모의 보조금을 지급했다. 이와 더불어, 철도가 건설되는 부지와 노선 인근 지역 토지를 건설되는 철도 연장에 비례하여 두 회사에 무상 지급했다.[32] 그렇게 지급된 토지의 규모가 중앙정부 지급분 52만 km², 주정부 지급분 21만 km², 합해서 73

---

32 토지 지급 방식은, 건설된 철도 노선 양쪽으로 16km까지의 토지를 바둑판 모양으로 구획을 한 다음, 정부와 민간 철도 회사가 교차로 나눠 갖는 방식이었다. 이 토지들의 가격은 철도가 건설된 다음 두 배로 뛰었고, 이는 철도 회사들뿐만 아니라 정부에게도 커다란 투자 성과였다.

만 km²였다. 대한민국 전체 면적의 7배 이상이 두 철도 회사에게 지급된 것이다.

대륙 횡단 철도의 건설은 문자 그대로 지금의 미국을 있게 한 중요한 전환점이었다. 철도의 건설로 동부에서 서부까지의 여행 시간은 6개월에서 불과 6일로 단축되었다. 이보다 중요한 것은 비용이었다. 역마차 수송 때는 화물의 총가치보다 높았던 수송 비용이 1/10로 줄어들었다. 수송 비용의 절감은 서부 지역의 농업, 목축업, 광업 발전의 기폭제가 되었다. 철도 회사들도 정부로부터 받은 철도 노선 인근의 토지를 대상으로 도시 개발을 서둘렀다. 그래야 무상으로 받은 토지를 이용해 건설비를 보전하고 이윤을 확보할 수 있었기 때문이다. 철도는 미국, 특히 서부 지역을 근본적으로 변화시켰다.

미국 철도는 1920년대에 그 정점에 이르렀다. 철도 연장은 41만 km에 달했고, 고용 인원은 210만 명에 이르렀다. 하지만, 미국 철도도 승용차, 트럭의 등장과 도로 건설의 영향을 피하지 못했다. 특히 주 정부가 건설비나 관리비의 손익을 따지지 않고 주도적으로 건설, 소유한 고속도로의 확대로 트럭과 승용차가 철도 화물과 승객을 급격하게 빼앗아 갔다. 민간 소유의 철도 회사들은 파산했고, 수많은 철도 노선이 폐쇄되었다. 철도의 쇠퇴를 가속한 것은 항공 수송의 발전이었다. 두 번의 세계대전을 통해 빠르게 발전한 항공 운송 산업은 광대한 국토 면적의 미국 내 승객 및 화물 수송의 기본적인 교통수단으로 발전했다. 주 정부들은 철도보다 빠른 교통수단을 도입하기 위해 공항 건설을 지원했다. 이는 특히 철도 승객 수송에 심각한 타격을 입혔다.

현재 미국 철도 연장은 22만 5천 km로 축소되었고, 지역 간 철도 승객 수송은 1971년 암트랙Amtrack이라는 정부 소유 운영 회사로 통합되었다. 다만, 화물의 경우 여전히 10여 개의 민간 철도 회사가 컨테이너와 광물, 목재 등 1차 산업 생산물의 운송을 담당하고 있다. 미국 화물 수송 시장에서 철도의 수송분담율은 43%에 이르러 그 어떤 선진국보다도 높다.

철도와 제국주의
: 인도와 아프리카 그리고 아시아의 철도
—

19세기 후반은 산업혁명으로 경제 발전을 이룩한 국가들이 영토 확장을 위해 치열하게 경쟁하던 시기였다. 이른바 제국주의 시대다. 영국, 프랑스, 독일 등 유럽 국가뿐만 아니라 새롭게 선진국 대열에 합류한 러시아, 미국, 일본 등은 아시아, 아프리카, 중·남아메리카 등에서 때로는 식민지를 개척하는 방식으로, 때로는 현지 국가들에 대한 자국의 영향력을 극대화하는 방식으로 자국의 경제적 영토를 확장하는 데 심혈을 기울였다. 그 방편 중의 하나가 이들 식민지, 또는 피 종속 국가에 철도를 건설하는 것이었다.

　이미 확인한 바와 같이 인도는 16세기 이후 유럽 국가들의 중요한 동아시아 경제적 거점이었다. 그런 인도를 차지한 나라는 영국이었다. 18세기 중반 이후 영국의 실질적 지배에 들어간 인도는 결국 1858년 식민지로 전락했다. 그리고 영국은 식민지에 대한 경제적 지배를 강화하려고 철도를 건설하기 시작했다. 영국이 인도에 건설한 최초의 철도는 중요한 경제적 거점 중의 하나였던 인도 서해안의 봄베이(지금의 뭄바이)와 인근의 타네Thane를 연결하는 철도였다. 영국 정부가 후원하고 민간 자본으로

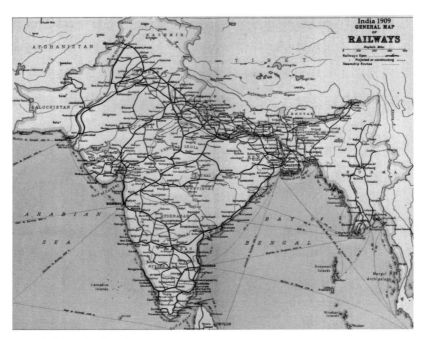

1909년 시점의 인도 철도망

건설된 이 철도는 약 41km의 거리에 14량의 객차로 한 번에 400명의 승객을 수송할 수 있었다. 이후 인도 동부에서는 1854년 벵골만의 콜카타에, 남부에서는 1856년, 마드라스(지금의 첸나이)에 최초로 승객 수송 철도가 운행되었다. 철도가 건설된 도시의 이름만으로도 알 수 있듯이 이전부터 바다 비단길과 영국 동인도회사들이 진출했던 중요 거점들이다. 이후 19세기 말까지 인도에서는 조금 과장하자면 거의 매년 새로운 철도가 건설되고 운행되었다. 그 결과, 1945년 인도가 독립했을 때는 42개의 철도 회사가 55,000km의 철도를 건설해 운행하고 있었다. 영국의 철도 연장보다 길었다.

인도 철도의 주요 특징 중 하나는 철도가 주로 승객 수송 위주로 운행되고 운영되었다는 것이다. 철도는 광대한 지역을 연결하는 기본적인 교통수단이었다. 이를 유지하기 위해 화물 수송 사업에서 발생한 수익으로 승객 수송 부문을 보조했다.[33] 화물 수송에서도 철도는 다른 나라보다 훨씬 중요한 역할을 했다. 인도 철도 화물 수송량은 2023년 기준 15억 1천만 톤[34]에 달하고, 전체 화물 수송량의 17%를 담당한다. 철도 화물 수송을 위해 한 번 운행에 40개가 넘는 화차가 사용되기도 하는 등 장거리 화물의 대부분이 철도로 수송된다. 다른 나라들과는 달리 인도의 철도 연장은 제2차 세계대전 이후에도 계속해서 증가하여, 현재 69,000km에 달한다.

아프리카의 철도 역시 식민 지배를 위해 건설되었다. 1852년 이집트의 알렉산드리아에 철도를 건설한 것을 시작으로, 이집트, 에티오피아 등의 독립 국가에서 국가 경영을 위해 철도가 건설되는 동안, 식민지 경영을 위한 철도도 급속히 건설되었다. 1859년 지금의 남아프리카공화국에 처음으로 철도가 건설된 것을 필두로 1920년대까지 수단, 튀니지, 알제리, 케냐, 우간다, 가나 등에 대부분 주요 철도 노선들이 식민지 종주국의 주도로 건설되었다.

아프리카 철도 건설 과정에서 주목할 철도는 광산업자이자 영국의 남아프리카공화국 총독이었던 세실 로즈Cecil Rhodes가 주도한 대륙 종단 철도였다. 영국은 남아프리카공화국 케이프에서 이집트의 카이로를 연

---

33 한국을 비롯해서 다른 나라는 일반적으로 승객 수송 수익으로 화물 수송의 적자를 보전한다. 예외인 나라는 인도, 미국 등이다.
34 우리나라 전체 화물 수송량이 현재 18억 톤 내외라는 점을 생각해보면, 이 규모는 실로 매우 크다.

결하는 철도를 건설해서 식민지들을 철도로 연결하려고 했다. 그러나 1874년에 시작된 이 프로젝트는 끝내 완공되지 못했다. 민간 투자로 철도가 건설되는 경우, 수익성을 위해 대규모의 수송 수요가 보장되어야 했지만, 당시 아프리카 내륙에서 생산되는 농산물로는 수송 수요를 보장할 수 없었다. 영국은 기대했던 금광을 포함한 광산을 충분히 발견하지 못했다. 결국 1900년을 전후해 이 프로젝트는 종료되었다. 하지만 지금 남아 있는 철도의 연장만 해도 5,625km[35]에 달하고, 현재도 종단 철도를 완성하려는 노력이 일부 진행 중이다.

아프리카의 철도 건설은 네 가지 관점에서 이해할 필요가 있다. 첫째는 교역이고, 둘째는 광산 개발이고, 셋째는 전쟁이고, 넷째는 식민지 통제다. 첫째, 둘째는 다른 나라 철도와 같은 경제적 배경이고, 셋째, 넷째는 정치적 배경이다. 아프리카 철도는 다른 제국주의 국가들과의 전쟁 교두보의 확보, 확보한 식민지 간의 연계를 통한 효율적인 식민지 통제 등의 정치적 목적이 경제적 목적을 앞선다고 해석하는 것이 합리적이다.

중국과 한국의 철도도 초기에는 제국주의 식민지 경영을 위해 건설되었다고 볼 수 있다. 철도 건설의 시작부터, 국내 자본이나 기업이 아니라 외국 자본에 의해, 그것도 정치적 협약을 통해 중요한 경제적 이권을 허용하는 방식으로 건설되고 운영되었기 때문이다. 중국의 경우 미국 자본에 의해 1876년 상하이에 14.9km의 철도가 놓였고, 최초로 상업적 운행이 시작되었다. 특히 1895년 청일전쟁에서 청나라가 일본에 패한 이후 영국, 프랑스, 독일, 미국, 러시아 등 수많은 제국주의 국가들이 중국의

---

35 참고로 우리나라 철도 전체 연장은 고속철도를 포함해 2022년 4,200km정도이다.

주요 도시 간, 또는 주요 광산 지대를 연결하는 철도를 건설하기 시작했고, 1911년에는 전체 철도 연장이 9,000km에 달했다. 외국 세력 진출에 위협을 느낀 청나라 정부는 1904년부터 지방 성 정부가 자체적으로 철도를 건설하는 것을 장려하고, 1911년에는 모든 철도를 국유화하려고 시도했다.

신해혁명을 통해 청나라 정부가 패망한 이후, 중화민국 건국을 주도한 쑨원㈜文과 관련 세력들은 철도 건설을 중국 근대화와 산업 발전의 핵심 동력으로 인식하고 자체적으로 철도 건설에 박차를 가하기 시작했다. 그 결과, 중일전쟁이 발발한 1937년까지 3,600km의 새로운 철도가 건설되었다. 1937년부터 1945년까지 이어진 중일전쟁 동안 철도의 건설과 파괴가 반복되었다. 일본은 자신들이 점령한 만주 등 중국 동북방 지역을 중심으로 5,700km의 철도를 추가로 건설했다. 만주 지역의 엄청난 지하 자원을 자국 산업 발전 기반으로 삼고자 하는 의도로 이해된다. 반면, 중국은 일본의 본토 진격을 늦추기 위해 주로 동남부 해안 지역의 수많은 철도를 의도적으로 파괴하는 한편, 자신들이 장악하고 있던 내륙 지역에 1,900km의 철도를 추가로 건설하여 지역의 물자와 인력 이동 통로를 확보하려고 노력했다. 1945년, 제2차 세계대전이 종료한 시점에 중국 철도 연장은 27,000km에 달했으나, 전쟁 동안 파괴되어 이용 가능한 철도는 23,000km뿐이었다. 그러나 이 마저도 세계대전이 끝나자마자 시작된 내전 기간에 인위적인 철도 파괴로 궤멸적 타격을 입어, 1948년에는 8,000km의 철도만이 이용 가능했다.

1950년대 중국 철도는 시설의 부족과 더불어 대부분 철도가 증기기관차에 의존할 정도로 더딘 발전 속도가 문제였다. 이를 해결하기 위해 중국 철도 노선의 건설과 이를 바탕으로 한 물자 수송 확대에 전력을 기울였다. 그 결과 철도로 운송되는 화물 규모가 1965년 4억 8천만 톤 정도로 확대되었다. 하지만 기술 발전은 생각보다 더뎌, 화물 철도의 수송 속도는 시속 30km 내외에 그쳤다. 화물 철도의 경우, 여전히 증기기관차를 이용했기 때문이다. 1980년대 이후 1990년대까지 기존의 증기기관차를 디젤기관차로 전환하는 노력이 진행되었다.[36]

중국 철도가 비약적으로 발전한 것은 2007년 중국 최초의 고속철도가 개통된 시점부터이다. 이후 중국은 전국 고속철도 건설에 집중해 2023년 말 45,000km에 달하는 고속철도 노선을 확보하여[37] 전 세계 고속철도의 2/3 이상을 보유한 국가가 되었다. 한편 중국은 2024년 1월부터 충칭부터 정저우까지 구간에서 고속철도를 화물 수송에 이용하기 시작했다. 총 1,028km에 달하는 이 구간에서 중국은 1회 평균 15톤의 화물을 싣고, 출발지에서 목적지까지 5시간 만에 화물을 수송하고 있다.

한국도 중국과 마찬가지로 철도의 건설과 운영이 제국주의 국가에 의해 주도되었다. 1896년에 서울-인천 간 철도 건설 및 운영권을 미국에, 서울-의주 간 철도 건설 및 운영을 프랑스에 허락한 것이 그 출발점이었다. 이후 경인선 철도의 관리는 일본 철도 회사에 넘어 갔고, 일본은 1899년에 제물포(지금의 인천역)-영등포(지금의 노량진역) 구간에 우리나라 최초의 철도를 건설했다. 이후 1년 후에 한강에 철교가 건설되면서 이 철도는 지금의 서울역까지 연장되었다. 이후 1905년에는 경부선이, 1906년

---

36 참고로 우리나라에서 증기기관차에 의한 수송은 1967년에 여객 수송을 포함한 모든 정규 열차에서 종료되었고, 일부 관광용으로 이용되던 것도 1989년에 사라졌다.

37 중국의 전체 철도 연장은 2024년 말 16만 km에 육박하고 있다.

에는 경의선이 완공되어 한반도를 남북으로 종단하는 철도가 완성되었다. 이를 바탕으로 1914년에 호남선과 경원선이 완공되어 한반도 철도는 지금의 X자형 네트워크 구조의 골격이 형성되었다. 이 철도는 모두 일본에 의해 건설되었다.

4개의 철도 노선이 완공된 후 자본 부족에 시달리던 일본은 다양한 형태의 소규모 민간 철도 건설을 장려했다. 하지만 민간 철도 자본의 원천은 대부분 일본이었다. 또한 민간 철도 중 일부는 협궤 철도로 건설되었는데, 이는 한반도와 중국 대륙을 연결하는 간선이 아닌 노선들에 대해서는 자본을 효율적으로 투자하였기 때문이다.

1945년 해방 직후 남한의 철도 총연장은 3,378km이고, 이 중 영업 거리[38]는 2,642km에 달했다. 총연장에 비해 영업 거리가 짧은 이유는 남북 분단으로 운행이 불가능한 구간들이 있었고, 수요가 부족한 일부 지선 노선이 폐쇄되었기 때문이다. 해방 후 추가로 건설된 철도는 각 지역의 탄광과 연결되는 노선들이 대부분으로 영동선, 태백선, 정선선, 경북선, 문경선 등이 있다.

2022년 말 우리나라 철도 연장은 영업 거리 기준 3,924.1km이고 이 중 고속철도를 제외하면 3,160km이다. 이는 1945년 해방 이후 철도에 대한 추가 투자가 별로 없었음을 의미한다. 2000년대부터 진행된 고속철도 건설 이전 60년 동안 추가적인 선로 연장은 500km 내외의 증가에 불과하다. 고속철도를 제외한 승객 수송과 화물 수송은 계속 감소하고 있다. 특히 화물 수송은 현재 연간 2천만 톤으로 축소하여 전체 물동량의

---

[38] 전체 철도 연장 중 상업적 운행이 이루어지고 있는 연장을 의미한다.

1%만 철도로 수송하고 있다.

러시아의 철도 건설

—

제국주의에 의한 식민지 경영은 아니었지만, 러시아의 철도 건설도 정치적, 경제적 영향력을 보다 넓은 영역으로 확대하려 했다는 점에서 식민지 철도 건설과 그 성격이 크게 다르지는 않다. 러시아 최초의 철도는 상트페테르부르크 황제 궁전 근처에 27km 거리에 건설되었다. 이것은 황실 전용 철도로, 정치적, 경제적, 사회적 영향력은 없었다. 러시아가 실질적으로 철도를 건설하여 운영하기 시작한 시기는 상트페테르부르크와 모스크바를 연결하는 649.7km 구간에 철도를 건설한 1851년이라고 보아야 타당하다. 이 노선은 1862년에 상트페테르부르크-바르샤바 노선과 연결되어 러시아와 유럽을 잇는 주요 간선 노선이 되었다.

상징적인 철도를 건설한 이후 잠시 주춤하던 러시아가 본격적으로 철도에 뛰어든 시기는 1880년대부터 1900년대 초반이다. 유럽 국가들의 철도 건설에 자극받은 러시아는 유럽과 중앙아시아, 그리고 동아시아까지 뻗어 있는 자국 영토를 연결하는 최소한의 네트워크를 건설하고자 했다. 이 시기에 건설된 철도 노선은, 카스피해에서 우즈베키스탄 타슈켄트를 연결하는 트랜스 카스피안(Trans-Caspian, 1879~1898) 철도[39], 러시아 남부에서 중앙아시아를 연결하는 트랜스 아랄(Trans-Aral, 1888~1906) 철도, 모스크바와 블라디보스토크를 연결하는 트랜스 시베리안(Trans-

---

[39]   육로 비단길과 정확히 겹치는 노선으로서, 최근에는 중국의 일대일로의 노선에 포함되어 있기도 하다.

Siberian, 1891~1916) 철도 등이 있었다.

이 철도들은 모두 현재까지 정치적, 경제적으로 중요한 기능을 담당하고 있다. 그중 세계에서 가장 긴 대륙 횡단 철도로 알려진 트랜스 시베리안 철도는 현재도 매우 중요한 의미가 있다. 이 철도의 총길이는 9,288km이고, 출발지에서 최종 목적지까지 무정차로 도착하는 데 8일이 소요되며, 8개의 표준시간대를 거친다.

19세기 중반, 유럽과 아시아를 연결하는 대륙 횡단 철도 건설 프로젝트는 많은 사업가에게 매력적으로 다가왔다. 이것은 콜럼버스가 서쪽으로 항해하여 결국은 아메리카 대륙을 발견한 것, 바스쿠 다가마가 희망봉을 돌아 인도로 가는 항로를 발견한 것, 그리고 마젤란이 태평양을 건너 아메리카 대륙과 아시아를 연결한 것과 비견할 만한 대형 프로젝트였

시베리아 횡단 철도의 노선도

다. 많은 사업가가 러시아 황실에 계획서를 제시하고 이 사업에 뛰어들었다. 그들의 목표는 모스크바와 러시아 극동을 연결하는 것이 아니라, 모스크바와 태평양을 연결하여 교역을 확대하는 것이었다.

결국 이 프로젝트는, 다른 주요 러시아 철도처럼 러시아 황실이 주도하는 것으로 결정되었고, 1891년 건설이 시작되었다. 건설은 순조롭게 진행되었으나, 길이가 640km나 되는 바이칼호를 지나가는 구간이 심각한 문제가 되었다. 처음에는 철도가 호수의 양편 종점에 도착하면 특수 제작한 열차 페리를 이용해 호수를 건넜다. 또한 겨울에는 얼어붙은 호수 위에서 썰매를 이용해 승객과 화물을 양방향으로 옮겼다. 이 선박과 장비들은 1904년 바이칼 우회 철도가 건설된 후 이용이 종료되었으나, 우회 철도 구간의 잦은 낙석과 붕괴 때문에 1916년까지는 간헐적으로 이용되었다.

시베리아 횡단 철도는 1904년 시베리아 남동부의 도시 치타에서 극동아시아 하바롭스크를 거쳐 블라디보스토크까지 가는 철도가 건설되면서 최종 완공되었다. 이후 1916년에는 치타에서, 지금은 중국 영토인 하얼빈을 거쳐 블라디보스토크에 이르는 동청East China 철도로 운행되었다. 동청 철도는 러시아가 청나라로부터 부설권을 받아 건설한 것이었으며, 이후 일본이 러일 전쟁을 거치면서 만주 지역 간 철도 관리권을 가져가서 다롄 등 인근 지역까지의 노선을 확충했고, 제2차 세계대전 이후에는 중국의 소유가 되었다.

시베리아 횡단 철도는 그 건설 동기가 다분히 정치적이었음에도, 이후 우크라이나 지역 곡물의 중요 수송 루트가 되어 연간 50만 톤이 넘는 수송량을 기록했고, 현재까지도 그 경제적 중요성을 인정받고 있다. 한편 시베리아 횡단 철도는 1939년에 복선으로 개량되고, 1929년부터 2002년 사이에 구간별로 전기철도로 바뀌었으며, 러시아 정부에 의한 급행 철도 운행 계획이 진행되고 있다.

철도의 위기

교통 부문에서 산업혁명의 상징이자, 19세기부터 20세기 초반까지 육상 교통의 대명사였던 철도는 19세기 후반부터 서서히 문제가 생겼고, 20세기 초반에는 심각한 위기에 직면하게 되었다.

적자의 누적

19세기 후반 철도의 문제점은 민간 투자 철도에서 나타나기 시작했다. 그 징후는 철도의 건설과 운영이 거의 전적으로 민간에 위탁되었던 영국, 그리고 미국에서 더욱 명확하게 드러났다.

철도는 다른 산업이나 다른 수송 수단에 비해 상대적으로 많은 기반 시설 투자가 필요하다. 철도 건설을 위해서는 대규모의 토지가 필요하고, 그 토지 위에 노반을 닦고, 궤도를 설치해야 하며, 궤도 중간중간 역사를 짓고 물류 시설도 건설해야 한다. 비단 궤도뿐만 아니라 철도의 운행을 위한 기관차, 객차 및 화차 등 차량에 투입되는 비용과 철도를 움직이는 에너지를 얻기 위한 동력비도 만만치 않다. 따라서 철도는 시설과 운영에 투입되는 비용에 상응하는 충분한 수요가 확보되고, 또한 운임도 적정하게 설정되지 않으면 수익성을 확보하기 어렵다. 더 많은 수요를 확보하면 할수록 수송 단가는 떨어지는 규모의 경제성을 갖고 있기도 하다. 철도가 시장에서 경쟁하기 어려운 이유이다.

영국에서는 1830년 이후 많은 민간 사업자가 철도에 투자했다. 이들 민간 사업자들은 영국뿐만 아니라 미국, 인도 등에 대한 투자에도 적극적으로 참여했다. 초기에는 산업혁명으로 승객 수송과 화물 수송 수요가 급증했기에 투자 비용을 회수하고 높은 수익을 확보할 수 있다고 믿었다. 같은 노선에 2~3개의 복수 사업자들이 참여한 이유도 여기에 있다. 하지만 이러한 투자가 무모했음을 확인하는 데에는 30년 이상의 시간이 필요하지 않았다. 특히 지역의 짧은 지선에 대한 투자는 수익성을 확보할 수 없다는 것이 곧바로 드러났다. 단위 수송에 따른 기반 시설 투자 비용은 많고, 중장거리 수송일 때에 다른 수송 수단보다 비교 우위인 철도의 특성상 짧은 수송 거리에서는 수요를 충분히 확보할 수도 없었다. 게다가 같은 노선에서 2~3개의 사업자가 경쟁하는 경우, 그 수요는 더욱 축소될 수밖에 없었다.

결국 철도 사업자들은 짧은 지선에 투자한 사업자부터 차례로 파산했다. 건설 비용의 보조, 토지의 무상 제공, 운영 비용 일부 국가 보조 등의 혜택을 받은 미국, 프랑스 등에서도 그 범위는 달랐을지언정 예외는 아니었다. 유럽과 아메리카 대륙 대부분의 나라에서 19세기 후반에 철도 사업자들이 대형 사업자로 통합한 이유는 적자를 면치 못하던 지선 사업자들이 노선을 통합하여 대규모 네트워크를 형성함으로써 수요를 확보하고, 규모의 경제를 도모하기 위함이었다.

승용차, 트럭의 등장
—

　그렇지 않아도 경영상의 곤란을 겪고 있는 철도에 치명타를 던진 것
은 지금까지 보지 못했던 엄청난 경쟁자의 출현이었다. 바로 트럭과 승
용차다. 증기기관의 시대에도 트럭과 승용차를 개발하려고 시도했었다.
이미 증기기관 차량은 1769년에 개발되었다. 하지만, 증기기관의 크기,
무게 등은 소규모 수송 수단에는 적합하지 않았고, 마차를 대상으로 만
들어진 당시의 도로 사정도 궤도가 없는 상태에서 무거운 교통수단이 이
동하기는 곤란했다. 트럭, 승용차 등이 본격적으로 제작되어 판매되기 시
작한 것은 내연기관이 발명된 이후부터였다.

　승용차는 1886년 칼 벤츠K. Benz가 가솔린 엔진 승용차를 개발하고,
1890년 고트리프 다임러G. Daimler가 고속 액체 석유 엔진을 개발하면서

등장했다. 트럭도 승용차와
마찬가지로 1895년 벤츠가
최초로 내연기관 트럭을 만
들었고, 그 다음해에 다임러
가 생산해냈다. 우리의 귀에
익숙한 회사들인 푸조, 르노
등이 그 뒤를 이었다.

　1901년 올즈모빌에 의해
대량생산, 판매되기 시작한

칼 벤츠가 개발한 가솔린 엔진 자동차

승용차는 1903년에서 1905년 사이에 5,000대가 판매되었다. 뒤이어 포드 자동차 회사는 1908년부터, 크라이슬러는 1911년부터 승용차를 대량으로 생산, 판매함으로써 승용차 시대의 문을 열었다. 트럭의 경우, 1930년대부터 벤츠가 디젤 엔진 장착 트럭을 대량으로 생산, 판매하기 시작했다.[40] 승용차와 트럭의 등장으로 그동안 철도가 전담했던 중·단거리 수송 시장의 경쟁이 치열해졌다. 역에서 역까지point-to-point 수송에 한정될 수밖에 없는 철도에 비해 승용차와 트럭은 수요가 발생하는 그 지점에서 최종 목적지까지door-to-door 바로 갈 수 있어 단거리 시장에서 철도 수요를 잠식했다.

철도 산업에 대한 정부 정책도 철도와 승용차와 트럭 경쟁에 영향을 미쳤다. 영국, 미국과 같이 민간에 의해 철도가 운영되는 나라에서는 특히, 철도 독점에 민감했다. 정부는 1800년대 후반부터 철도 회사의 경영 위기로 인해 진행되고 있던 철도 회사 간의 통합M&A에 부정적이었다. 또한 수지가 맞지 않은 일부 노선들을 폐쇄하는 것도 철도가 가지고 있는 '공익재public utility'적 성격을 들어 허락하지 않았다. 나아가 정부는 철도 운임에 대해서도 상한제와 하한제를 동시에 도입했다. 수익이 높은 노선에 대해서는 일정 운임 이상을 받지 못하도록 하고(상한제), 철도가 트럭 등 다른 교통수단과 경쟁하는 노선에서는 과도한 운임 하락으로 경쟁 수단의 시장 진입을 방해하는 행동을 금한 것(하한제)이다.

---

[40] 흥미로운 것은, 전기차도 이미 1830년대에 개발되어, 1920년대에 생산되기 시작했다는 것이다. 하지만 전기차는 높은 에너지 밀도의 필요성 때문에 가솔린 엔진, 디젤 엔진에 밀려 성공을 거두지 못하고, 2000년대 들어서 배터리 기술이 향상된 다음에야 다시 세상에 나왔다.

전쟁과 고속도로

—

두 번에 걸친 세계대전, 그리고 유럽과 아메리카를 강타한 대공황은 교통 시장에서 철도의 위상에 큰 변화를 가져오는 사건이었다. 세계대전의 경우, 철도의 전략적 수요가 일부 증가하는 긍정적 효과도 있었지만, 반대로 철도가 군사적 목적에 우선 활용되는 부작용도 있었다. 미국 철도의 경우, 제1차 세계대전 기간 일시적으로 철도 산업을 공영화하고, 중요 노선의 추가와 수송 용량을 확대하려고 했다. 이렇게 경영은 방만해지고, 경쟁은 격화되는 와중에 맞은 대공황으로 철도 시장은 매우 축소되었다. 미국의 경우, 두 번의 전쟁과 한 번의 대공황으로 승객 철도 시장은 1/4로 줄어들었다.

고속도로의 등장은 승용차, 트럭의 수요는 증대시키고, 철도의 경쟁력은 약화하는 주요 요인이었다. 1924년 이탈리아 밀라노와 코모 호수 및 마조레 호수Lake Maggiore를 연결하는 자동차 전용 고속도로가 최초로 건설되었다.[41] 독일에서는 1929년 본과 쾰른을 잇는 고속도로가 아데나워 수상에 의해 건설되었고, 히틀러는 1936년 프랑크푸르트와 다름슈타트 사이 1,000km 거리에 최초로 아우토반Autobahn이라는 고속도로를 건설했다. 미국에서는 1921년 연방 고속도로 지원법을 제정하고, 국가고속도로 네트워크와 관련된 청사진을 세계 최초로 제시했다. 고속도로의 건설은 특히 중거리 이상 철도 수송 수요에 지대한 영향을 미쳐, 1930년대 이후 철도 수요가 급격히 줄어든 중요한 원인 중이 하나가 되었다.

---

[41] autostrada라 불렸다.

결국 철도는 19세기 수송 부문의 제왕 자리에서 물러나야 했다. 육상 수송에서 승용차와 트럭을 이길 수 없었다. 물론 일부 국가에서는 그 후로도 철도는 유용한 교통수단이었다. 미국, 유럽 등에서는 화물 수송 기능을, 인도, 일본 등에서는 승객 수송 기능을 그대로 유지하고 있다. 중국에서도 승객, 화물 모두에서 철도는 중요한 교통수단이다. 그러나 100년 전의 압도적인 위상은 아니다. 이 와중에 20세기 중반에 들어 철도는 또 다른 경쟁자를 만나게 되었다. 항공 운송업이 그것이다.

제2장

하늘에 만들어진
길

인류의 오랜 꿈, '비행'

하늘을 나는 다양한 상상들

하늘을 나는 것은 인간의 오래된 꿈이다. 물속의 고기처럼 바다를 맘대로 헤엄치는 것, 공중의 새처럼 하늘을 자유자재로 날아다니는 것, 이 모든 것이 땅 위에 사는 인간의 끊임없는 도전을 불러일으키는 것이었다. 처음에는 그저 본능적인 욕망이었고, 나중에는 어떤 이유에서건 꼭 필요한 일이 되었다. 다행히 바다 위를 헤엄치는 꿈은 일찍 이뤄졌다. 이미 5천 년 전, 인류의 문명이 최초로 형성되던 시점부터 배를 만들어 바다를 건넜다. 지금은 노아의 방주보다 훨씬 큰 배를 만들어 오대양을 자유롭게 누비고 다닌다.[42] 그러나 하늘을 날기는 쉽지 않았다. 그것이 실현된 것은 불과 100년 전이다.

그리스 신화에 나오는 다이달로스와 이카로스의 이야기는 하늘을 날

---

[42] 물 위를 다니는 꿈은 일찍 이뤄졌지만, 물속을 다니는 것은 하늘을 나는 것과 비슷한 시기에 이뤄졌다.

고 싶은 인간의 욕망을 그리고 있다. 감옥에 갇힌 현실로부터 탈출하고 싶은 것이 그 이유였다. 그 방법은 새가 되는 것이었다. 이들은 어깨에 새 날개를 붙여서 새처럼 휘저으면 하늘을 날 수 있다고 상상했다. 이카로스는 하늘을 날아오르기는 했지만, 높게 날고 싶은 욕망이 컸던 나머지 태양에 너무 가까이 가서 날개가 망가져 끝내 탈출에 실패했다. 하지만, 아버지 다이달로스는 하늘을 날아 탈출에 성공했다.

레오나르도 다빈치도 이카로스 신화에서 출발해 하늘을 나는 꿈을 꿨다. 어깨에 날개를 붙이는 형태는 아니지만, 어쨌든 날개를 만들어 손과 발로 펄럭여서 하늘을 나는 구상을 했다. 지금의 헬리콥터와 비슷한 기구를 상상하기도 했다. 둘 다 인위적인 동력으로 공중을 부양하는 힘을 만들어 하늘 위로 올라가는 꿈을 꾼 것이다. 다만, 인위적인 동력을 무엇으로 할지에서 고민이 멈춘 듯하다. 다빈치의 연구 기록을 살펴보면 엔진과 비슷한 것을 만드는 구상도 존재하지만, 그 엔진 구상과 하늘을 나는 물체를 연결하여 고민한 흔적은 없다.

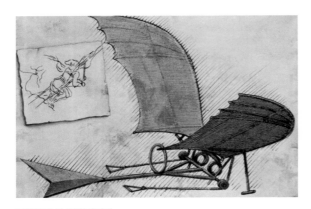

다빈치가 구상한 비행기

아시아에서는 3천 년 전부터 커다란 연을 만들어 하늘을 나는 꿈을 꿨다. 전쟁 중에 적진에 연을 띄워 지금의 정찰 위성처럼 썼다는 이야기도 있고, 사람을 태울 수 있는 대형 연을 제작하는 구상도 있다고 한다. 연을 이용해 물자를 강 건너로 실어 날랐다는 동화 속 이야기도 있다.[43] 이는 물체를 공중에 띄울 수 있었겠지만 자유롭게 이동할 수 있는 것은 아니었다. 이 점에서 그리스 신화나 다빈치의 구상과는 상상의 방향이 다르다.

꿈의 실현을 위한 시도들

인간이 최초로 하늘을 날아오른 때는 1783년이다. 프랑스의 몽펠리에 형제는 뜨거운 공기를 넣은 대형 풍선을 만들고 그 밑에 바구니를 달아 오리, 양, 닭을 각 한 마리씩 실은 채 2,000m 상공까지 띄워 올렸다. 몇 주 후에는 로프에 매달린 풍선에 로지어라는 비행사를 실은 채 지상 90m까지 올라갔다. 그리고 한 달이 지나서, 두 사람을 태운 풍선이 로프로 연결되지 않은 상태에서 지상 150m까지 올라가서 8km를 비행하고 안전하게 착륙했다. 최초의 인간 비행 기록이다.

이 대형 풍선은 이후 1852년에 앙리 지파르H. Giffard라는 프랑스 발명가에 의해 프로펠러가 부착되어 운전이 가능한 비행선으로 변형 개발되어 많은 곳에서 사용되었으며, 지금도 다양한 목적으로 활용되고 있다. 또한 미국 남북전쟁 당시 전투 정찰용으로도 활용되었다. 300m 높이까

---

43   사실 유무는 확인하기 힘들다. 후세의 기록에서 덧붙여졌을 가능성이 제기되기도 한다.

앙리 지파르가 제작한 비행선 모형

지 올라간 대형 풍선에 탄 병사가 깃발을 이용해 지상의 군 지휘관에게 적진의 상태에 대한 신호를 보냄으로써 전투를 유리하게 이끈 것이다. 그러나 지금 우리가 알고 있는 항공 산업의 발전은 그로부터 50년이 지난 다음에야 본격적으로 시작되었다.

하늘길이 만들어진 날들

산업혁명과 전쟁이 가능하게 한 것들

물리적 동력에 의한 최초의 비행기 역시 결국 산업혁명의 산물이다. 내연기관이 만들어진 다음에야 이 내연기관을 장착한 근대적 의미의 항공기가 탄생한 것이다. 그 시작은 우리가 한 번은 그 이름을 들어봤을 라이트 형제이다. 이들은 1903년 12월, 가솔린 엔진을 장착하고 목재로 만든 쌍엽[44] 프로펠러 비행기를 타고 각각 두 번(총 4회) 하늘을 날았다. 가장 짧은 비행시간은 불과 12초, 가장 긴 비행시간은 59초였다. 이 때문에 이들의 비행은 그다지 언론의 주목을 받지 못했다. 하지만 이것이 인류 역사상 최초의 비행으로 기록된 사건이다. 라이트 형제는 이후에도 계속해서 비행기 성능 개선 작업에 집중했고 드디어 1908년에는 두 시간의 비행을 통해 160km를 날아갈 수 있을 정도가 되었다.

---

44 비행기의 날개가 위, 아래 이중으로 되어 있는 것을 일컫는다.

1903년 라이트 형제의 최초의 비행을 기록한 사진

이러한 발전에 힘입어, 1910년에는 드디어 화물을 실은 비행이 이루어졌다. 미국의 어느 백화점에서 약 100kg의 비단을 싣고 미국 오하이오주의 데이턴Dayton에서 콜럼버스Columbus까지 102km의 거리를 약 57분간 주행한 것이다.

이 비행은 여러 의의가 있다. 최초의 화물 비행기 운행이라는 것 이외에도 비행기와 철도 중 어느 수단이 더 빨리 수송할 수 있는지를 판가름하는 시합이기도 했다. 결과는 비행기의 승리였다. 더불어, 이 비행을 통해 항공 수송의 속도가 시속 100km를 처음으로 넘어섰다.

바로 다음 해인 1911년 영국에서는 항공 우편 수송이 시작됐다.[45] 조지 5세의 대관식을 기념하는 사업의 하나로 한 달 동안 런던에서 윈저성까지 항공 우편 배송 사업이 진행되었다. 하지만 이 사업은 영국의 나쁜 기상 사정으로 16회 동안 35개의 우편 가방을 수송하고 더 이상 계속되지 못했다. 화물 수송에 이어 상업적 승객 수송 사업도 1914년에 최초로 진행되었다. 1월 1일 신년을 기념하여 미국 플로리다 세인트피터즈버그의 시장 에이브 페일A. Pheil이 5달러의 요금을 지불하고 36km의 거리를

---

[45] 초창기 항공기를 이용한 화물 수송은 주로 항공 우편에 집중되었다. 이는 당시에 제작된 항공기들이 많은 화물을 실어 나를 만큼 충분히 크지도, 강하지도 않았기 때문이다.

비행기로 날아간 것이다. 그는
최초의 유일한 상업 항공 승객이
되었다.

라이트 형제의 최초 비행 이
후 10년 사이에 점진적으로 발
전하던 항공 운송은 제1차 세
계대전을 통해 급격히 발전했
다. 전쟁에 참여한 국가들이 비

첫 상업적 비행의 승객이 된 에이브 페일의 모습을
기록한 사진(플로리다 주립 기록 보관소)

행기를 이용한 전투와 폭격을 계획했기 때문이다. 이는 항공 산업과 기
술이 비약적으로 발전하는 계기가 되었다. 당시 프랑스는 최고의 항공기
를 제조한 국가였고, 전쟁 동안 68,000대의 전투기가 생산되었다. 이 중
53,000대가 전쟁 중에 격추되었다.

바다를 건너는 하늘길

—

제1차 세계대전이 끝난 후, 전쟁에 사용했던 폭격기를 개조해서 상업적
항공 비행을 시도했다. 1919년에는 최초로 도버 해협을 건너 런던과 파
리를 잇는 정기운항이 이뤄졌는데, 첫 비행에는 단 한 명의 승객이 탔고,
제화업자를 위한 가죽, 그리고 어느 레스토랑의 재료인 꿩고기가 화물로
실렸다. 이후 항공 운송은 한동안 승객과 화물을 동시에 싣는 방식으로
진행되었다.

1920년에는 미국 비행사들이 여러 차례 중간에 기착하면서 16일에
걸쳐 최초로 대서양을 횡단했고, 그로부터 2주 뒤에는 두 명의 영국 출신

조종사가 16시간 만에 대서양을 중간 기착 없이 횡단했다.[46] 이로부터 7년 후인 1927년, 미국 출신 찰스 린드버그[C. Lindbergh]는 단독으로 뉴욕에서 파리까지 3,200km를 33시간 반 만에 중간 기착 없이 비행했다. 이는 이전에 그 누구도 해내지 못한 것으로 최초의 대서양 횡단으로 역사에 기록되었다.

대서양 횡단이 성공하자 태평양 횡단 비행이 또 다른 관심 대상이 되었다. 호주의 비행사인 찰스 킹스포드 스미스[C. K. Smith]는 1928년 캘리포니아 오클랜드에서 호주의 브리스번까지 총 11,566km를 세 구간으로 나눠 82시간 만에 비행했다. 그리고, 미국 비행사 클라이드 팽번[C. Pangborn]은 일본 아오모리현에서 미국 워싱턴주까지의 북태평양 구간 8,500km를 41시간 만에 비행했다. 이 모든 비행은 높은 상금이 걸린 시합의 성격이 짙었다.

또 한 번의 전쟁 제2차 세계대전은 다시 항공 운송 기술과 산업의 발전에 견인차가 되었다. 영국과 독일 간의 군비 경쟁, 특히 항공 운송 분야의 경쟁을 통해 많은 새로운 기술이 개발되고 항공기 속도도 급격히 증가했다. 특히 이 시기에는 그간의 프로펠러 방식이 아닌 제트 추진 방식의 엔진 개발이 급속도로 진전되었다. 이는 항공기를 더 높은 고도에서 보다 빨리 운행할 수 있는 기술적 기반이 되었다. 그 결과, 제2차 세계대전이 끝난 직후인 1947년 미 공군의 척 이어[C. Yeager]가 조종하는 군용기가 최초로 음속을 돌파했다.[47] 이 성과는 곧바로 민간 항공 산업으로 이어져

46　이들의 비행은 캐나다의 뉴펀들랜드에서 영국의 아일랜드까지의 비행이었다. 그 결과, 대서양을 건넜다는 상징적인 의미만을 갖게 되었고, 이후 큰 주목을 받지는 못했다.

47　음속을 돌파했다는 것은 항공기의 속도가 시속 1,224km를 넘어섰다는 의미이다.

2년 후인 1949년에 영국에서는 승객 및 화물 수송용 민간 항공기가 개발되었다.

이후 항공 산업은 비약적인 발전을 거듭했다. 1958년 보잉707의 개발은 중간 기착 없는 대륙 횡단, 대서양 횡단 항공 운송 서비스를 제공했을 뿐만 아니라, 현대식 기내 서비스의 출발점이 되었다. 또한 1969년에 처음 도입된 보잉747은 항공기의 대형화와 장거리화를 달성했고, 2005년에 처음 도입된 에어버스 A380은 현존하는 최대의 항공기가 되었다.

지난 40년간 항공 시장은 승객의 숫자로 보면 1980년 8억 명에서 현재 46억 명으로 성장했다. 이 중 국제 항공 승객은 2억 명에서 현재 20억 명으로 증가했다. 하늘에 열린 길은 바야흐로 세계를 하나로 통합하고 있다.

항공과 화물 수송

항공 화물 수송과 전쟁

앞서 설명했듯이 최초의 상업적 항공 수송은 승객 수송이 아니라 항공 우편 수송이었다. 1911년의 일이니, 라이트 형제가 최초로 비행에 성공한 지 8년 만이었다. 이후에도 상업적 항공 수송은 한 대의 비행기에 승객과 화물을 동시에 수송하는 형태로 진행되었다. 항공 화물의 물량도 급격히 증가했다. 미국 항공 시장의 경우, 1929년에 116톤이던 항공 화물이 1931년에는 450톤으로 증가했다.

하지만, 항공 화물 수송은 전체 항공 수입의 4%에 불과할 정도로 미미했고, 화물 수송을 통해 이익을 얻기는 어려웠다. 그런데도 항공사들은 항공 화물을 포기하지 않았다. 포기는커녕 항공 화물 운송을 위한 별도의 회사가 미국의 대표적인 4대 항공사에 의해 1941년에 설립되었다. 왜 그랬을까? 제2차 세계대전 때문이다. 전쟁에는 많은 군수 물자가 필요하다. 더구나 전쟁이 하나의 대륙이 아닌 여러 대륙에서 동시다발적으로 일어나면, 군수 물자의 이동 범위가 넓어질 뿐만 아니라, 더 신속한 교통수단이 필요하다. 이것이 제2차 세계대전을 주도하던 미국이 항공 화물 전용 회사를 설립해야 할 필연적인 이유였다. 전쟁이 끝날 무렵 정기 승객 수송 서비스를 제공하는 대부분의 항공사가 항공 화물 수송 시장에 뛰어들었다.

전쟁이 끝나자, 전쟁에 사용된 비행기가 민간에 이전되었고, 대부분의 항공사는 항공 화물 수송에 대한 지식을 갖추고 있었다. 당연히 항공 화물 수송이 대부분의 항공사의 중요한 사업 부서 중 하나로 인식될 수밖에 없었다.

이 시기에 항공 화물 수송의 중요성이 다시 주목받는 사건도 있었다. 전쟁 후 독일은 동독과 서독으로 나뉘었고, 동독 영토 안에 있던 베를린은 동베를린과 서베를린으로 나뉘어 연합국과 소련의 관할에 있었다. 그런데 1948년 소련이 베를린에 진입할 수 있는 모든 육상 통로를 봉쇄하는 일이 발생했다. 연합국 지역인 서베를린에 물자를 보급할 방법은 항공 수송밖에 없었다.

1948년부터 1949년 사이 300일 동안, 226만 톤의 음식, 석탄, 기타 생활 필수품이 항공 수송을 통해 서베를린에 공급되었다. 하루 평균 6,800톤에 달하는 어마어마한 규모이다.[48]

항공 화물 수송을 통한 베를린 보급 장면

전후 항공 화물 시장의 변화

항공 화물에 대한 인식이 높아지고, 취급 능력이 좋아졌음에도 전쟁 후 항공 화물은 그다지 급격하게 증가하지 않았다. 1950년대 중반 전 세계 항공 화물은 약 80만 톤 수준이었다. 독일과 일본이 전쟁의 폐허를 복구하고, 미국 경제가 호황을 누리고 있었으며, 서유럽도 전쟁의 상처를 회복하고 있던 시점이라는 것을 고려하면 시장 규모는 생각보다 작았다. 시장이 기대만큼 성장하지 않은 데에는 기존 승객 수송 항공 회사들의 전략적 선택이 숨어 있었다.

세계대전 이후 시장 규모가 가장 큰 미국의 항공 시장에 소규모의 화물 전용 항공사들이 등장했다. Airnews, Flying Tiger, Slick Airways, 그리고 U.S. Airlines 등이 그것이다. 그러나 이들은 승객 중심 대형 항공사의 강한 견제에 부딪혔다. 전쟁 후 내부에 화물 사업부를 두고 있었던 대형 항공사들[49]은, 이들 소규모 화물 전용 항공사가 시장에 진입하면서 운임을 낮추고, 비정기 운송 서비스를 제공하는 등 시장을 교란할 것을 걱정했다. 대형 항공사들은 화물 전용 항공사가 운송을 개시한 노선에 화물 전용 운항편을 편성하여 경쟁시켰다. 이미 시설과 노선을 가지고 있는 대형 항공사들은 고정 비용이 낮아 운임도 더 떨어뜨릴 수 있었다. 소형 화물 전용 항공사가 시장을 교란할 행동들이라 걱정했던 그 행동을 대형 항공사가 한 것이다.

---

[48]   2023년 1년 동안 인천공항에서 취급한 항공화물 총량이 275만 톤 정도이다.

[49]   United Airlines, American Airlines, TWA, 그리고 Eastern Airlines가 당시 미국의 4대 승객 중심 항공 회사였다. 이들은 회사 내에 화물 수송 부문 혹은 자회사를 두고 있었다.

대형 항공사들은 또한 화물 전용 운항편 대신, 승객 수송 운항편의 화물칸 belly deck 을 이용해 화물을 운송함으로써, 낮은 비용으로 많은 이윤을 얻을 수 있었다. 전체 항공 화물의 50% 정도가 승객 수송편 화물칸을 이용한 수송이었다. 그 결과, 소형 화물 전용 항공사는 늘어나는 적자를 견디지 못하고 시장에서 도태되었다. 대부분 1940년대 후반에 설립되었으나, Airnews는 1951년에, U.S. Airline은 1952년에 문을 닫았다. Slick Airways는 조금 더 버텼으나 1962년에 분할 매각되었다. 오직 Flying Tiger만이 대형 항공사들의 경쟁을 버텨냈다. 군사용 물자 수송의 대행 계약, 철도와의 연계 수송 계약 등을 맺고 있었기 때문이다.

새로운 항공 화물 전문 기업 탄생과 번영

—

1970년대 들어서면서 항공 화물 시장은 또 한 번의 변화를 겪었다. 1969년 보잉747이라는 대형 항공기가 도입되어 화물칸만으로도 표준 팰릿 크기의 화물을 적재할 수 있었다. 항상 공간의 제약을 받던 승객 수송편 항공기의 화물 수송이 원활해졌다. 하지만 이보다 더욱 충격적인 것은 1960년대에 소멸했다고 믿었던 화물 전용 항공사의 재등장이었다. 1973년 FedEx Federal Express 50 라는 회사가 설립되었다. FedEx는 화물 전용 항공사라기보다는 항공기를 이용한 급행 소화물 택배 회사의 성격을 가졌다. 대형 항공사의 승객·화물 동시 수송은 승객과 화물의 수송 경로가 다르기에 비효율적이라는 판단에서 설립되었다. FedEx의 사업 모형은 미국

---

50 1994년에 FedEx로 회사명을 바꿔, 지금까지 사용하고 있다.

국제 항공 화물 전용 항공사들

테네시주 멤피스에 전용 허브 공항을 두고, 모든 화물을 허브 공항에 모은 뒤 다시 최종 목적지별로 분류하여 전용 항공기를 이용해 익일 배송하는 것이다. FedEx는 설립 후 급격히 성장했다. 10년 후 보유 항공기가 76대, 매출액이 10억 달러에 이를 정도였다.[51]

FedEx의 성공은 우편물 배달을 주요 사업으로 하는 UPS^{United Postal} ^{Service}의 사업 모형에도 영향을 줬다. 1950년대에 우편물에서 소화물 배송으로 주요 사업 구조를 수정한 UPS는 1980년대부터 전용 항공기를 보유해 배송을 전문화했고, 사업의 범위도 국제 소화물 운송까지 확대했다. FedEx보다 빠른 1969년부터 특송 서비스를 전문으로 했던 DHL은, 미국에서 사업을 시작하여 아시아태평양, 유럽 등으로 사업의 범위를 확장하던 중 2002년 독일 우편 회사인 도이체 포스트^{DP}의 자회사로 편입되었다. 미국 시장에서는 FedEx와의 경쟁에서 밀려 물러났지만, 현재는 유럽을 중심으로 한 특송 서비스 사업을 진행하고 있다.[52]

이들 회사의 성공은 세계 항공 화물 수송 시장의 판도를 바꿨다. 2022년 기준 DHL이 1위, FedEx가 2위, UPS가 3위를 차지하고 있다. 또한 이

51 FedEx는 1989년 Flying Tiger를 인수하여 합병했다.

52 FedEx, UPS, DHL, 그리고 TNT 등 자체 운송 수단과 물류 센터를 보유하고 특송 서비스를 하는 기업들을 우리는 인티그레이터(integrator)라고 한다.

들 기업 외에도 화물 전용 항공사가 국제 상위 25개 항공사에 5개나 포함
되어 있다.

지금 그 길들은···.

지금도 새로운 길들은 열리고 있다. 그 길로 사람과 화물은 끊임없이 이동하고 있다. 길들은 끊임없이 변화하고 있다. 기술과 문명의 발전을 바탕으로, 새로운 수송 수단들이 기존의 수송 수단을 대체하고, 보다 편하고 넓은 길로 바뀌어 가고 있다. 우리가 살펴본 길들도 마찬가지다. 길들을 막는 새로운 장벽도 생겨나고 있다. 이전에 모호하던 국경은 점점 더 명확해지고, 크고 작은 국가 간의 갈등은 끊임없이 생기고 소멸한다. 하지만, 끝내 길들은 다시 열리고 새롭게 만들어진다. 인류의 삶을 영위하기 위해서는 사람과 화물이 이동해야 하기 때문이다.

육지의 길

—

아시아와 유럽을 연결하던 육로 비단길은 16세기를 전후하여 쇠퇴의 길로 들어섰다. 비단길을 이용한 사람과 물자의 이동이 국가 간 갈등으로 곤란해졌고, 해상 교역이라는 더 저렴하고 대규모의 이동 방식이 발전했기 때문이다.

그러나 육로 비단길이 완전히 막힌 것은 아니었다. 비록 국가 차원의 교역이 활성화하지는 않았지만, 교역의 중개 거점에 있던 중앙아시아와 캅카스 지역 부족들에 의한 민간 교역은 끊이지 않았다. 특히 오스만튀르크와 사파비 페르시아의 지배를 받았던 아르메니아인들은 17세기와 18세기 육로 비단길을 이용한 교역을 독점했다. 이들은 페르시아산 비단, 건포도, 커피 열매, 무화과 등을 육로 비단길을 통해 아시아와 유럽으로 교역했다.

19세기에 들어서 중앙아시아 육로 비단길에는 산업혁명이 낳은 새로운 교통수단이 도입되었다. 카스피해와 우즈베키스탄의 타슈켄트를 연결하는 철도가 러시아에 의해 건설된 것이다.[53] 1879년 건설하기 시작해 1898년에 완공된 이 철도는 러시아가 건설한 초기 3대 철도 노선의 하나이다. 이는 당시에도 이 지역이 중요한 교역 거점으로 기능했음을 보여주는 중요한 증거이다. 대상 행렬로 이어진 동서 간 교역이 현대적 교통수단을 이용한 교역으로 진화한 것이다.

육로 비단길의 기능을 수행하기 곤란했던 시기는 20세기 들어서 발생한 두 번의 세계대전, 그리고 이어진 이데올로기 대립이었다. 전쟁으로 인한 교역 통로의 봉쇄, 국가 간 분쟁과 이데올로기에 의한 진영 대립으로 교역이 중단되면서 비단길은 역사 속의 길이 되어버렸다.

그러나 21세기 들어 육로 비단길은 부활하고 있다. UN ESCAP이 주도하여 1992년부터 추진하고 있는 '아시아 육로교통 기반시설 개발 프로젝트'의 'Asian Highway Network'는 과거의 육로 비단길 재현 프로젝트다.[54] 2001년부터 중앙아시아 국가들을 중심으로 진행되고 있는 '중앙아

---

[53] 앞에서 러시아 철도 역사를 소개할 때 나온 'Trans-Caspian Railway'가 이 철도 노선이다.

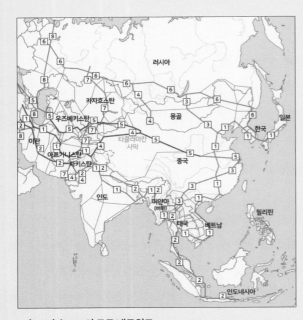

Asian Highway의 도로 네트워크

시아경제협력 프로그램 CAREC'의 트랜스-카스피안 통로Trans-Caspian Corridor도 도로와 철도를 이용하여 아시아와 유럽을 잇는 비단길의 재현을 목표로 하고 있다. 중국이 2014년부터 추진하고 있는 '일대일로 계획'은 오히려 이들 계획보다 늦게 추진되고 있다.

트랜스-카스피안 통로 개념도

이러한 구상과 계획을 가로막고 있는 것은 국경이다. 사람과 화물, 더 나아가 버스, 트럭, 철도는 모두 특정한 국적을 가진다. 따라서 국경을 넘기 위해서는 상대국의 허가를 받고, 세금을 내고, 검역 절차를 거쳐야 한다. 비단길 재현에는 도로와 철도 건설에 필요한 재원 조달보다 이러한 무형의 규제가 더 어려운 문제가 될 수 있다. 국가 간 공동 번영에 대한 합의,

---

54 총 8개의 고속도로 네트워크 중에서 5번 노선과 1번 노선의 서쪽 부분(초록선)은 정확히 과거 육로 비단길의 재현이다.

그리고 이로 인해 발생할 수 있는 국가 간, 사회계층 간의 불평등을 해소하는 방안 없이, 사람과 화물, 그리고 여러 교통수단이 국경을 넘어 자유롭게 이동하는 것은 불가능하다.

최근 EU는 이러한 문제의 해결을 위한 작업을 시도하고 있다. EU 내 국가별로 나뉘어 있는 철도 시장을 통합하는 작업이다. 철도의 역사에서 확인했듯이, 대부분의 EU 회원국들의 철도 산업은 재무적 어려움에 부닥쳐 국영 기업으로 전환했다. 더욱 심각한 것은 수송 수단으로서의 철도의 역할이 도로 등 다른 교통수단에 밀려 축소되고 있다는 것이다. 따라서 EU에서는 철도 시장의 경쟁력 강화를 명분으로 국가별로 나뉘어 있는 철도 시장을 하나로 통합하려고 노력하고 있다. 이미 회원국 간 사람과 화물의 자유로운 통행, 관세의 면제는 이뤄졌고, 교통수단들의 국적을 지우는 작업만이 남아 있다.

이를 위해 EU는 1990년대부터 '개방과 경쟁'을 목표로 하여 철도 산업의 구조 개혁을 추진했다. 처음 진행된 것은 철도의 상하 분리 작업이다. 궤도 및 노반, 그리고 철도 역사 등의 기반 시설은 각 국가의 자산이니 그대로 두고, 그 위에서 승객과 화물을 수송하는 사업 부문을 기반 시설의 건설과 관리에서 분리하는 것이다. 그 결과 대부분의 EU 회원국들이 국영기업체의 통합된 기반 시설 관리 부문과 운송 사업 부문을 분리하여 운송 사업 부문을 공기업이나 민간 기업으로 전환했다.

다음으로 다른 나라의 운송 기업이 자국에도 자유롭게 승객과 화물을 수송하는 데 운송 기업 간 국적에 따른 차별을 없애는 작업이 진행됐다. 화물 운송 시장은 2007년까지 그리고 여객 운송 시장은 2019년까지 완전 개방하고, 기반 시설의 사용료는 운송 기업의 국적과 무관하게 같은 금액을 받도록 했다. 이를 통해 운송 기업 간 국적에 상관없이 자유롭게 경쟁하는 환경을 조성했다.

　마지막으로 경쟁하더라도, 국가별로 필수적으로 제공해야 할 공익 서비스를 보장하는 것이 진행되었다. 공익 서비스란 '그 나라의 국민이 지역과 경제적 상황에 따른 차별 없는 기본 이동권을 국가가 보장하는 서비스'로 정의된다.[55] 이를 위해서는 운송 기업이 제공하는 특정 교통 서비스에 대한 국가 보조금 지급이 필수적이다. 개방과 경쟁 상황에서 이러한 공익 서비스를 보장하기 위해, 공익 서비스를 제공하는 운송 기업 선정 과정에 경쟁 입찰 제도를 시행하여 자국의 기존 운송 기업이 이를 독점하지 않도록 했다.

　그러나 이상과 같은 제도 개혁은 EU의 초기 구상대로 순조롭게 진행되고 있지는 않다. 운송 부문과 기반 시설 관리 부문을 분리했지만, 지주회사 형태로 통합하는 경우[56]도 있었고, 여객 시장과 화물 시장을 개방하고, 기반 시설 사용료 차별은 없앴지만, 시장 개방을 늦추거나 사용료 차별을 두는 국가들도 있었다. 특히 공익 서비스는 아직도 전체의 절반 정도가 자국 기업과 수의 계약을 맺고 있다. 이러한 상황이 개선될지는 아직 불투명하고 추가적인 관찰이 필요하다.[57]

55　현재 EU에서는 전체 승객 수송량 중 69%가 이 공익 서비스의 대상이다.

56　독일과 프랑스, 이탈리아가 대표적이다.

57　우리나라에서도 EU의 사례를 근거로 2000년대부터 철도의 상하 분리, 고속철도의 경쟁을 도입했다. 그러나 우리나라는 다른 나라와 시장을 통합하는 상황이 아님에도 무조건적인 시장경쟁 추구논리에 사로잡혀 이런 정책이 시행되었다. 앞에서 언급한 바와 같이 철도는 규모의 경제가 있는 자연 독점 산업이기 때문에 시장의 확대 가능성이 없는 상태에서는 단일 기업에 의해 운영하면서 효율화 방안을 강구하는 것이 타당하다. 또한 EU의 사례에 비춰볼 때 우리나라의 공익 서비스 범위는 현저하게 좁은 것도 개선되어야 할 과제이다.

향후 육지의 길에서는 철도의 역할이 지금보다 강조될 것으로 예측된다. 단거리 국내 수송이 아닌 중장거리 국제 수송에서는 철도가 도로보다 더 낮은 비용으로 더 많은 화물을 수송할 수 있기 때문이다. 더구나 철도는 탄소배출 저감 측면에서도 우수한 교통수단이다. 그래서 환경 관련 국제 기구에서는 탄소중립을 위해 철도 운송의 비중을 높일 것을 권고하고 있다. 대한민국이라는 섬에 사는 상황에서 시베리아 횡단 철도, 중국 횡단 철도 등 국제 철도와 우리 철도가 연결되는 이 시점에 우리 철도 산업의 경쟁력을 검토하는 것은 매우 중요하다.

바다의 길

—

해가 지지 않는 나라, 영국의 바다 지배는 19세기까지 지속되다 20세기 들어 두 번의 세계대전과 미국의 성장으로 그 마침표를 찍었다. 그러나 대항해 시대 이후 국제 교역의 중심으로서의 바다의 역할은 조금도 축소되지 않았다. 2023년 기준 바다를 통한 화물의 운송량은 123억 톤에 달하고, 이는 전 세계 교역량의 80%에 해당한다.[58]

20세기 중반 들어 바다의 길에 나타난 중요한 기술적 변화는 컨테이너의 등장이다. 컨테이너는 단어 그대로의 의미는 '물건을 담는 용기'이다. 따라서 화물 수송에서 컨테이너가 처음으로 사용된 것은 1766년 영국 사람 제임스 브랜틀리가 배에 박스 형태의 용기에 석탄을 실었을 때다. 이후에도 컨테이너는 석탄, 면화 등을 담기 위해 여러 가지 형태로 사

미국 뉴저지주의 도시 뉴어크의 컨테이너
항구에 온 말콤 맥린

용되었다. 그러나 그때까지 컨테이너
는 크기가 들쑥날쑥해 화물 하역에 오
랜 시간이 걸렸다. 선박에 표준화된 컨
테이너를 처음으로 사용한 사람은 미
국의 말콤 맥린이라는 사람이다.[59] 그
는 1956년 35피트 길이의 표준화된 컨
테이너를 최초로 사용했다. 이를 통해
화물 수송 비용을 25%나 줄였다. 이후
미국 정부가 컨테이너의 표준을 20피

트 컨테이너로 정함으로써[60], 지금 사용하는 컨테이너가 탄생했다.

이후 바다를 이용한 화물 수송은 컨테이너 수송에 적합한 선박의 차
지였다. 물론 지금도 선박은 벌크화물을 수송하는 선박, 기름을 수송하
는 선박, 가스를 수송하는 선박 등으로 분류되지만, 제조업 제품의 국
제 교역량을 산정하는 기준은 컨테이너 선박에 의한 수송량을 중심으
로 한다. 2023년 말 현재 컨테이너 수송량 기준으로 세계 최대 해운선
사는 MSC(스위스), Maersk(덴마크), CMA CGM(프랑스), COSCO(중국),
Hapag-Lloyd(독일)의 순이다.[61] 세계 5대 해운선사 중 유럽계가 4개를
차지하고 있다.

2023년 말 기준 컨테이너를 가장 많이 처리하는 국제 항만은 상하이
(중국), 싱가포르(싱가포르), 닝보-저우샨(중국), 셴젠(중국), 광저우(중국)

59 지금은 Mersk라는 선사로 통합된 SeaLand선사의 설립자이기도 하다.
60 컨테이너의 양을 정하는 단위로 TEU(Twenty foot-Equivalent-Unit)를 사용하는 이유이다.
61 한국의 HMM은 8위이다.

순서이다.[62] 세계 5대 컨테이너 항만 중 중국 항만이 4개를 차지하고 있다. 조금 더 넓혀서 10대 항만으로 따져도 7개가 중국의 항만이고, 나머지 3개도 싱가포르, 부산, 로테르담이니, 로테르담을 제외한 9개 항구가 중국 영향권에 있다. 그만큼 국제 교역에서 중국은 압도적인 지위를 차지하고 있다.

해운을 이용한 수출입 규모는 중국이 압도적이지만 해운선사는 유럽계가 상위를 차지하고 있다는 것은 대항해 시대 바다를 지배했던 유럽 국가들의 영향력이 여전하다는 것을 증명한다. 또 한편으로 바다에는 국경이 없다는 사실을 보여주는 것이기도 하다. 즉, 컨테이너 선박은 국적에 상관없이 가장 경쟁력이 높은 해운선사에 의해 수송된다는 것이다. 1995년 세계무역기구(WTO)가 출범한 이후, 국제해운선사들은 국가 간 협정이 없어도 자유롭게 제3국의 항구에 입출항하면서 화물을 수송할 수 있게 되었다[63]. 따라서 유럽계 해운선사들이 가장 많은 컨테이너를 수송하고 있는 노선은 중국, 한국, 일본 등 동아시아 국가와 미국 간의 노선이기도 하다.

현재 해상에서 수송되는 컨테이너 선박 중 가장 큰 것은 24,000TEU 정도[64]를 수송한다. 톤으로 따지면 얼추 25만 톤에서 30만 톤 정도의 적재능력이라 할 수 있다. 대항해 시대에 상업용 선박으로 사용되던 캐럭의 적재 능력이 1천 톤 정도였으니, 그것의 250배 이상으로 규모가 확대

---

62 한국의 부산은 6위이다.

63 동일한 나라의 항구 간의 교역은 타국의 선박이 불가능하다(cabotage).

64 2000년대 초반에 가장 큰 컨테이너 선박은 6,000TEU급이었다. 불과 20년 사이에 적재 능력이 4배 이상 커진 것이다.

되었다. 선박의 크기도 현재의 컨테이너선이 폭 60m, 길이 400m 정도이니, 폭 20m, 길이 60m인 캐락에 비해 갑판의 넓이가 20배 정도 커졌다.

이러한 선박을 건조하는 세계의 최대 조선사는 2023년 말 현대조선, 중국선박집단유한공사(CSSC, 중국), Fincantieri(이탈리아), 삼성조선, 한화오션 순서이다. 한국의 조선회사가 3개가 포함되어 있을 정도로 한국의 조선 산업은 세계적이다. 하지만 최근 들어 2만 TEU 이상의 대형 컨테이너 선박은 중국의 조선사가 점점 더 많이 만드는 추세다. 반면 국내 조선사들은 더 고도의 기술을 요구하는 유조선 및 가스선을 건조하고 있다. 현재 세계 10대 유조선과 가스선 중 6개가 한국의 조선사가 건설한 것이다.

대륙이 바다로 나뉘어 있고, 무역 활성화를 통한 대량 화물의 이동이 확대될수록 바닷길 이용은 점점 더 확대될 것이다. 국가 교역량에 비례하는 대형 항만의 순위에서 국내 항만이 더 높은 경쟁력을 갖기는 어렵다. 그렇지만 여전히 한국은 세계 해운 강국 중의 하나이다. 국제 해운 노선에서 경쟁력을 가진 선사, 보다 수준 높고 정교한 기술을 가진 조선회사의 육성은 향후 바다의 길을 더욱 개척하기 위한 우리의 과제이다.

하늘의 길
—

바닷길과 달리 하늘길은 국경이 있다. 더구나 그 길은 세계무역기구가 아니라 국가 간 상호 협상으로 열리기도 하고 닫히기도 한다. 시카고 협약 Chicago Convention 이 그 기준이다.

민간에 의한 상업적 항공 수송이 한참 활성화되던 1940년대에 국가 간 항공기 운행을 위해 국제적 기준을 수립할 필요가 생겼다. 그래서 1944년 12월에 세계 52개국의 대표들이 모여 국제 항공 운송을 위한 공동의 규칙을 제정했다. 이렇게 해서 만들어진 것이 '항공 운송의 자유 Freedom of Air Transport'이다. 이 자유는 최초에 5개로 정리되었다.

제1의 자유는 자국의 항공기가 상대국 공항에 착륙하지 않고 영공을 통과할 수 있는 자유이다. 제2의 자유는 자국의 항공기가 승객이나 화물의 승선이나 하선 없이 오직 연료의 공급이나 수리를 위해 상대국 공항에 착륙할 수 있는 자유이다. 제3의 자유는 자국의 항공기가 승객이나 화물의 수송을 위해 자국 공항에서 출발해서 상대국 공항에 착륙할 수 있는 자유이다. 제4의 자유는 자국의 항공기가 승객이나 화물의 수송을 위해 상대국 공항에서 출발해서 자국 공항에 착륙할 수 있는 자유이다. 제5의 자유는 자국의 항공기가 승객이나 화물의 수송을 위해 자국 공항을 최초 출발지로 하여 상대국을 거쳐 제3국까지 가거나, 제3국을 출발하여 상대국 공항을 경유한 후 자국 공항을 최종 도착지로 할 수 있는 자유이다.[65]

시카고 협약에서는 이러한 항공 운송 자유의 허용을 관련된 두 나라 간의 쌍무 협정을 통해서 허용할 수 있도록 했다. 즉, 여러 나라가 동시에 모여 하는 다자간 협정이 아니라 관련 당사자 간에만 결정할 수 있도록 한 것이다. 이러한 시카고 협정은 현재까지도 항공 수송에 그대로 적용되는 규칙으로 받아들여지고 있다. 이러한 규정은 결국 하늘에는 국경이 있고, 이 국경은 당사국 간의 협정을 통해서만 열리고 닫힐 수 있도

---

[65] 제5자유는 상대국과 제3국 사이에서 승객이나 화물을 수송할 수 있다는 특징이 있으며, 이를 이원권(beyond right)이라 한다. 이외에도 항공의 자유는 제9자유까지 나뉘어져 있다.

록 한 것이다. 바로 이 때문에 세계의 모든 나라는 개별 국가 간에 하늘길을 여는 협상을 계속 진행하고 있다. 이를 우리는 항공 자유 협정Open Sky Agreement라 한다. 항공 자유 협정은 보통 위에서 말한 자유 중에서 제4의 자유까지를 상호 허용하는 경우가 보통이다. 한국은 2024년 12월 기준으로 96개 국가와 항공 자유 협정을 맺고 있다.

이러한 항공 자유 협정을 바탕으로 세계 항공 화물 시장은 연평균 6% 내외의 속도로 성장하고 있다. 국제항공운송협회(IATA)가 발표한 2023년 말 세계 국제항공화물 물동량은 7250만 톤에 달하고, 항공사들의 화물 매출액은 1570억 달러 내외이다.[66] 이 중에서 인천공항은 274만 톤을 수송하여 세계 5위의 화물 처리 공항이며, 대한항공은 840만 톤의 화물을 수송하여 세계 6위의 화물 수송 항공사이다. 한국은 세계 항공 수송 강국 중의 하나인 것이다.

우리나라의 항공 역사는 1948년 민간 항공 회사인 대한국민항공사가 설립된 것을 출발점으로 한다. 처음에는 일부 국내 노선만을 운항하던 이 회사는 1953년부터 국제선을 개설하고 취항하였으나, 1958년 여객기의 납북 사태로 경영이 악화되었고, 이후 1962년에 대한항공공사라는 국영 기업이 설립되면서 흡수되었다. 이후 1969년에 대한항공공사는 한진 그룹에 인수되어 민영화되었고, 대한항공으로 회사 이름을 바꾼 후 현재까지 운영하고 있다.

한국 항공 산업에 경쟁 체제가 들어선 것은 1988년으로 아시아나항공사가 제2의 민간 항공사로 설립되었다. 양대 항공사 체제였던 한국 항

---

66   IATA, "Global Outlook for Air Transport", 2024.

공 산업은 2006년 이후 다수의 저가 항공사가 설립되면서 노선별로는 복수 경쟁 체제를 갖추게 되었다. 하지만 2024년 말 아시아나항공사가 경영 악화로 인해 대한항공에 흡수 합병됨으로써 1개의 대규모 항공사와 다수의 저가 항공사 체제로 전환했다.

하늘길은 점점 확대되고 있으며, 더 많은 항공사가 설립되어 경쟁은 갈수록 치열해지고 있다. 특히 항공 화물 시장은 급증하는 고속 택배업을 바탕으로 한 항공 화물 전문 회사가 시장 지배력을 강화하고 있다. 이는 하늘길이 승객보다는 화물에 상대적으로 관대하게 개방하기 때문이다. 한국의 항공 화물 산업도 과거 30여 년 간 높은 국내 경제 성장률을 바탕으로 경쟁력을 확대해 왔다. 그러나 이제는 국내 수요가 아니라 세계 시장의 수요에 기반한 항공 화물 산업이 성장해야 하는 시기이다. 최근의 대형 항공사 통합이 이를 위한 전환점이 될 필요가 있다.

길은 항상 새롭게 열리고 있다. 그 길을 가는 것은 더 행복한 인간의 삶을 위한 것이다. 역사가 이것을 증명하고 있다.

땅·바다·하늘,
세계를 하나로 연결한 길의 역사

초판 1쇄 발행 2025년 3월 25일

지은이	김태승
펴낸이	박유상
펴낸곳	빈빈책방(주)
편집	정민주
디자인	기민주

등록	제2021-000186호
주소	경기도 고양시 덕양구 중앙로 439 서정프라자 401호
전화	031-8073-9773
팩스	031-8073-9774
이메일	binbinbooks@daum.net
페이스북	/binbinbooks
네이버 블로그	/binbinbooks
인스타그램	@binbinbooks

ISBN 979-11-90105-96-5 (03900)